4차
산업혁명시대
필독서

12단계 창업 프로그램의

혁신 창업

김인권 | 손인배 | 정연도

예비 창업자
창업코칭 전문가
스타트업 상상가
창업 교과서
비즈니스모델 개발자

도서출판
청람

| 머리말 |

창업은 새로운 도전이고 새로운 시작이며 새로운 수레바퀴이다.

일단 창업이라는 여정에 들어서면 돌아가는 바퀴와 같이 걷잡을 수 없이 시간과 돈과 정열이 함께 흘러간다.

어떤 창업은 바퀴에 추진력을 더해 예상할 수 없을 정도로 커다란 결실을 만들어 내며 성장해 가고, 어떤 창업은 아무리 기름을 붓고 바퀴에 힘을 가해도 도저히 앞으로 나가지 못하고 옆으로 쓰러져버리고 만다. 왜 이런 차이가 나는 것일까?

대부분의 창업자들은 당연히 전자의 길을 걸을 것으로 생각하고 부푼 꿈을 안고 창업한다. 그러나 각종 통계조사를 살펴보면 후자에 가까운 창업자들이 훨씬 더 많은 것을 보게 된다. 전자의 길을 걷는 가장 적합한 지름길은 무엇일까?

이 책은 창업과정이나 준비과정에 있는 창업자들이 전자의 길을 따라갈 수 있는 올바른 길을 안내하고 있다. 창업의 준비과정에서부터 제품 찾기, 시장 찾기, 제품 개발하기, 시장에 진입하여 수익을 창출하기, 기업을 성장시키기까지 각 여정을 하나씩 짚어주고 있다.

창업은 무수히 많은 험난한 파고를 넘고 넘어야 하는 매우 외롭고 힘든 여정이다. 이 책에서 언급하고 있는 창업 여정이나 창업 관련 내용이 길고 많아 보일 수 있으나 성공 창업을 계획하고 있는 창업자에게 결코 길거나 많지 않다.

준비된 자만이 결실을 맺을 수 있다. 준비하는 자만이 올바른 길로 들어설 수 있다. 이 책이 창업자들 사이에 각 단계를 밟아가며 성공 창업으로 이끄는 안내서로 활용될 수 있기를 바란다.

2020년 4월

김인권 · 손인배 · 정연도

| 창업자가 가는 길 |

나는 보이는 대로 그리지 않는다. 내가 생각한 대로 그린다.

(파블로 피카소)

내가 생각한 대로
기업을 창업하여
사회의 변화를 이끌며
사회에 공헌하고
문화를 창조한다.

| 창업의 여정을 향해 출발 |

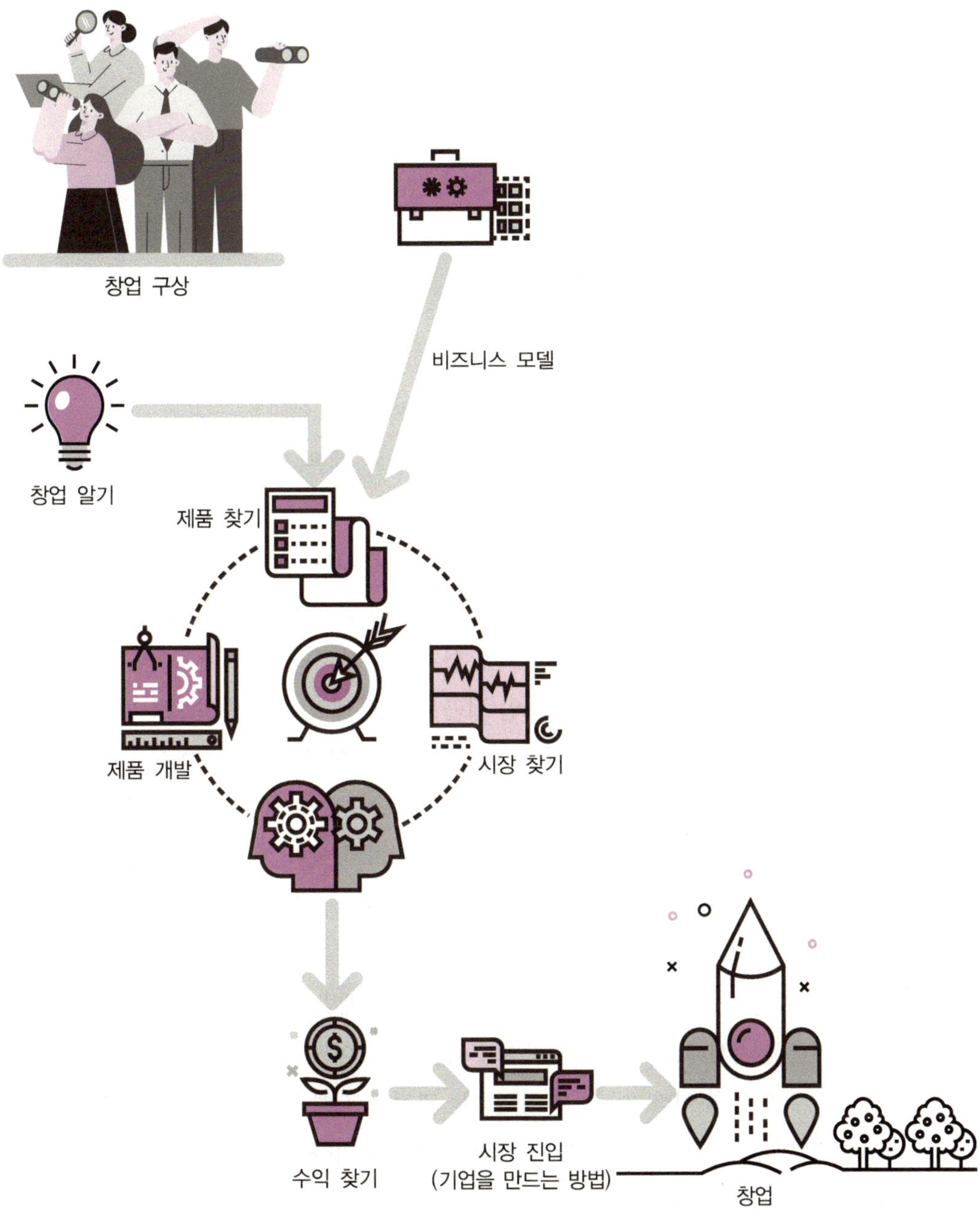

창업은 힘들고 힘든 여정이다. 다음은 초기 창업자가 대부분 느끼고 있는 창업 여정에 대한 생각이다.

- 불안하다.
- 신경을 많이 써야 한다.
- 돈이 얼마나 드는지 모르겠다.
- 정보가 부족하다.
- 어떻게 해야 할지 모르겠다.
- 시간이 많이 든다.
- 누구에게 무엇을 물어봐야 하는가?
- 누구랑 같이 창업하여야 하는가?
- 지원받을 수 있는 것은 어떤 것이 있는가?
- 창업에 관한 모든 것을 한꺼번에 안내해주는 책은 없는가?

창업 여정에 대해 간단히 우선 생각나는 것만 10여 가지가 넘는다. 하나하나가 창업자 자신이 쉽게 해결할 수 있는 사항이 대부분일 것 같지만 실제로 창업할 때에는 스스로가 자신 있게 잘할 수 있으며 쉽게 해결할 수 있는 것은 그리 많지 않다.

사실 창업은 많은 훈련과 체계적인 접근을 통해 매일 조금씩 앞으로 나아가야 하는 꾸준한 과정이다. 창업 여정에서 반드시 만나는 이러한 많은 장애를 반드시 극복하고 해결해 나가야 한다. 모든 창업자가 한 번쯤은 반드시 헤쳐 나갈 힘들고 어려운 여정이기 때문이다. 하나라도 확실하게 해결하지 못한 채로 그냥 대충 넘어가면 언젠가 문제가 다시 발생하고 이로 인하여 창업에 실패할 수 있다.

이 책은 실제로 창업자들을 대상으로 코칭한 사례를 중심으로 작성하였다. 또한 이 책은 시장에 적합한 제품과 서비스 시스템을 개발하는 과정을 기록하였다. 이 책에 기록한 순서대로 따라가면 거칠고 힘든 창업 여정을 성공적으로 용기 있게 헤쳐나갈 수 있을 것이다. 이 책은 창업하는 과정에서 여러 가지 경험하는 것에 대한 "바른길로 가고 있다는 확신"과 "시간과 노력을 낭비하지 않고 똑바로 가고 있다는 확신"을 명확하게 해줄 것이다.

따라서 창업을 꿈꾸는 사람은 물론 신제품, 서비스 시스템을 개발하려는 개발자와 새로운 사업을 꿈꾸는 사람이면 꼭 읽어야 할 창업 경영 필독서이다. 다시 말해 '창업 프로그램'은 창업 기업뿐만 아니라 제품을 개발하거나 평가하는 데 활용할 수 있는 훌륭한 가이드이자 로드맵이다.

아울러 이 책은 창업자가 알아야 할 전반적인 기본 지식을 전달하고자 하였다. "창업자가 왜, 무엇을 창업하려는가?"에 대한 정확한 인식이 필요하다. 창업 절차에 대한 이해와 창업 단계별 필요한 지식, 정보와 자료뿐만 아니라 구체적으로 어떻게 의사결정을 하는가에 대해 기술하였다. 자세한 정보나 자료는 부록의 교육자료를 보고 관련된 책이나 자료를 찾아볼 수 있도록 하였다. 그리고 마지막으로 창업 후 시장 진입 시에 고려할 사항을 기록하였다.

이 책에서는 창업자가 실제로 진행해야 할 창업 활동을 12단계 창업 프로그램으로 구분하였다. 반드시 12단계의 창업 여정을 순서대로 따를 필요는 없다. 그러나 12단계를 빠트리지 않고 차근차근 하나씩 중요한 점을 생각하고 자신의 창업 여정과 비교하기를 바란다.

창업 프로그램은 총 12단계로 구성되고 각각의 단계에서 독립적으로 설명하고 있지만 상호 보완적인 정보와 자료를 가지고 있다. 어느 단계가 우선이고 어느 단계가 나중인 경우는 없으므로 창업자는 필요에 따라 필요한 단계에서 시작함이 좋다.

각 단계는 창업 활동을 진행할수록 경험과 이해의 정도가 높아지기 때문에 각각의 단계에서 선택하거나 결정한 창업 활동의 의사결정을 수정하거나 다시 결정하는 과정을 반복하는 것이 매우 필요하다.

또한 이 책은 창업 여정 과정을 설명하면서 각각의 프로그램 단계에서 창업 활동에 필요한 지식과 정보, 자료를 별도로 [교육자료]로 분류하여 부록으로 간략하게 서술하였다. 자세하고 정확한 교육자료는 별도의 전문 서적을 참조하여 배우는 것이 중요하다.

이 책에서 제시하는 것이 100% 창업 성공을 보장하는 것은 아니다. 앞서 창업한 기업의 사례에서 얻은 소중한 교훈을 담아 실용적인 안내자의 역할을 하고자 하였다. 그러나 모든 창업자는 피카소의 말처럼 "나는 보이는 대로 그리지 않는다. 내가 생각한 대로 그린다." 새로운 창업 여정의 길을 스스로 찾아서 가야 한다. 이 책을 통해 선배들의 경험과 축적된 지식을 창업 여정에 활용하기 바란다.

| 차례 |

Chapter 03 시장을 찾는 기술

Chapter 04 제품을 개발하는 기술

Chapter

1. 창업을 아는 기술

1단계 창업 여정이란?

01 단계

창업 여정이란?

'창업 프로그램'은 창업자가 지니고 있는 아이디어에서 출발하여 신제품이나 서비스가 개발되어 시장에 진입하기까지의 창업 여정을 다루고 있다.

창업은 우리가 일상생활에서 접할 수 있는 여러 가지 경험에서부터 출발한다. 생활하고 경험하면서 느끼는 감정과 생각이 좀 더 구체화되면서 아이디어로 만들어진다.

아이디어가 사업 가능성이 있을 것 같다는 생각이 들면 이러한 아이디어를 비즈니스 모델로 만들 수 있다. 이런 비즈니스 모델링 과정에서 아이디어를 비즈니스로 만들 가능성 유무를 판단한다.

비즈니스 모델에서 사업 타당성을 어느 정도 확신할 있으면 이제는 본격적으로 창업(개발)하는 과정에 들어갈 수 있다. 창업(개발) 과정은 현실적으로 많은 어려움과 힘든 고난의 여정이다. 창업(개발) 과정에서 처음 만나는 어려움은 그동안 머릿속과 종이에 작성하였던 생각들을 구체적으로 형상화된 제품으로 개발하고 제작하는 모든 과정이 포함된다.

제품 개발이 완성되면 이제는 정말 힘들고 거친 파도를 헤치고 나아가는 시장이라는 큰 바다로 나아가게 된다. 창업(사업화: 시장 진입)의 마지막 단계이자 최종 목적지인 시장을 향해 출발한다.

결국 창업 여정이란 여러 생각이나 경험에서 시작하여 제품 개발을 한 후 시장에 성공적으로 진입하는 모든 과정을 의미한다. 그러나 단계별 과정은 하나하나가 무척 힘들고 어렵다. 각각의 과정에 들어가는 시간과 비용은 창업자가 생각하는 것보다 훨씬 더 많이 들어갈 수 있다.

[창업 과정]

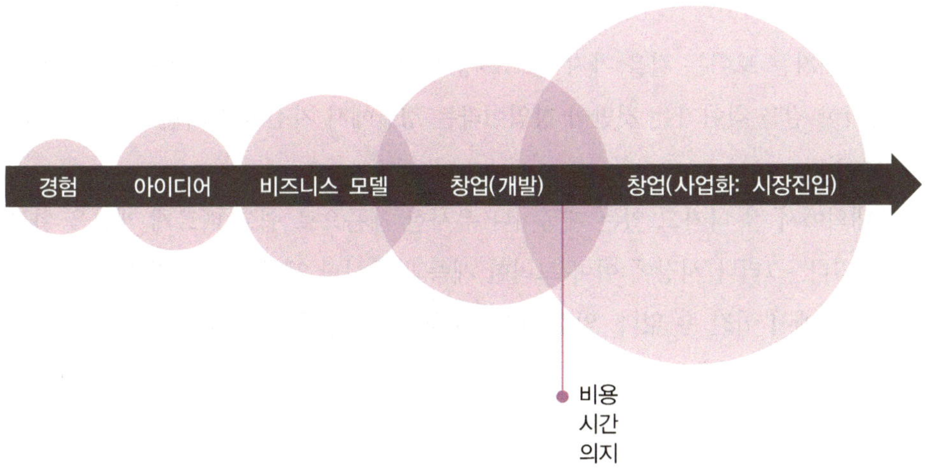

[창업 과정에 들어가는 비용과 시간]

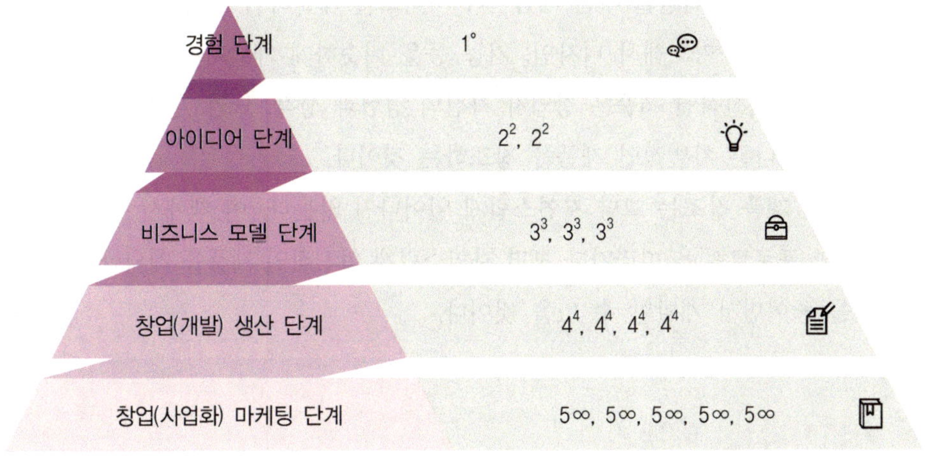

창업자가 가는 바른길

모든 창업자는 한 번도 경험한 적 없는 혼란스럽고 두려운 여정을 스스로 찾아서 나아가야 한다. 설령 여러 번의 창업을 경험한 창업자도 새로 창업할 경우에는 두렵고 혼란스러운 또 다른 창업 여정을 다시 걸어간다. 이때 창업자는 먼저 창업 활동을 한 경험자로부터 어떤 길을 찾아서 갔고 어떤 결과를 남겨 놓았는가를 알고 싶을 것이다.

"나는 보이는 대로 그리지 않는다. 내가 생각한 대로 그린다."라고 피카소가 말했듯이 창업자는 보이는 길을 가지 말고 자신이 생각하고 있는 길을 가야 한다. 자신이 생각한 길을 찾아가는 것만이 창업이라는 정글에서 자신이 생각한 대로 길을 찾을 수 있다.

국내외에서 잘 나가고 있는 제품이나 유사한 제품으로 쉽고 빠르게 개발을 완료할 수 있다. 그러나 시장에 이미 그러한 제품과 유사한 제품이 너무 많이 출시되어 있어 경쟁에서 이길 수 없다. 앞선 배를 뒤쫓아서 열심히 배를 저어왔지만, 앞선 배들이 이미 항구에 정박하고 있어서 창업자가 정박할 수 있는 정박지를 찾을 수 없다. 또 다시 새로운 항구를 찾아갈 수 있는 에너지를 가져야 하나 이미 창업자는 자신의 모든 자원을 다 쓰고 없어 자신이 정박할 수 있는 새로운 항구(시장)를 찾아갈 수 있는 자원이나 용기를 가질 수 없다.

창업자는 혁신에 기반을 두는 제품이나 서비스를 개발하여야 한다. 혁신적인 제품은 남의 제품을 카피해서 디자인, 기능 등을 비슷하게 개발하는 것을 의미하는 것은 아니다. 혁신적인 제품은 창업자 자신의 경험과 생각, 느낌, 철학이 들어있는 기존 제품과 다른 차별적인 제품을 창조하는 것이다.

혁신적인 제품 창조는 그냥 자연스럽게 일어나지 않는다. 이 책에서 이야기하고 있는 '창업 프로그램'을 따라가다 보면 자연스럽게 혁신적인 제품을 계획한 대로 시행착오를 줄이면서 개발할 수 있을 것이다.

▶ 기업가 정신 배우기

창업자는 '기업가 정신'을 잘 알고 있어야 한다. 창업자는 "기업가 정신이 무엇인지 알고 잘 활용할 수 있을까?"라고 스스로 물어보고 숙고하는 시간을 가져야 한다.

기업가 정신이 이끄는 결과는 무엇일까? 아마도 성공적인 제품일 것이다. 우리가 이 책에서 말하고자 하는 성공적인 제품은 혁신적인 제품을 의미한다.

창업 기업가로 성공하기 위한 필요충분조건은 혁신적인 제품이나 서비스를 개발하는 것이다. 혁신적인 제품이 없이 창업 기업의 성공은 없다. 성공하지 못하면 기업도 없어지고 창업 기업가도 조용히 사라질 뿐이다.

창업자의 창업 활동의 최종 목적은 기업을 창업하고 유지하고 확장하는 것이다. 그러므로 기업가 정신이란 "제품을 개발하는 과정을 잘 알고 혁신적인 제품으로 개발하여 시장에 진입시켜 성공적으로 창업 의지를 펼치는 것"이라고 말할 수 있다. 기업가 정신은 교육과 훈련으로 개발할 수 있다.

- **교육자료** 스타트업 바이블(빌 올렛, 비즈니스북스, 2015)

- **교육자료** 이노베이션과 기업가 정신(P. F. 드러커, 을유문화사, *Innovation and Entrepreneurship*, 1985)

창업과 관련된 몇 가지 알고 싶은 정보

창업과 관련된 정보와 자료는 국내외에 무수히 많지만 여기서는 대표적인 몇 가지를 살펴보자.

첫째, 창업은 혁신적이어야 한다. 혁신적인 아이디어나 기술을 가진 제품이나 서비스로 창업할 경우 개발은 힘들지만 일단 개발이 완료되고 나면 성공적으로 시장에 진입할 수 있다. 특히 제품이나 서비스가 제공하는 가치를 고객이 원하고 기대하는 가치 이상으로 높이 충족시킬 수 있을 때 시장에 신속하게 진입하고 확대할 수 있다.

둘째, 창업자는 개발력이 우수하여야 한다. 대부분 창업자는 자신의 기술력을 기반으로 제품을 개발하려고 한다. 그러나 현실은 창업자가 혼자 가지고 있는 기술력만으로 제품을 완벽하게 개발할 수 없다. 제품이나 서비스 개발에는 창업자가 가진 기술력뿐만 아니라 외부 전문 생산업체 및 엔지니어링업체의 도움이 필요하다. 창업자가 가지고 있는 기술력은 제품 개발에 필요한 전체 기술력의 5% 이내일지도 모른다.

셋째, 창업은 용감하게 혼자서 해야 한다. 여러 사례를 보면 아마 이 말은 맞지 않는 것 같다. 여러 사람이 모여 함께 공동 창업할 경우 창업 여정에서 일어나는 여러 문제를 혼자서 창업하는 경우보다 보다 쉽게 해결할 수 있다. 그러나 순수한 아이디어만으로 창업할 경우에는 아이디어를 가진 창업자 혼자서 창업하는 것도 좋은 방법일 수 있다.

넷째, 창업의 성공 여부는 리더십에 좌우된다. 맞는 말이다. 창업자에게 필요한 것은 높은 기술력, 창의적인 아이디어뿐만 아니라 리더십도 필요하다. 효과적인 의사소통 능력, 훌륭한 인재를 선발할 수 있는 능력, 조직을 조화롭게 이끌 수 있는 리더십을 가져야 한다. 즉 '아문센의 리더십'이 필요하다.

다섯째, 창업자의 유전자는 존재한다. 물론 이 말도 일리는 있다. 창업자는 좀 다르게 생각하고 행동한다. 용기도 있는 편이다. 그러나 이러한 유전적 특성이 창업을 성공적으로 이끌고 있다는 증거는 없다. 기업가 정신은 천부적인 유전자를 지닌 자만이 갖는 것은 아니며 교육과 훈련으로 개발할 수 있다. 스티브 잡스의 말처럼 "Keep steady, Stay hungry"와 같은 생각을 하는 자가 창업에 성공할 수 있다.

여섯째, 창업 용기는 주변의 영향을 받는다. 이것은 확실히 맞는 말이다. 미국의 MIT 대학이 보여주는 사례이지만, MIT 캠퍼스 연구소에서 최첨단 기술을 접하고 익힐 기회가 많아 다양한 분야에서 창업 기회를 얻고 있는 사례를 보고 있다. 또한 여러 분야의 창업자들이 모여 의견을 교류함으로써 더 많은 창업 기회를 쉽게 포착하고 있는 사례도 보고 있다. 미국의 실리콘밸리, 이스라엘의 텔아비브, 런던의 테크시티, 독일의 베를린, 중국 여러 곳의 신흥 창업지원센터처럼 창업을 권장하는 문화가 조성된 곳에서 창업이 더욱 활성화되고 있다.

일곱째, 창업하면 모든 제품을 사업화할 수 있다. 물론 이 말도 일리는 있다. 그러나 사업화 분야에 대한 경험을 보유하고 있는 창업자가 사업화의 가능성을 더 높일 수 있다. 다음 표는 2018년 12개월 동안 창업 활동을 한 12개 창업 기업에 대해 몇 가지 분석한 결과이다. 일부 창업센터에서 관찰한 결과로 사실과 다를 수 있다. 창업 기업의 내부 자료를 볼 수 없고 외부로 나타난 결과를 관찰하였기 때문이다.

여기서 기술한 것은 단지 창업 여정의 사례를 설명하는 것이다. 제품군은 정확하게 나타내지 않고 상위의 제품군으로 기술하였다.

제품군	창의성 (%)	개발력 (외주위탁, %)	개발인력 충원(명)	창업 팀원 (명)	개발 경험	개발목표 달성률 (%)	제품 완성률 (%)	사업화 가능성
3D 데이터 모델링	70	80	1	2	없음	70	60	낮음
스마트 스탠드	100	30	2	2	있음	100	90	보통
E 스포츠 게임	100	40		2	있음	80	70	높음
스마트 벨트	90	60		1	없음	100	100	보통
IoT 칫솔	70	80		1	없음	100	100	보통
스마트 환풍기	100	70		1	없음	100	100	높음
스마트 안경	90	80	1	1	없음	80	70	낮음
가축 측정 센서	70	80		1	있음	90	90	보통
QR 코드	100	60	1	1	있음	90	90	보통
빅데이터 소프트웨어	70	30	5	1	있음	100	100	보통
IoT 생산관리 보드	80	40	1	1	있음	100	100	높음
USB 응용	70	60	1	1	있음	100	100	낮음

기업 생멸 행정통계(2018년)에 따르면 1인 창업 기업 생존율은 1년 차 창업 기업은 63.0%, 2년 차 창업 기업은 51.2%, 3년 차 창업 기업의 생존율은 40.8%로 해를 거듭할수록 창업 기업의 생존율은 급격히 낮아지고 있다.

그러나 2인 이상 창업 기업은 1년 차 기업은 80.7%, 2년 차 66.0%, 3년 차 창업 기업은 56.6%로 생존율이 낮아지고 있으나 1인 창업 기업의 생존율보다는 높은 편으로 나타나고 있다. 팀 창업인 2인 이상의 창업 기업은 1인은 대표자(CEO)와 다른 1인은 기술자(CTO)로 서로 다른 분야의 전문가로 창업하는 편이다.

신생 창업 기업의 평균 근로자 수는 약 5.8명에 이르는 것으로 나타나고 있다. 1인 창업 기업은 창업 기업 내부에 전문 개발자가 없는 경우가 많아 초기 창업 지원금 대부분을 외주업체 개발 용역비로 쓰고 정작 마케팅 판촉비용으로는 활용하지 못해 사업화에 어려움을 겪는 편으로 창업 기업은 팀 창업을 하는 게 좋을 듯하다.

• **교육자료** 창업자의 딜레마(노암 와서먼, 에코리브르, 2013)

창업 기업 실패 요인

창업 기업이 시장 진입에 실패하는 요인은 '제품에 관한 요인'이 항상 중심에 있다. 시장에서 실패하는 가장 큰 이유는 매우 단순하다. 고객이 제품이나 서비스를 선택하지 않는 것이다. 구매자는 자신에게 필요한 가치를 제공하지 않는 제품에 시간과 돈을 쓰고 싶은 생각이 없어 제품을 선택하지 않기 때문이다.

우리나라의 창업 기업은 3년 이내에 60%가 넘게 버티지 못하고 조용히 사라지고 있다. 미국의 경우도 벤처 기업 3년 생존율은 60% 이내이다. 벤처 기업 생존율이 가장 높은 나라는 스웨덴으로 3년 생존율이 무려 75%에 이르고 있다.

그렇다고 기업을 창업하지 말라는 말은 아니다. 기업이 실패한 요인을 발견하여 자신의 창업 과정의 지혜로 적용할 수 있다. 대부분의 창업 실패 요인이 앞으로 3년 후에 내가 창업한 기업에도 같은 요인으로 다가오기 쉽다.

미국의 벤처캐피털 전문 조사기관인 'CB Insight'는 실패한 스타트업 100개 사를 대상으로 '스타트업이 실패한 원인 20가지'를 분석하여 보고서를 발표했다. 창업 기업이 실패한 원인으로 여러 가지 있었지만, 자신들이 출시한 제품이 시장에서 외면받았다는 것이 가장 높은 실패 요인으로 나타났다.

창업자가 첨단의 기술과 열정으로 이렇게 값싸고 품질 좋은 제품을 만들었으니, "현명한 소비자는 내가 만든 제품을 시장에서 환영하고 사줄 것이다"라는 환상을 버려야 한다. 창업 기업의 성공 여부는 고객에게 달려 있지 않고 창업자 자신에게 달려 있다. 창업자가 목표로 하는 고객에게 그들이 필요한 가치를 제공할 수 있는 제품이나 서비스를 제공할 수 있느냐에 있다.

창업자는 항상 고객을 생각하고 고객에게 무엇을 제공할 수 있는가를 먼저 생각하고 창업 활동을 하여야 한다.

• 교육자료 **1-1** 창업 기업 실패 원인

▶ 나의 창업 역량 알아보기

창업자는 창업하려는 의지가 매우 강하다. 그러나 자신이 정말 창업에 성공할 가능성을 가지고 있는지 진지하게 분석할 필요가 있다. 즉 나의 창업 역량을 알아볼 필요가 있다.

창업 역량 분석은 창업자 자신의 특성과 능력, 사업 동기, 사업 수행 능력 등을 분석하는 것이다. 창업자 자신의 능력과 성향에 알맞은 사업을 추진하는 데 도움을 줄 뿐만 아니라 창업을 수행하는 과정에서 창업 경영 역량을 높이기 위해서 어떤 부문을 강화하고 보완할지를 파악하는 데에 활용해야 한다.

창업자에게 필요한 역량 분석은 기업가적 자질 역량과 기업가적 전문 역량의 두 부분으로 나눠서 필요 역량을 분석한다.

① **기업가적 자질 역량**: 긍정적인 태도, 인내력, 리더십, 의사결정력, 소통력
- 인성 역량: 창업자가 기본적으로 갖추어야 할 공통의 가치와 특성에 관련된 개인의 성격과 관련된 역량(열정, 인내, 가치관 등)
- 리더십 역량: 창업 기업의 대표자로 주어진 역할 수행과 관련된 역량으로 리더의 자질, 성향, 대인관계 등 행동과 관련된 역량(의사소통력, 비전 제시 등)

② **기업가적 전문 역량**: 창업 경영관리, 재무관리, 마케팅관리, 조직 운영관리, 기술적 전문 지식 보유
- 전문 역량: 창업 기업의 성과를 창출할 수 있는 능력으로 비즈니스 프로세스 관리나 직무 분야 등 행동 및 인지와 관련된 역량(전문 업무 처리 능력, 기획력, 발표력, 제품 개발 능력, 영업력 등)

창업 역량 분석은 아래와 같이 목록을 만들어 분석한다. 목록화하여 분석하는 목적은 각각의 세부 부문을 너무 전문적이고 세밀하게 분석하는 것을 피하고자 하는 데 있다. 창업자의 역량은 항상 변화할 수 있고 부족한 부문은 창업 팀이나 외부 전문가로부터 보완할 수 있기 때문이다.

① **창업 목표**: 경제적 목표, 개인 성취 목표, 사회·문화적 목표

② **창업 아이템:** 시장성, 기술성, 수익성, 독창성, 사회·문화적 기여도

③ **창업자 역량:** 전문성(기술, 영업 역량), 관련 지식, 관련 기술 역량, 관련 경험 성숙 역량, 창업자 정신 역량

④ **창업 자금 조달 능력:** 초기 필요 자금, 운전 자금, 확보 자금, 자금 조달 능력

⑤ **창업 팀 구성:** 필수적 업무, 인원, 인력 충원 계획

• **교육자료** **1-2** IoT 칫솔 제품 창업자의 역량 분석 사례

▶ 창업자 행동 유형 이해

창업자는 자신의 행동 유형 및 특성을 이해하고 있어야 한다. 자신의 '행동 유형'을 파악하고 있을 때 보다 합리적인 의사결정을 할 수 있다. 행동 특성은 DISC (Domination, Influence, Steadiness, Conscientiousness) 행동 유형 분석법이 주로 활용되고 있다.

DISC 행동 유형 분석법은 1928년 미국 콜롬비아 대학 심리학 교수인 몰턴(William Moulton Marston) 박사에 의해 제시된 분석법으로 인간이 환경을 어떻게 인식하고 또한 그 환경 속에서 자기 개인의 힘을 어떻게 인식하느냐에 따라 주도형(Domination), 사교형(Influence), 안정형(Steadiness), 신중형(Conscientiousness)의 네 가지 형태로 행동하게 된다고 분석하고 있다.

창업자는 자신의 DISC 행동 유형의 특성을 파악하여 ① 자신의 행동 유형과 행동 유형별 강점을 발견하고 활용하며, ② 타인의 행동을 이해하고 효과적으로 상호 작용하는 데에 적용하며, ③ 자신의 행동 유형에 맞는 갈등관리, 대인관계 유지 학습 방법을 발견할 수 있다.

행동 유형별 특성이 완벽하다고 말할 수는 없지만, 통상적으로 가장 많이 사용되고 있으며 효율적으로 활용되고 있다.

① 창업자의 마인드와 행동은 성공적인 창업과 사업 성장을 위한 핵심적 요소로 활용할 수 있다.
   - 창업 초기에 창업자의 마인드와 행동 유형은 사업 아이템 선정과 제품 개발, 양산하는 과정에서 발생하는 시행착오를 최소화할 수 있다.

② 창업자의 마인드와 행동을 이해하는 요인으로 활용할 수 있다.

- 심리적 특성: 성취 욕구, 통제 위치, 위험 감수성
- 배경: 부모 직업, 연령, 교육, 전공
- 경험: 이전의 직장 및 업무 경험
- 태도: 직무만족(창업 활동 만족도)

③ 창업자의 행동 특성과 능력 이해를 통해 합리적으로 상호 작용에 활용할 수 있다.

- 창업의 강점 및 약점 이해
- 창업 과정의 보완할 점 파악
- 창업 과정에서 발생할 수 있는 문제에 대비
- 창업자 특성 보완할 수 있는 대안 마련
- 창업자 역량 개발, 창업 팀 구성, 프로세스 및 시스템 마련, 자문 멘토 코치 선임 등

DISC 행동 유형별 특성

- **주도형(Dominance)**
  - 자아가 강하다.
  - 목표 지향적이다.
  - 도전에 의해 동기 부여된다.
  - 통제권을 상실하거나 이용당하는 것을 두려워한다.
- **사교형(Influence)**
  - 낙관적이다.
  - 사람 지향적이다.
  - 사회적 인정에 의해 동기가 부여된다.
  - 사람들로부터 배척당하는 것을 두려워한다.
  - 압력하에서 일을 체계적으로 처리 못할 수 있다.
- **안정형(Steadiness)**
  - 정해진 방식으로 일을 수행한다.
  - 팀 지향적이다.
  - 현재의 상태를 안정적으로 유지하는 것에 의해 동기 부여된다.
  - 안정성을 상실하고 변화하는 것을 두려워한다.
  - 압력하에서 지나치게 남을 위해 자신을 양보한다.

- 신중형(Conscientiousness)
  - 세부적인 사항에 주의를 기울이고 분석적이다.
  - 과업 지향적이다.
  - 정확성과 양질을 요구하는 것에 의해 동기 부여된다.
  - 자신이 수행하는 작업에 대해 비판받는 것을 두려워한다.
  - 압력하에서 자기 자신과 다른 사람들에 대해 기대가 높고 지나치게 비판적일 수 있다.

주도형(Dominance)

- 능률적임
- 큰소리로 말함
- What 질문을 주로 사용
- 결과에 초점을 둠
- 세세한 것을 피하고 중요한 것에 초점
- 빠른 속도
- 변화와 도전을 좋아함
- 자기중심적
- 질문보다는 말하기를 좋아함
- 무슨 일을 하느냐에 관심

사교형(Influence)

- 친근하고 격려하는 대화
- Who에 관한 질문을 주로 사용
- 이야기를 좋아함
- 다른 사람을 즐겁게 함
- 너무 세세한 것을 싫어함
- 이야기하기, 재미를 좋아함
- 다른 사람의 말에 잘 반응함
- 말이 많음
- 개인적인 감정을 표현함
- 사람 지향적임

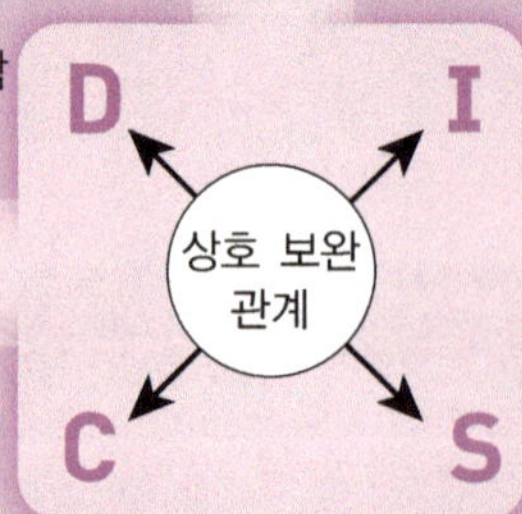

신중형(Conscientiousness)

- 정확함
- 말이 적음
- Why의 질문을 주로 사용
- 장 · 단점을 제시함
- 체계적인 설명에 초점을 둠
- 기준에 대한 위반을 피함
- 사실과 데이터를 강조
- 다른 사람에 대해 쉽게 반응하지 않음
- 개인적 감정을 드러내지 않음
- 과업 지향적임

안정형(Steadiness)

- 친근하고 지지적임
- How의 질문을 주로 사용
- 변화가 도입될 때 인내력을 보임
- 증명된 사실을 강조함
- 여유 있는 느린 속도
- 협력적, 팀으로 일하기를 좋아함
- 말하기보다는 질문함
- 변화나 위험 감수를 주저함
- 일을 어떻게 하느냐에 관심

교육자료 1-3 창업자 행동 유형 분석 양식

코칭 일지 작성

창업자는 여러 곳으로부터 창업 활동과 비즈니스 모델 구축에 대하여 자문과 컨설팅 형식으로 다양한 코칭을 수시로 받고 있다. 그러나 창업자는 자신의 비즈니스 모델에 대한 자부심이 강해 귀중한 코칭 정보를 활용하지 못하는 실정이다.

창업 초기에는 다른 부문에도 많은 신경과 시간을 할당해야 하므로 주변의 선배 멘토 전문가의 코칭을 잘 이해하지 못한다. 코칭 일지를 작성하여 다음에 한가한 시간이 있거나 어려운 장애를 만날 때 작성하였던 코칭 일지를 읽어볼 기회를 갖는 것이 좋다.

• 교육자료 **1-4** 코칭 일지 양식

이 책이 꼭 필요한 이유

창업자가 창업할 때 기업가 정신을 강조하는 것만으로는 부족하다. 창업 기업을 만드는 과정은 섬세한 기술을 요구하는 정교한 제품을 생산하는 것보다 어렵다. 창업 과정은 아이디어, 기술, 팀원, 시장, 고객까지 생각하면서 아름다운 하모니를 낼 수 있는 오케스트라를 연주하는 것과 같다. 창업자 혼자서 휘파람을 불듯이 오케스트라를 연주하면 누가 듣겠는가? 자신이 혼자서 내는 휘파람 소리에 자아 도취할 뿐이다. 절대로 혼자서는 아름다운 오케스트라 하모니를 낼 수 없다.

'글로벌 창업자 정신 연구소'의 연차 보고서에 의하면 "창업에 도전하는 창업자 중에서 겨우 4%만이 창업에 성공한다"고 한다. 창업 성공의 기준을 어디에 맞추었느냐에 따라 다르지만 그만큼 창업에 성공하기란 어렵고 힘들다는 것이다.

많은 중소기업 경영자들은 "꾸준함을 이길 그 어떤 재주도 없다"라고 말한다. 초기 창업자는 이 말을 마음속에 깊이 새겨 두고, 꾸준하고 겸허한 마음으로 창업 여정을 믿고 끝까지 가야 한다.

창업자는 이 책에서 언급하고 있는 모든 사항을 고려하고 자신의 창업 기업에 적용해 볼 수 있다. 그러나 실제 창업 여정에서는 이보다 훨씬 더 많은 장애물이 있으므로 장애물 하나하나를 신중하고 겸허하게 잘 분석하고 검토하면서 자신만의 최선의 길을 찾아서 꾸준하게 창업 여정의 길을 가야 한다.

Chapter 2. 제품을 찾는 기술

2단계 무엇을 개발할 것인가?

02 단계

무엇을 개발할 것인가?

제품 개발을 하는 최종 목적 찾기

창업자가 많은 시간과 비용을 투입하여 제품을 개발하는 단 하나의 목적은 무엇일까? 그것은 아마 사업을 하고자 하는 것일 것이다. 그렇다면 사업에 필요한 단 하나의 필요충분조건은 무엇일까? 진정한 창업자라면 자신의 창업 제품으로 사업을 추진함에 있어 시장에서 필요한 단 하나의 필요충분조건이 무엇인지를 알아내고 그것을 찾아야만 창업 여정을 성공적으로 진행할 수 있다.

창업 제품이란 창업자가 제품을 개발하여 시장에 내놓아 수익을 창출할 수 있는 유무형의 제품이나 서비스를 의미한다. 훌륭한 제품, 첨단의 기술, 위대한 기업가 정신, 많은 돈, 훌륭한 사업 계획서, 효율적인 제품 개발, 이상적인 비전, 많은 기술 인력, 훌륭한 경영 능력, 많은 투자자, 경쟁우위를 지닌 제품, 좋은 네트워크 등 위의 모든 것이 다 필요할 수 있다. 그러나 실제 기업 경영 환경에서 위의 모든 것이 있다 해도 단 하나의 필요충분조건을 충족하고 있지는 못한다.

사업에 필요한 단 하나의 필요충분조건은 창업자가 개발하는 제품과 서비스를 선택하는 고객일 뿐이다. 고객이 돈을 지급하고 사용하든지 무료로 사용하든지는 중요하지 않다. 단지 제품과 서비스를 보는 순간 망설임 없이 선택해서 사용하는 것이 필요하다.

누군가가 당신이 개발한 제품과 서비스를 사용하면서부터 여러분의 사업이 시작된다. 이것이 절대로 잊지 말아야 할 가장 중요한 간단한 원리이다. 제품 개발의 최종 목적은 사업을 하는 것이며 사업 성공 여부의 최종 심판은 시장에서 고객이 한다.

창업자 대부분은 좋은 제품을 값싸게 개발하면 고객은 매우 현명하게 소비를 하므로 시장에서 당연히 성공할 수 있다는 꿈을 꾸며 많은 시간과 비용을 투자한다. 그러나 사업 성공의 최종 심판관은 시장에서 고객이란 사실을 잊지 말아야 한다.

또한 창업자가 훌륭한 사업 계획서 작성, 사업 계획서 수정, 기업 설립, 투자 자금 유치, 기술 개발, 제품 설계, 제품의 기능 향상, 개발자 고용, 판매처 개발, 마케팅 전략 수립 등에 많은 시간과 비용을 쓰고 있었지만, 썩 만족스러운 결과를 만들어 내지 못하고 있는 사례를 종종 볼 수 있다. 가장 중요한 단 한 가지 필요충분조건인 고객을 충분히 고려하지 못하고 있기 때문이다.

제품 개발의 최종 목적은 시장에서 고객이 계속해서 돈을 지급할 수 있는 제품과 서비스를 제공할 수 있어야 한다. 또한 시장에는 수익을 충분히 올릴 수 있는 어느 정도 충분한 고객이 존재해야 한다.

창업 기업은 사용할 수 있는 재정적 · 물질적 자원이 매우 부족하므로 모든 경영 의사결정과 실행에 주의를 기울일 필요가 있다. 꼭 필요한 일과 필요한 시기에 최소한으로 투입하는 '초 효율성'을 지향해야 한다.

철저하게 고객의 입장에서 '고객이 결핍되었다고 생각하고 느끼는 미충족 가치 수요'를 발견하고 그 기반 위에 제품과 서비스를 개발하여 제공한다는 신념하에 사업을 설계해야 한다.

고객이 결핍되었다고 생각하는 충족되지 않은 가치 수요는 무엇인가? 그것은 혁신 제품을 개발해 시장에 그동안 존재하지 않던 고객 수요를 새롭게 창출하는 것과 동일하다. 신규 고객 수요를 창출하는 것은 독점적인 시장 점유율까지는 아니더라도 손쉽게 시장에 진입하고 점유율을 보장받을 수 있기 때문이다. 기존 시장에 후발 주자로 참여하는 것은 한정된 자원이라는 제약을 지닌 창업 기업으로서는 매우 불리하다.

그러나 모든 고객에게 혁신적인 제품을 제공하는 것은 불가능하다. 창업자가 제공하는 핵심적인 기능이나 서비스를 필요로 하는 고객에게 집중해야 한다. 이런 고객의 집단, 즉 비슷한 이유로 특정 제품이나 서비스를 원하는 고객 집단이 창업자의 목표 고객이다.

목표 고객은 여러 특징을 공유하는 잠재 고객 그룹군을 의미하고 향후 유효 고객으로 변할 수 있는 고객 그룹을 의미하기도 한다. 초기 창업자에게 가장 필요한 덕목 중의 하나는 목표 고객에 집중할 수 있는 역량을 갖추는 것이다.

목표 고객 시장에 진입이 성공하면 시장 확장에 필요한 자원인 재정과 기술, 기술 인력, 제품 생산 능력을 손쉽게 얻을 수 있으며 이때 '인접 시장' 고객에게도 그들의 특성에 맞는 제품과 서비스로 개발하여 손쉽게 다가갈 수 있다.

▶ 혁신적 제품 창조 원천 알기

혁신적 제품을 창조하는 원천은 어디서 오는 것일까? 피터 드러커는 혁신적 창조의 원천을 『이노베이션과 기업가 정신』에서 자세하게 사례를 들어 기술하였다.

창업자의 경험으로 생기는 개인적인 관심이나 문제해결을 위해 찾아낸 아이디어나 기술로써 창업하는 경우 혁신적 제품으로 창업할 가능성이 매우 높다. 사용자 편의성이나 사용자 가치를 제공하는 일종의 '사용자 창업'인 혁신적 제품 창업은 시장 진입이 손쉽고 생존력이 매우 높다.

아래 그림은 창업자의 경험을 통하여 새로운 비즈니스 모델을 만들었던 기업을 설명한다. 경험이 비즈니스 모델의 원천이 되었고 경험에 의한 사용자 편의성과 사용자 가치를 제공하는 혁신적 제품을 개발하여 시장에서 성공한 사례이다.

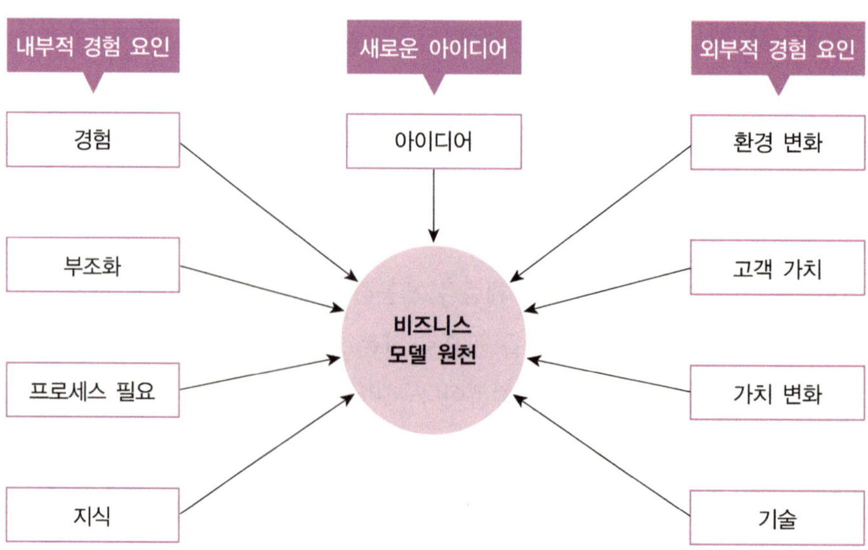

• **교육자료** 경험으로 스타트업하라(오점술, 손인배, 박유찬, 박병연, 다산글방, 2018)

• **교육자료** **2-1** 아이디어 혁신적 제품 사례

혁신 제품이란?

혁신 제품은 무엇을 말하는가? 혁신 제품이란 시장에서 경쟁력을 지닌 제품을 말한다. 혁신성이 높으면 시장에서 소비자의 선택을 많이 받을 수 있어 더욱 높은 경쟁우위를 가질 수 있다.

MIT의 로버츠(Ed Roberts) 교수는 혁신을 발명과 상업화의 더하기로 표현하였다. "제품이 발명의 결과물이 아닌 경우나 발명한 제품을 시장에 진입시키지 못해 상업화를 못한 경우는 진정한 의미의 혁신이라고 할 수 없다"라고 한다. 빌 올렛(Bill Aulet)은 발명과 상업화의 두 가지 관계를 곱하기로 표현하였다.

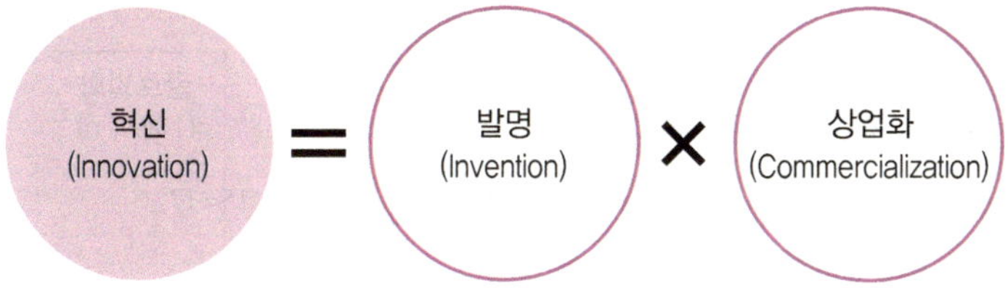

출처: 스타트업 바이블, 빌 올렛, 비즈니스북스, 2015, p.31.

시장에서 고객 가치를 독점적으로 제공하는 제품을 창조적 독점이라고 말한다. 창조적 독점이란 새로운 제품을 만들어서 고객에게 혜택을 주는 동시에 그 제품을 만든 사람은 지속 가능한 이윤을 얻을 수 있는 경우를 말한다.

제품의 혁신적 진보는 수평적 진보와 수직적 진보로 크게 두 부분으로 구분하여 설명할 수 있다.

첫 번째는 '수평적 진보' 내지는 '확장적 진보'로 이는 효과가 입증된 것을 카피하는 것, 즉 1에서 n으로 진보하는 것을 뜻한다. 수평적 진보는 우리가 이미 그 모습을 알고 있으므로 쉽게 상상이 된다.

두 번째는 '수직적 진보' 내지는 '집중적 진보'로 이는 새로운 일을 하는 것, 즉 0에서 1로 진보하는 것을 뜻한다. 수직적 진보는 아무도 한 적이 없는 일을 하는 것이기 때문에 쉽게 상상이 되지 않는다.

한 개의 새로운 타자기를 보고 그와 비슷한 성능의 100개의 타자기를 만들었다면 수평적 진보를 이룬 것이다. 그러나 한 개의 타자기를 본 다음 타자기가 제공하는 고객 가치를 인식하고 전혀 다른 제품인 워드프로세서를 만들었다면 이것은 수직적 진보다.

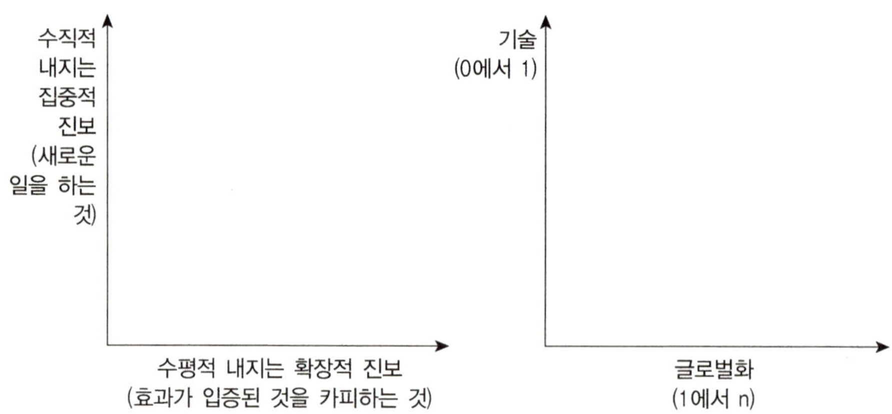

출처: 제로투원, 피터 틸, 블레이크 매스터스, 한국경제신문, 2014, pp.15-17.

• **교육자료** 제로 투 원(피터 틸, 블레이크 매스터스, 한국경제신문, 2014)

제품의 시장 적합성

고객을 공감으로 이해하면 고객 가치에 적합한 가치 제안을 설계하여 시장에 적합한 제품을 개발할 수 있다.

제품-시장 적합성이라는 용어는 벤치마크 캐피털의 공동창업자 앤디 래클레프(Andy Rachleff)가 처음 만들었으며, 숀 엘리스(Sean Ellis)는 제품-시장 적합성 여부, 즉 초기 견인력이 있는지 판단할 수 있는 지표를 제공하였다.

[시장 적합성 영역]

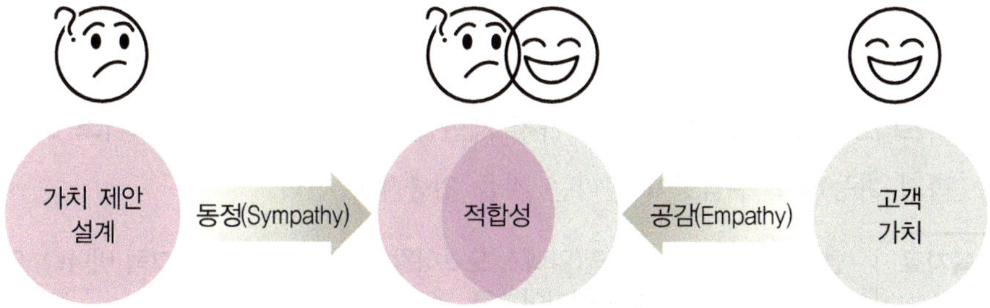

출처: 린 스타트업: 실리콘밸리를 뒤흔든 IT 창업 가이드, 애시 모리아, 2017, 한빛미디어, p.206.

제품 서비스에 대한 '적합성'이란 개발한 제품과 서비스로 고객을 만족시키고 성공적으로 새로운 시장에 진입하여 지속적으로 수익을 창출할 수 있다는 것을 의미한다. '제품과 서비스의 가치 영역'은 가치 제안 설계가 고객이 필요로 하는 가치에 얼마만큼 '적합성'을 가질 수 있는가에 의해 결정된다. 만약 고객이 제품과 서비스로부터 원하는 가치를 얻지 못하면, 입소문을 내지 않을 것이며 사용자 그룹도 쉽게 형성되지 않고 구매력도 낮아질 것이다.

또한 고객을 아무리 잘 이해하고 잘 알아도 고객이 추구하는 가치를 정확하게 형상화시킬 수 있는 기술과 개발 방법을 알고 있어야 한다. 가치 제안 설계를 최대한 고객 가치와 일치시켜 제품과 서비스에 대한 사용자 가치 영역의 크기를 최대한 넓힐 수 있어야 한다.

비즈니스 모델을 디자인하는 사람이 고객에게 느낄 수 있는 동정심으로 고객을 이해하고 고객 측면에서 자신의 제품과 서비스가 사용자의 가치를 최대로 충족시켜 줄 수 있도록 공감을 가져야 한다.

훌륭한 비즈니스 모델 설계일수록 제품과 서비스의 가치 영역인 '적합성'의 영역을 넓힐 수 있다. 적합성의 영역이 넓을수록 고객의 만족도도 커지고 고객 충성도도 높아진다. 우리가 고객을 동정하여 '가치 제안 설계'를 하기보다는 공감을 통하여 '고객 가치'를 이해하는 데 좀 더 관심을 가져야 한다.

적합성을 『밸류 프로포지션 디자인』(p.60)에서는 세 가지로 분류하고 있다. 문제해결을 어떻게 하고 있는가? 고객이 제품과 서비스를 원하고 있는가? 그리고 비즈니스 모델이 수익성이 높은가?에 관하여 묻고 있다.

① **문제해결 적합성:** 당신의 가치 제안을 통해 해결하려고 하는 활동, 불만, 혜택이 고객이 중요시하는 것인지 입증해야 한다.

② **제품–시장 적합성:** 당신의 가치 제안을 고객이 정말로 원하는지 입증해야 한다.

③ **비즈니스 모델 적합성:** 당신의 가치 제안에 맞춰 도출해 낸 비즈니스 모델이 측정 가능하고 수익성이 높다는 것을 입증해야 한다.

• **교육자료** 밸류 프로포지션 디자인(알렉스 오스터왈더, 예스 피그누어, 그렉 버나다, 앨런 스미스, 아르고나인미디어그룹, 2016)

• **교육자료** **2-2** 고객 공감 기교 교육

독점 기술 배우기

기업을 달리게 하는 성장 동력은 무엇일까? 어떤 창업 전문가들은 규모의 경제를 실현하는 것이라고 말하고 있다. 즉 매출을 높일 수 있는 방법을 찾아야 한다고 말하고 있다. 그러나 초기 창업자는 우선 매출을 일으킬 제품을 개발하여야 한다.

그러나 창업 기업이 계속 안정적으로 성장을 하려면 규모의 성장 전략보다 '독점적 지대'를 확보하는 데에 초점을 맞춰야 한다.

이미 관련 또는 유사 제품이 시장에 진입하여 왕성하게 팔리고 있는 시장에서 단순히 몇 가지 새로운 기능이나 저렴한 가격, 동일하거나 다소 높은 품질 수준의 제품을 생산한다는 것은 경쟁 시장에서 정면 대결하는 것과 같다.

치열한 경쟁 시장에서 정면 대결은 더 이상 이익을 가져오지 않는다. 자신의 제품과 경쟁 제품과의 싸움이라기보다는 다윗과 골리앗의 싸움과 같다. 다윗에게는 전능한 하나님의 승리에 대한 축복이 있었지만 모든 창업자에게도 그러한 축복이 있을 수는 없다.

미래 시장을 잡는 '독점의 기술'을 배워 보자. 세계 최고의 성장을 이룬 기업의 성공 비결은 무엇일까? 마케팅 능력, 독창적인 아이디어 제품, 미래를 읽는 통찰력을 지닌 경영 능력, 부분적으로 맞는 말이지만 가장 핵심적인 생각은 아닐 것이다.

성공한 기업의 비결은 아마 '시장에서의 독점'이다. 월마트의 성공은 '지역 독점' 전략이고 마이크로 소프트는 'PC 운용체제에 대한 독점' 전략이다. 주식투자의 달인

인 워렌 버핏도 투자 대상을 선정할 때 그 기업의 '독점력'을 우선 고려하여 투자를 결정한다.

초기 창업자는 진정으로 경쟁에서 이길 수 있는 경쟁우위 전략을 찾는 것이 아니라 독점할 방법을 찾아야 한다. 비록 시장이 작을지라도 '독점 지대'를 찾는 게 훨씬 낫다. 시장에서 독점적 경쟁 지위야말로 기업에게 높은 수익성을 보장해 주고 안정적으로 성장을 하는 핵심 원동력이다. 창업자에게 독점은 수단이 아니라 자신이 가야 하는 궁극적인 목표이다.

독점의 기회를 찾는 것은 특별한 제품이나 기술, 규모의 생산 설비와 시장 규모, 경쟁우위의 경영 전략이 아니다. 독점 지대 확보에 필요한 것은 '남보다 먼저 독점을 발견하고 차지하는 기술'이다. 소비자는 대체로 '원하는 것'이 있는 제품을 찾으려고 한다. 독점을 발견한다는 것은 소비자가 '원하는 것'을 확실히 알고 있어야 한다는 것이다. 또한 독점의 기회를 갖는다는 것은 소비자가 원하는 것뿐만 아니라 '필요로 하는 것'을 찾아서 이를 제공하는 것이다.

독점이란 무엇일까? 독점이란 한 기업이 충분한 이익을 남길 수 있는 만큼 충분한 기간 동안 지배력을 가질 만한 제품 또는 서비스의 사업 영역이나 소비자 공간을 의미한다. 독점 기업이란 특정한 고객층을 확보하고 제품의 어떤 기능이나 특성으로 충분한 이익을 남기는 기업, 다른 경쟁 기업과는 배타적으로 지배하고 있는 독점 지대를 가진 기업이라고 할 수 있다.

지속 가능한 경쟁우위의 몇 가지 원천으로 '차별화', '낮은 가격', '높은 품질'을 말할 수 있다. 그러나 현재의 기업 경영 환경은 지속 가능한 경쟁우위를 확보해도 수익성을 보장해 주지는 못하는 경우가 자주 발생한다. 독점 기업만이 수익성을 확보할 수 있는 환경이 되었다. 창업자는 독점 지대를 확보할 수 있는 시장의 특정 영역과 때로는 매우 좁은 독점 영역에 집중해야 한다.

스타벅스는 '맛있는 커피에 대한 독점'을 가져 한국 커피 시장에서 선두로 나설 수 있었다. 국내 스타벅스 매장 수는 이미 1,262개를 넘어서고 있으며 인구 5만 명당 1개꼴로 세계에서 4번째로 많게 시장에서 독점 지대를 확보하고 있다(2018년 기준). 매출은 이미 1조 5천억 원을 돌파하여 국내 커피 프랜차이즈 전문점 시장 점유율 1위를 확보하고 있다.

창업자는 자신의 창업 기업이 어떤 독점을 가질 수 있는지 파악하고 어떻게 유지할 수 있는지 알고 있어야 한다.

- 지배적으로 소유하는 독점 지대의 소비자 공간과 독점 기간을 어느 정도 확보가 가능한가?
- 소비자에 대한 독점 공간과 독점 기간이 얼마나 확실한가?
- 창업 기업의 독점 지배력은 어디에서 발생할 수 있는가?

기업이 독점 영역(지대)을 장기적으로 유지하면 '자신만의 고객의 섬'을 가질 수 있다. 고객의 섬이란 교육이나 훈련, 습관, 소비 행태, 지역적 상황 여건, 브랜드 충성도 등 여러 이유로 특정의 제품이나 서비스에 매우 높은 고객 충성도를 보이는 고객 집단 지대를 말한다.

독점의 형태(지대)

독점이 어디에서 발생하고 어디로 이동하며 독점의 원인이 무엇인가를 파악함으로써 독점의 형태를 분류할 수 있고 어떤 영역에서 독점 지대를 찾을 것인가를 알 수 있다.

- **관리 독점 영역(지대)**

  자산 독점의 형태이다. 눈에 보이고 형체가 있어 관리할 수 있는 대상에 대한 독점이다. 천연자원, 유일무이한 제품, 브랜드, 혁신적인 기술, 특허권, 상표권, 저작권, 독점적 인허가, 창업 기업이 독점적으로 누릴 수 있는 특정한 제품 가치이다.

- **상황적 독점 영역(지대)**

  특정의 시장, 특별한 수요, 특정의 시기, 특정의 입지가 맞아 떨어져 제품과 서비스를 독점적으로 공급하는 유일한 기업이 되었을 때 나타나는 독점 영역(지대)이다. 그 장소에서, 그 시간에, 그 사람만이, 그 제품과 서비스를 유일하게 제공해 줄 수 있는 지대를 확보하고 있을 때 만들어지는 독점 영역이다.

  상황적 독점 영역에서는 경쟁우위 요인이 없어도 독점적 지위를 얻을 수 있다. 상황적 독점 영역은 경쟁업체가 모방하고 공략하기도 어렵고 경쟁이 치열한 시장에서 관리 독점 영역보다 발견하기도 쉽고 활용하기도 쉽다.

  소비자들이 무엇인가를 원하고 있는데 나의 창업 기업 외에 다른 기업은 그것을 제공할 수 없거나 제공할 수 있어도 어떤 이유로 제공하지 않고 있을 때 독점이 생길 수 있는 상황이 만들어진다.

  충족되지 못한 소비자의 니즈가 제품과 결합할 때에도 별다른 특징이 없는 제품으로도 독점 지대의 이익을 누릴 수 있다. 이해하기 어려운 마케팅 환경이어서 다윗처럼 하나님의 계시라고 생각할 수 있다.

• **교육자료** 미래 시장을 잡는 독점의 기술(밀랜드 M. 레레, 흐름출판, 2006)

▶ 사업성 분석

제품을 시장에 출시하는 사업화 과정에서 이익과 손실이 발생한다. 창업자는 제품 생산에 들어가기 전에 이에 대해 '사업화 시뮬레이션'을 할 수 있다. 즉 제품에 대한 사업성 분석을 할 수 있다. 창업자는 사업화 시뮬레이션 과정에서 창업 기업의 형성 요소를 파악하고 제품 생산 판매, 기업 운영 등의 전문 경영 능력을 향상시킬 수 있는 기회를 얻게 된다.

창업자는 우선 간략하게 자신이 개발하고자 하는 제품과 창업 기업 설립에 대해 사업성 분석을 한다. 사업성 분석을 통해 무슨 제품을 개발하며 누구에게 제품을 공급하며 기업을 어떻게 설립하여 운영할 수 있는가에 대해 비전을 가질 수 있다.

① **시장성 분석**: 목표 시장 평가, 고객 요구사항

② **기술성 분석**: 기술 분석표 작성, 업종별 기술성

③ **제품 분석**: 경쟁 제품 차별성 분석

④ **수익성 분석**: 손익계산서 분석

창업자는 위와 같은 사업성 분석을 통해 자신이 개발하고자 하는 창업 제품의 특성을 파악한다. 창업 제품과 서비스 시스템은 크게 세 부분으로 구별하여 차별성을 지닌다.

(1) 소비자 욕구 충족형 제품

- 고객 욕구가 발생하고 있으나 시장에 없는 제품
- 사용자가 있으나 고객 욕구를 인식하지 못하여 개발되지 않은 제품
- 가까운 미래에 고객이 필요하거나 원하는 욕구를 충족시킬 수 있는 가능성이 높은 제품

(2) 차별성을 지닌 제품

① **품질 향상**: 기능 개선, 좋은 품질, 납기 개선, 디자인 우수 등

② **원가 절감**: 저렴한 원료 개발, 생산 기술 혁신, 높은 생산성 등

③ **사용자 편의성 향상**

④ **대체 제품 생산**: 수입품 대체재, 보완 제품 대체재 등

(3) 수요 증가 제품

① **인구 변화로 인한 수요 변화가 예상되는 제품**: 실버 제품, 여행 상품, 유아 제품 수요 감소 대체 제품 등

② **소비자 라이프 스타일 변화에 대응하는 제품**: 외식산업 증감 대체 제품이나 서비스 시스템, 맞춤형 개인화 제품, 고객 참여 제품 등

③ **소비자 가치 변화에 대응하는 제품**: 고급화, 명품화, 서비스 차별화 등

▶ 창업 제품 선정 원칙

창업자는 자신이 창업하고자 하는 제품 아이템을 결정할 때 선정한 창업 아이템이 과연 창업할 제품으로 가치가 있는가에 대해 확신을 가져야 한다.

창업 제품 선정의 기본 원칙은 다음과 같다.

- 자신의 적성이 제품의 사업 수행 능력에 적합한가?
- 한 번이라도 이 분야에 경험을 갖고 관심을 가졌던 제품인가?
- 이 분야에 대해 지식을 얻을 수 있고, 계속하여 흥미를 느낄 수 있는 제품인가?
- 창업할 제품의 차별성은 있는가?
- 창업할 제품의 기술적 경쟁우위가 있는가?
- 창업할 제품의 잠재 수요층의 규모는 어느 정도이며 앞으로 추세는 어떻게 변할 것인가?
- 창업할 제품의 성장 가능성이 있는가?
- 창업할 제품의 서비스 경쟁력이 있는가?
- 자금 동원 능력이 있는가?

비즈니스 모델 개발

창업자는 자신이 개발하고자 하는 제품의 비즈니스 모델을 잘 개발하여야 한다. 비즈니스 모델이란 누가(Who), 무엇을(What), 누구에게(Whom), 어떤 가격 전략(Price Policy)을 가지고 어떻게 이익(수익 구조 모델)을 얻을 수 있는지에 대해 분석하는 것으로, 비즈니스 참여자의 역할과 서로의 연계성(How)을 정확하게 정의하는 모형이다.

비즈니스 모델을 바탕으로 비즈니스 모델링을 수행할 수 있다. 비즈니스 모델링이란 "왜(Why) 비즈니스를 하려 하는가"에 대한 비즈니스 목적을 가장 효율적으로 운영할 방안(목표)을 찾고자 하는 것이다.

비즈니스 모델링은 여러 비즈니스 요소와 목표 시장에서 찾을 수 있는 고객 가치(Value), 경영(Management) 능력, 시간(Time to the Market), 업무 처리 과정(Business Process) 등 비즈니스 환경에 영향을 미치는 여러 경영 요인을 예측(Business Simulation)해 보는 과정이다.

비즈니스 모델링은 비즈니스 목적에 맞게 원료 공급, 생산, 유통, 판매, 소비와 관련하여, 모든 창업 경영 활동을 가장 효율적으로 운영할 방안을 찾고자 하는 것이다. 따라서 비즈니스 모델 설계는 나의 창업 의지(기업)가 목표 시장에서 고객 가치를 어떻게 인식하고 어떻게 새로운 수요를 창출할 것인가의 과정을 논리적으로 설명할 수 있어야 한다.

비즈니스 모델 설계는 ① 목표 고객과 제공(고객) 가치, ② 수익 모델 정의, ③ 사업화 전략 수립, ④ 사업 운영 범위와 관계를 생각하면서 체계화한다.

(1) 목표 고객과 제공 가치

- 고객의 문제점(Need)은 무엇인가?
- 제품이 제공할 수 있는 고객 가치는 무엇인가?
- 유효 고객(목표 고객, 잠재 고객, 인접 시장 고객)은 누구이며 어떤 특성을 지니고 있는가?
- 어떻게 고객 가치를 제공할 것인가?

- 제품
- 유통 채널
- 고객관계 방식
- 고객 가치 전달

(2) 수익 모델 정의

- 수익 구조 모델
- 수익 구조 모델의 기대효과

(3) 사업화 전략 수립

- 시장 환경
- 경쟁제품(경쟁 기업, 대체 제품, 보완 제품) 현황
- 기술 동향
- 사업화 전략 수립
  - SWOT(강점, 약점, 기회, 위협 요인) 분석의 결과
  - SWOT 분석 결과에 대응 전략

(4) 사업 운영 범위와 관계

- 사업할 제품의 세부 내용
- 제품 생산과 유통에 필요한 여러 자원 요소
- 비즈니스 가치사슬(Value Chain) 구조
- 사업 운영 조직 구조
- 창업자 및 창업팀의 인력 구성

• **교육자료** **2-3** 고객 관점에서 비즈니스 모델 디자인

• **교육자료** **2-4** 비즈니스 모델 사례

Chapter

3. 시장을 찾는 기술

3단계 고객은 누구인가?

4단계 시장은 어디에 있는가?

5단계 고객을 어떻게 찾는가?

03 단계

고객은 누구인가?

창업자가 개발하고자 하는 제품을 판매하기 위해서는 고객을 알고 찾아야 한다. 창업자의 고객은 창업자가 개발하고자 하는 제품과 서비스를 선택하는 구매자, 소비자, 사용자이다. 고객을 찾는 과정은 제품과 서비스가 얼마만큼 고객에게 가치가 있는가를 검증하고, '시장 적합성'을 찾는 과정이다. 즉 시장에서 고객의 제품 구매 결정 과정을 이해하고 고객이 왜 나의 제품과 서비스를 선택하는가?에 대해 분석해 보는 과정이다.

고객이란 누구를 이야기하는가? 창업자는 고객을 넓게 멀리 볼 수 있는 시야가 있어야 한다. 고객은 내가 만들고자 하는 제품이나 서비스를 구매하거나 사용하는 과정에 참여하거나 영향력을 미치는 모든 사람이다. 실제 시장에서 '고객'은 '어느 일정한 소비 행위 특성을 보이는 고객군'을 의미한다.

고객을 제품과 서비스 구매 과정에 참여하는 정도에 따라 분류할 수 있다. 최종 사용자 고객, 구매 의사결정을 하는 구매 고객, 제품을 사용할 가능성이 높은 잠재 고객, 그리고 구매 행위에 영향을 미치고 있지만 보이지 않는 영향력을 가진 고객으로 구분할 수 있다. 또한 비용지불과 관련하여 제품과 서비스를 사용하는 사용자 고객, 무료 고객, 유료 고객, 프리미엄 고객, 사용자 대신 비용을 지급하는 고객으로 분류할 수 있다.

비즈니스 모델을 설계할 때 고려해야 하는 고객은 창업자가 개발하는 제품과 관련된 시장에 존재하는 모든 고객이다. 시장에서의 제품과 판매 관련성 정도에 따라 목표 고객, 유효 고객, 전체 시장 고객으로 분류할 수 있고, 제품 특성에 따라 공급자와 수요자가 필요한 양면(다면) 시장 고객, 공급자 중심 시장 고객, 수요자 중심 시장 고객으로 구분할 수 있다.

가설 토론

"나의 고객은 누구이며 어디에 있으며 어떤 성향을 띠고 있는가?"

- 제품에 대한 시장 기회와 고객에 대해 폭넓게 토론한다. 특히 제품의 속성 하나하나에 대해 어떤 고객 집단이 어떻게 대응하며 왜 그렇게 하는가에 대하여 토론한다.
- 전체 시장을 5~7개 범주의 시장으로 구분한다. 범주를 구분하는 경계의 의미를 파악한다.
- 내 제품이 속하는 범주 시장의 크기를 정의하고 특성을 파악한다.
- 고객이 어떤 모습을 지니고 있는가에 대하여 시장 관찰과 시장 조사를 통하여 고객 정보를 수집 · 분석한다.

모두가 내 고객은 아니다

창업자가 가장 빠지기 쉬운 함정은 모든 소비자가 내 고객이라는 생각이다. 이런 생각은 모든 고객의 요구를 충족시키는 제품과 서비스를 만들 수 있다는 자신감이 넘치기 때문이다.

예를 들면, 나는 기술과 아이디어를 가지고 있기 때문에 만능 스마트 벨트를 만들 수 있다고 하자. 성인뿐만 아니라 유아도 사용이 가능한 스마트 벨트를 만들 수 있다. 하나의 제품으로 가족 모두 번갈아 사용이 가능하고 가족 모두의 욕구를 충족시켜 줄 수 있다는 생각을 품고 창업 활동을 한다. 그러나 실제로 이런 만능 스마트 벨트는 만들기도 어렵고, 만들더라도 가족 모두를 만족시킬 수는 없다.

여러 고객군의 욕구를 모두 충족시킬 수 있는 제품을 생산한다는 것은 하나의 고객도 만족시키지 못하는 제품으로 생산할 수도 있다는 것과 같다.

(1) 창업자는 새로운 시장 수요를 개척하여야 한다

창업자는 신규 시장 개척처럼 불투명하고 힘든 길은 내가 가야 할 길이 아니므로 이미 형성된 기존 시장으로 좋은 품질과 낮은 가격으로 순탄하게 진입해 고객의 일부라도 손쉽게 독차지할 수 있다는 생각을 버려야 한다.

예를 들어 현재 시장 규모가 연간 총 100억 원 정도라고 하자. 창업자의 신규 제품은 우수한 기능에 기존 경쟁 제품보다 최소한 20% 이상 가격이 저렴하므로 1년 이내에 10%의 시장 점유율을 쉽사리 확보할 수 있다. 10%의 시장 점유율에 해당하는 연간 매출은 최소한 10억 원은 보장받을 수 있다고 생각할 수 있다. 그러나 제품을 개발해서 생산하고 고객에게 판매하는 과정에서 겪는 수많은 장애와 비용, 시간 등을 계산하지 못하고, 경쟁사의 대응은 전혀 고려하지 못하고 있다.

(2) 숫자로 시장의 크기를 판단하지 마라

예를 들면, 어떤 초기 창업자는 유아용 스마트 IoT(Internet of Thing, 인터넷 운영 제품) 칫솔의 시장 규모를 아주 쉽게 예측했다. 대부분의 초기 창업자들은 유사한 방법으로 시장 규모를 예측할 것이다. 처음으로 창업하는 사람은 통계학적인 숫자와 그러한 숫자의 유의미성을 믿을 수밖에 없기 때문이다.

우리나라 전체 인구 수는 5,000만 명이고 3세에서 7세의 유아 수는 5,000만 명의 [(5,000만 명)/(80세 평균 연령)×(3세~7세=5)]로, 전체 인구의 6.25%인 3,125,000명이다. 가격이 25,000원인 IoT 칫솔을 살 수 있는 유아 수는 10% 정도로 312,000명이고 칫솔 평균 사용 기간은 3개월로 산정하면 일 년에 최소한 312,000개×12개월/3개월=1,041,000개이다. 연간 매출액은 1,041,000개×25,000원=2,602,500,000원(26억 250만 원)으로 계산할 수 있다. 그러나 현실은 훌륭한 IoT 칫솔을 성공적으로 개발하였으나 시장 진입은 예측한 대로 진행하지 못했다.

(3) 고객을 이해하고 찾기 위해서는 직접 발로 뛰어야 한다

경쟁이 심하고 선두 기업의 입지가 확실한 기존 시장에 창업 기업이 성공적으로 진입해서 시장 점유율을 확대한다는 것은 매우 어려운 일이다. 그러나 혁신 기술 제품으로 새로운 고객 수요를 창출하는 것은 마케팅 자원이 풍부한 기업이 아니더라도 창업 기업도 할 수 있다.

창업자는 힘들고 어렵더라도 시장 진입이 가능한 새로운 시장이나 새로운 고객 가치 창출이 가능한 신규 시장을 찾아야 하며, 시장과 고객을 직접 관찰하여 얻은 정보를 가지고 가설을 만들고 이를 검증하는 과정을 가진 다음 한정된 마케팅 자원을 집중해서 조심스럽게 진입해야 한다.

최종 사용자 고객의 특징을 발견하라

창업 초기부터 목표 고객을 명확하게 알 수 있으면 제품 개발 방향과 마케팅 활동 방향을 효과적으로 수립하여 한정된 자원으로도 효율적으로 제품 개발과 마케팅을 펼칠 수 있다. 그러나 현실적으로 창업자가 고객을 잘 안다는 것은 매우 어렵다. 오로지 제품만이 고객의 마음을 정확히 알 수 있다.

시장 조사를 토대로 세분화 시장에서 최종 사용자의 특징을 구체적으로 그려 보고 고객을 이해해야 한다. 성공 창업이란 최종 사용자가 원하는 것을 제품이나 서비스로 제공해야 한다는 가장 단순한 진리를 깨닫는 것이 중요하다. 그러기 위해서는 최종 사용자를 먼저 구체적으로 정의하고 그 특징을 알아야 한다. 최종 사용자의 특징 분석을 통해서만 구매결정 우선순위를 파악할 수 있고, 그에 따른 제품 차별화 전략, 제품 개발 사양 정의, 마케팅 메시지 기획, 가격 정책, 입소문 전략 등을 수립할 수 있는 명확한 정보를 얻을 수 있다.

고객은 여러 그룹으로 분류할 수 있다. 그러나 창업자는 구매 의사결정에 참여할 수 있는 사람을 대상으로 분석한다. 실제로 제품과 서비스를 사용하는 최종 소비자인 최종 사용자 그룹, 구매 행위를 결정하는 구매자 그룹, 구매 의사결정 과정에 영향력을 행사하고 있는 의사결정 참여자 그룹으로 나뉜다.

① **최종 사용자 그룹**: 상품과 서비스를 마지막으로 직접 소비하는 최종 사용자를 의미한다.

② **구매자 그룹**: 제품 구매 여부를 결정하는 그룹을 의미한다. 기업의 구매부서가 될 수 있고 가정의 구성원이나 개인 구매자이다. 경제적 지출 권한을 가진 그룹이다.

③ **의사결정 참여자 그룹**: 제품 구매 과정에 직접 참여하거나 영향력을 행사하는 모든 사람을 의미한다.

- 옹호자 그룹: 제품과 서비스 구매를 원하는 그룹으로 구매결정 지원자이다.
- 영향력 행사 그룹: 구매 의사결정을 직접 통제하거나 영향력을 미치는 그룹을 의미한다. 구매부서, SNS, 동료, 기존 사용자 등 사용자 준거 그룹을 포함한다.

최종 사용자의 특징을 알기 위해서는 구매 행위를 결정하는 구매 그룹의 특징을 자세히 알아야 한다.

창업자는 최종 사용자의 특성을 잘 이해함으로써 '총 유효 시장과 그 규모'를 어느 정도 정확하게 알 수 있고 최종 사용자에 대한 '페르소나 모델'을 비교적 정확하게 그릴 수 있다. 최종 사용자의 페르소나 모델을 통하여 고객을 훨씬 더 구체적으로 파악할 수 있기 때문에 최종 사용자가 원하는 제품을 개발할 수 있고 더욱 쉽게 사용자에게 전달할 수 있다.

최종 사용자는 시장 조사를 통해 구체화한다. 또한 시장 조사는 최종 사용자에 초점을 맞추어 실시해야 한다. 그러나 최종 사용자는 같은 거점 시장에서 다른 특징을 보여줄 수 있다. 아무리 초점을 좁게 맞춘 시장에서도 사용자는 완전히 똑같지 않고 가지각색의 모양을 띠고 있다. 남녀노소, 각기 다른 라이프 스타일, 소득 수준, 구매 행위 습관, 가치관, 가족 구성원, 다른 인생 목표, 성격 등이다.

목표 시장에서 최종 사용자의 특징을 확실하게 파악할 수 없으면, 거점 시장에서 비교적 동질성과 유사성이 강한 핵심적인 최종 사용자에게 초점을 맞추고 그들을 통해 제품 개발 방향과 기준을 얻고 그들을 위한 제품을 개발할 수 있다. 그러나 어떤 경우에도 창업자는 최종 사용자와 함께 창업하여야 한다. 최종 사용자를 얼마만큼 알고 이해하고 있느냐가 성공 창업을 좌우하기 때문이다. 창업자 자신의 관심과 역량이 아니라 최종 사용자인 고객의 필요성과 욕구 만족에 기반을 둔 창업이어야 한다.

최종 사용자의 욕구를 충족시키는 제품을 만들기 위해서는 목표 고객을 만나 대화하고 관찰하고 시장 조사하고, 고객과 피드백을 주고받는 과정을 계속해야 한다. 최종 사용자에게 접근하여 소중한 정보를 수집하고 정보 이면에 숨어있는 의미들을 찾아 분석해야 하기 때문이다.

모든 고객의 수요를 만족시킬 수 있는 제품을 만들 수는 없다. 목표 시장과 거점 시장 내에서 최종 사용자의 요구사항과 우선순위에 따라 제품을 개발해야 한다. 한 번에 한 시장씩 진입하는 방법밖에 없다. 따라서 창업자는 최종 사용자의 프로파일을 통하여 목표 고객을 더욱 자세히 이해하도록 노력해야 한다.

▶ 최종 사용자의 프로파일 특징

(1) 인구통계학적 특징

- 성별
- 연령
- 소득 수준
- 거주지
- 가족 구성원
- 직업

(2) 고객 가치

- 욕구, 동기
- 가치관, 삶의 목표
- 취미 생활, 여가 활동
- 독창성
- 선호하는 TV 프로그램
- 고민, 어려운 점

(3) 사회적 관계망

- 사용하는 매체, 인터넷 사이트
- SNS 이용 빈도
- 스마트폰 이용 행태

(4) 구매 의사결정 특징

- 구매 의사결정 기준
- 구매 의사결정 준거 기준 여부

(5) 기타 특징

- 살아온 이야기
- 형태, 그림, 이미지
- 개인적 인상(의견)

예비 고객 조사

잠재 고객을 대상으로 '예비 고객 조사'를 하여 잠재 고객에 대한 이해와 성향 분석을 한다. 예비 고객 조사를 통하여 무엇을 어느 정도로 언제 얼마의 가격으로 제품을 개발해야 하는가에 대해 방향과 기준을 가질 수 있다.

예비 고객 조사는 고객 중심의 접근 방식으로 최종 사용자가 속한 잠재 고객 중에서(10명~15명) 예비 고객을 임의로 선정하여 조사한다. 조사하는 과정에서 제품의 시장 기회가 존재하는지 파악할 수 있고 고객의 신뢰를 높이는 방법을 수립할 수 있다.

창업자는 예비 고객 조사를 통하여 제품 개발에 대한 확신을 가질 수 있는 기회를 가질 수 있으며, 고객의 요구사항이 개발하고자 하는 제품의 속성과 일치할 때 창업자에게 이보다 더 확신을 주는 것은 없을 것이다.

예비 고객 조사 결과는 제품의 수명주기, 가치 제안, 초기 마케팅 플랜 수립에 도움을 줄 수 있으며, 창업 팀원, 향후 투자자, 고객 혹은 미래의 동업자, 외부 코칭 전문가 등 모두에게 강한 자신감과 확신을 줄 수 있다. 그러므로 예비 고객 조사는 성실하고 진지하게 수행하여야 한다.

예비 고객의 의견은 창업 기업의 생존과 성장에 자양분이 되는 좋은 자료이다. 예비 고객 조사는 창업자가 지금까지 고심하고 생각하고 있는 것을 드러내 놓고 고객에게 자신의 아이디어를 설명하고 검증받는 과정이다.

예비 고객을 직접 만나 이야기하고 관찰해서 얻은 정보는 매우 소중하다. 창업자는 예비 조사에 대해 결과를 잘 수집하고 분석하여 정리해 두어야 한다. 예비 고객 조사 자료는 향후 제품에 대해 가설을 확인하고 수정하는 기준이 된다. 또한 창업자에게 자신감을 주고 제품 개발에 집중력을 주는 원천이 된다.

예비 고객 조사는 잠재 고객에게 '질문, 조사, 관찰'을 통하여 고객에게 '감정이입(Empathy)'할 수 있으므로 창업자의 입장에서 고객이 느끼는 '사용자 편의성'을 이해할 수 있다. 만약 예비 고객이 '상위 수준 제품의 제원에 대한 정의'에 별다른 흥미를 느끼지 않으면 거점 시장 선택이나 개발할 제품을 다시 한번 검토해 보아야 한다.

예비 조사 항목

- 구매 목적(제품이 필요한 이유)
- 구매 행위
- 구매 준거 기준 역할
- 제품 사용 생애 주기
- 상위 수준 제품 제원 정의(고객이 원하는 기능)
- 가치 제안의 적합성

창업자는 예비 고객 조사를 하는 과정에서 고객의 의견을 듣고 고객이 원하는 제품 제원(기능)에 관심을 두면서 고객이 원하는 것뿐만 아니라 필요로 하는 것도 알아내야 한다. 고객이 나의 제품을 사는 진정한 이유(고객이 필요한 제품 제원 기능)를 읽을 줄 알아야 한다.

아이가 울면 우는 아이에게 우선 우유를 줄 수 있지만, 아이에게 무엇이 진정 필요한 것인가를 알아야 한다. 기업은 계속해서 고객에게 필요한 것을 제공할 수 있어야 생존할 수 있다.

교육자료 **3-1** 예비 고객 조사서 양식

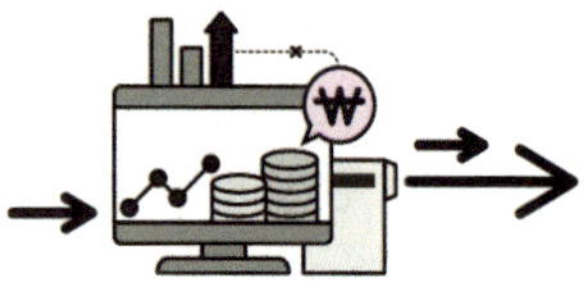

04단계

시장은 어디에 있는가?

제품이나 서비스를 개발하는 목표는 고객이 있는 시장을 찾고 시장에서 많은 고객이 빠르게 자신의 제품을 사용하기를 바라는 것이다. 고객이 있는 시장을 찾기 위해서는 자신에게 다음과 같은 질문을 끊임없이 던지면서 자신이 개발하는 제품을 진실되게 수정하는 과정이 필요하다.

- 고객의 생활과 삶에 새로운 가치를 제공할 수 있는가?
- 내가 즐거운 마음으로 오랫동안 꾸준하게 최선을 다해 제공할 수 있는가?

창업 여정에서 항상 위의 두 가지 기본적인 질문을 하고 또 하면서 답이 되는 제품에 대한 아이디어와 기술을 찾아서 여정의 길을 간다.

시장성 분석

개발하고 있는 제품의 목표 시장에 대해 체계적인 정보 획득과 자료를 분석하고 시장 기회를 활용하여 사업화 전략을 수립한다. 사업 전략 수립에 앞서 제품이 시장에 성공적으로 진입할 수 있는지 항상 고객 관점에서 제품을 보고 분석할 줄 알아야 한다.

또한 생산자 관점에서 값싸고 품질 좋고 성능이 좋은 제품을 생산할 수 있다는 자신의 능력만을 보지 말고 고객 관점에서 이 제품을 어떻게 차별적으로 인식하고 구매하고 사용하는지에 대한 '**사용자 경험**'을 잘 관찰하고 분석할 줄 알아야 한다.

시장성 분석은 ① 목표 시장 분석과 ② 고객 요구 분석으로 크게 나누어 볼 수 있다 수 있다.

(1) 목표 시장 분석

목표 시장 분석은 시장이 어디에 있으며 그 시장 규모는 어느 정도인지 파악하는 것이다. 그리고 그 시장의 특성과 구조, 추세를 분석한다. 목표 시장 분석은 창업자가 향후 사업 계획서나 회사 소개서, 투자 제안서를 작성할 때 매우 중요한 자료로 활용할 수 있기 때문에 문헌이나 인터넷을 통한 자료 분석뿐만 아니라 창업자가 직접 관련된 시장과 고객에 대한 세밀하고 주기적인 관찰을 통해 가능한 한 계량화된 수치로 확보하여야 한다.

① 시장 규모 분석 시 고려사항

- 시장 규모 분석 대상 제품의 범위 설정
- 유사, 동일, 대체 제품에 대해 분석
- 분석 기간: 통상 최근 3년간의 수요와 공급 현황, 앞으로 3년간의 현황
- 분석 기법: 시계열 분석을 사용하여 판매 영역별, 고객별 잠재 수요 파악과 앞으로 추세 변화율 예측

② 시장 특성과 구조 분석 시 고려사항

- 유통 채널의 구조적 특성: 유통 채널 단계, 유통 과정, 유통 과정별 수익성 구조
- 주요 수요처의 구조 및 특성
- 시장별 고객의 소비 구조와 변화 추세
- 동종 업계 판매 조직의 특징
- 동종 업계의 영업 방식, 영업 구조, A/S 구조, 판매 채널
- 경쟁 제품, 대체 제품, 유사 제품에 대해 판매 촉진 전략 구조와 특성
- 세분 시장의 구성과 특성
- 동종 제품과 관련 제품의 광고 채널, 특성, 광고효과

(2) 고객 요구 분석

고객 요구 분석은 고객이 제품과 서비스를 구매하는 원인을 파악하는 것이다. 고객이 제품을 구매하는 구매 동기, 구매 방법, 사용자 환경, 서비스 요구사항을 파악해야 한다. 창업자는 이러한 고객 요구 분석 자료를 기반으로 적합한 제품과 서비스를 개발해야 한다.

① 고객 요구 분석 시 주요 사항

- 잠재 소비자 구성 특성: 지역별, 연령별, 소비 형태별 등
- 구매 형태: 구매 주기, 구매 시점 등
- 구매 단위량
- 구매 발생 원인(동기)
- 구매 영향력 원인 및 수요 자극 요소

② 고객 요구 분석 주요 내용

- 아이디어는 어느 정도 혁신성을 갖고 있는가(고객 가치 적합성)?
- 제품이 제공하는 기능이 어느 정도 고객에게 중요한가?
- 제품이 경쟁 기업, 관련 산업에 미치는 영향력은 어느 정도인가?
- 잠재 시장의 크기는 어느 정도인가?
- 고객 가치와 제품이 제공하는 기능에 대한 구매 상관성은 어느 정도인가?

• **교육자료** **4-1** 목표 시장 분석서 및 고객 요구사항 분석서 양식

▶ 시장 세분화

고객을 알고 난 후에 고객이 어디에 얼마만큼 있는가를 찾아야 한다. 단 한 명의 고객을 위해 제품을 만들고 서비스를 제공할 수도 있다. 그러나 창업 기업은 가능한 많은 고객을 대상으로 제품을 만들어 그 고객들이 모여 있는 시장으로 진입해야 한다.

고객은 모든 시장에 조금씩 모여 있을 수 있다. 어느 시장에서는 당장 내 제품이 필요할 것이고, 다른 시장에서는 언젠가는 내 제품이 필요할 수도 있다. 창업자는 내 제품과 서비스가 지금 당장 필요한 고객을 찾아야 한다. 가능한 한 고객이 많이

모여 있는 시장을 찾아야 하며 그 시장에 있는 고객에게 맞는 제품과 서비스를 최우선으로 개발해야 한다.

이것이 '시장 세분화의 목적'이다. 한정된 자원으로 시장에서 필요로 하는 제품과 서비스를 제공하는 것이야말로 시장 세분화의 진정한 목적이자 창업자가 제품과 서비스를 개발해야 하는 방향이다. 내가 개발한 제품과 서비스에 적합한 시장을 찾는 것이 아니고 시장에서 고객이 필요로 하는 기능의 제품이나 서비스를 개발하여 제공하는 것이다.

▶ 시장 세분화 절차

(1) 브레인스토밍

시장 세분화 절차는 아주 간단하다. 우선 1차 단계로 다양한 시장 기회를 광범위하게 탐색하는 기술을 사용하여 시장을 정의한다. 탐색하는 기술은 여러 가지가 있으나 손쉽게 탐색할 수 있는 방법은 '브레인스토밍(Brainstorming)'이다.

브레인스토밍의 목적은 창업자 자신이 스스로 잠재 고객이 되어서 고객이 필요로 하는 해결책뿐만 아니라 고객 가치를 잘 이해하고 제공할 방안을 발견하는 것이다. 획기적인 창업 아이디어가 있다고 해서 시장과 제품의 구체적인 윤곽도 같이 머릿속에 다 들어 있다는 착각을 해서는 안 된다.

창업자는 자신의 가설과 판단이 옳다고 생각하고 색안경을 쓰고 자신이 보고 싶은 것만 보기 쉽다. 또한 시장에 대한 정의가 구체적이지 않으면서 결론을 쉽게 내리는 경향도 매우 높다. 그러나 현실은 그리 녹록지 않다. 고객과 시장은 내가 무엇을 개발하고 무엇을 제공하려고 하는지에 전혀 관심이 없을 뿐만 아니라 신경을 쓸 여지도 없다.

창업자는 목표로 하던 시장이 자신의 아이디어에 적합하지 않을뿐더러 다른 시장과 고객이 더 훌륭한 대안 시장으로 떠오를 가능성도 있다는 것을 반드시 명심해야 한다. 자만과 편견을 버리고 항상 열린 마음으로 유연하게 정보를 받아들이고 창의적으로 생각해야 한다. 과거 경험에 기반한 주관적 편견을 가져서는 안 된다.

브레인스토밍의 출발은 먼저 자신의 아이디어에 적합한 시장에 관해 기술하는 것이다. 그리고 시장에서 자신이 제공하는 가치나 혜택을 얻는 고객을 나열하고, 라이프 스타일을 대표하는 최종 사용자에 따른 여러 페르소나 모델링을 한다.

- 시장 정의
- 고객 파악
- 사용자 페르소나 모델 작성

최종 사용자인 페르소나 모델이 바라는 사항이나 필요로 하는 서비스를 최대한 다양하게 표현하여 나열한다.

일례로 새로운 전자 교과서가 제공하는 교육 서비스를 생각해 보자. 최종 사용자는 누구이며 그 그룹이 하는 일과 특성에 대해 상세한 페르소나 모델링을 한다. 교육 당국, 학교, 교사, 학생, 학부모, 하드웨어 및 소프트웨어 개발자, 유통자, 커뮤니티 등에 속한 모든 사용자가 페르소나 모델이 될 수 있다.

예를 들어, 전자 교과서를 사용하는 시골 학교의 자연과학 교사는 수업, 평가, 수업 준비, 자기 계발, 수업 진행, 학생 훈련, 성적 결과 상담 요령, 수업 진행 결과 정리 등을 어떻게 진행하면서 전자 교과서를 사용하는가이다.

시장 세분화는 조직이나 기업 등과 같은 일정한 특성을 보인 그룹이나 커뮤니티는 쉽게 할 수 있다. 그러나 개인이나 가계, 소그룹 커뮤니티 등의 불특정 고객 집단은 시장 세분화에 많은 어려움이 있고 또한 정확하게 파악할 가능성도 낮은 편이다.

시장 세분화 과정에서 페르소나 모델링을 할 때 소비자와 구매자의 구매의도를 질문하기도 하고 그들의 소비 행위를 관찰하기도 하면서 페르소나 모델의 특성을 파악한다. 이러한 페르소나 모델에 의하여 상세하게 시장 세분화를 하며 시장 세분화에 따른 제품 모델 개발, 가격 정책, 홍보 전략, 마케팅 전략 수립 등을 같이 진행한다.

(2) 목표 잠재 시장 정의

시장 세분화를 하기 위한 두 번째의 과정은 제품과 서비스를 제공할 시장의 매력도 크기에 따라 (5±2)의 목표 잠재 시장을 정의한다. 매력도 우선순위에 따라 사용자 시장의 수를 줄여 가는 과정이다. 모두가 내 고객이 아닌 점을 명심하면서 시장 숫자를 매력도 크기에 따라 줄여 간다.

목표 시장의 숫자를 줄여 가는 기준은 항상 최종 사용자가 결정한다. 최종 사용자에게 집중하면서 경영 전략 목표인 시장 점유율 증가나 매출 수익률 증가, 브랜드 인지도 향상이냐에 따라 줄여 가야 한다. 창업자의 아이디어와 기술이 최종 사용자의 요구에 적합한지와 최종 사용자의 요구사항에 맞춰 제품 개발 가능성이 있는지에 집중하면서, 목표 시장을 될 수 있는 대로 줄여 나간다.

목표 시장을 줄여 가는 방법은 총 일곱 단계로 최종 사용자인 고객이 기준이며 내가 고객이 요구하고 필요로 하는 고객 가치를 제공할 수 있는가이다.

① 목표 고객이 필요로 하는 고객 가치를 제공할 수 있는가?

내가 개발하고자 하는 제품을 목표 고객이 기꺼이 돈을 내고 구매하겠는가에 대해 꾸준히 질문하면서 시장을 줄여 간다. 고객 수요를 창출할 수 없으면 매력적인 시장으로 보면 안 되기 때문이다.

② 목표 고객에게 나의 제품과 서비스를 잘 전달할 수 있는가?

- 창업 초기에는 고객이 요구하는 품질 수준에 맞는 제품과 서비스를 개발하는 것은 상당히 어려운 일이다. 따라서 고객의 요구 품질 수준에 따라 짧게 주기적으로 제품에 대한 품질 개선이 필요하다.
- 창업자는 제품 개발과 개선이 그냥 시간이 지나면 자동으로 해결될 것이라는 막연한 꿈을 지니고 있다. 이는 창업자가 가장 자주 하는 범하는 실수이다.

③ 목표 시장의 고객이 필연적으로 구매할 수 있는 절박한 이유가 있는가?

- 기존 시장에 내가 개발하고자 하는 제품이 없는 시장은 시장 매력도가 높다. 대체품이 있거나 우월적인 시장 점유율을 확보한 제품이 있는 시장에서는 초기 창업자의 제품은 시장 진입이 매우 어렵다.
- 대부분 고객은 익숙한 제품이 다소 불편하더라도 그냥 만족하면서 구매를 계속하고 있는 경향이 있다. 그러나 소수의 혁신을 추구하는 성격을 지닌 고객은 항상 새롭고 기이한 제품을 사용하고자 한다. 문제는 이러한 앞서가는 혁신적 고객이 너무 작다는 것이다. 혁신적인 고객이 추구하는 고객 가치를 고려하여 시장을 세분화한다.

④ 목표 시장의 제품별 시장 점유율은 어떻게 구성되었는가?

- 경쟁 제품이 60% 이상의 시장 점유율을 확보하고 있어 난공불락의 경쟁자가 있다면 어떻게 시장에 진입할 수 있을까? 고객의 관점에서 제품을 선택하는 '의사결정 우선순위'와 '의사결정 과정'을 분석한다.
- 고객의 의사결정에 절대적 영향력이 무엇인가, 왜 그런 영향력에 좌우되는가, 나는 그러한 영향력을 만들 수 있는가, 고객과의 관계 형성은 어떻게 할 것인가 등을 생각하면서 목표 시장을 줄여 나갈 수 있다.

⑤ 시장 확대 전략을 어떻게 진행할 것인가?

- 거점 시장을 우선 확보하고 점차로 주변 시장으로 진입할 가능성은 어느 정도인가 등 시장 확대 전략을 생각하면서 목표 시장을 줄여 간다. 초기 창업자는 사용할 재원이 충분하지 않기 때문에 모든 시장에 동시에 진입할 수는 없다.
- 거점 시장에 당분간 머물면서 시장 점유율 확대에 주력할 것인가? 거점 시장에서 새로운 목표 고객을 발굴할 수 있을까? 등 시장과 고객의 변화를 관찰하면서 목표 시장을 줄여 나간다.

⑥ 창업자의 의지, 창업자가 진입하고자 하는 시장인가?

- 창업자는 창업 기업 초기에는 항상 창업자 정신을 갖고 있다. 창업자 정신은 기업 설립과 운영, 기업 성장 전략에 많은 영향을 미치고 있다. 창업자의 개인적인 의지에 따라 목표 시장을 결정할 수 있다.
- 창업자야말로 목표 기간 내에 창업에 대한 구체적인 성과를 창출할 수 있다. 이러한 창업자 정신과 창업자 의지에 적합한 시장을 선택할 수 있다.

⑦ 목표 고객을 관찰한다.

- 세분된 시장에서 목표 고객을 관찰하는 일이다. 고객을 관찰하는 방법 중에 가장 많이 사용하는 기법은 시장 조사와 고객을 심층적으로 관찰하는 것이다.
- 시장 조사는 목표 고객과 잠재 고객을 직접 만나 고객이 처한 상황, 불편한 점이나 개선하고 싶은 사항, 시장, 제품 등에 관해 풍부한 자료를 수집하고 수집된 자료를 통계학적 기법으로 분석하는 것을 의미한다.
- 고객을 직접 만나기 전에 편하게 고객 자료와 정보를 가지고 시장 조사를

대신에 하면 안 된다. 고객과 직접 접촉하여 조사하는 시장 조사를 하여야 만 정보의 가치가 있다. 단지 숫자로만 추정하고 예측하는 시장 조사는 쉽고 편하지만, 그 결과는 참담하게 끝난다. 창업 기업이 실패하는 가장 큰 원인은 잘못된 시장 조사 결과에 의존하여 경영 의사결정을 하기 때문이기도 하다.

- 시장 조사의 가장 직접적인 목적은 목표 고객과 잠재 고객의 불편사항을 정확하게 이해하고 그 이유를 발견하고 효과적인 해결 방안을 찾고자 하는 데 있다. 고객이 직면하고 있는 문제가 무엇이며 그 문제를 해결하므로 어느 정도 시장 기회를 확보할 수 있는가와 기존 제품이 어떤 시장 기회의 원천을 가지고 시장 점유율을 유지하는가를 파악하는 데에 있다.
- 시장 조사 시에 가장 주의 깊게 관찰할 것은 고객의 소비 행동이다. 고객이 자신의 의사 표현과 실제 자신의 구매 행동이 일치하지 않는 경우가 대부분이다. 그런 점에서 시장 조사 결과만을 가지고 의사결정을 하는 것은 매우 위험하다.
- 시장 조사 결과는 항상 제삼자의 조언과 평가를 받아야 한다. 제삼자를 통해 시장 조사 결과를 다시 한번 검증할 수 있기 때문이다. 구매 고객은 과거의 경험을 통하여 어느 조사 환경에서도 항상 창업자를 속이는 기법을 잘 알고 있다. 그러므로 고객 한 명 한 명을 관찰하는 편이 시장 조사에 드는 비용과 시간보다 훨씬 효과적이다.

• **교육자료** **4-2** 시장 조사 방법 및 시장 조사 계획

• **교육자료** **4-3** 시장 조사서: 세분 시장 조사표

▶ 사용자 가치에 의한 시장 세분화

고객이 제품에서 얻을 수 있는 고객 가치에 따른 시장 세분화도 목표 시장을 줄여가는 좋은 방법이다. 제품이 제공하는 핵심 기능일수록 광범위하게 넓은 범위로 여러 시장에 걸쳐 있을 수 있다. 시장이 세분되지 않고 광범위하게 분포되어 있을수록

마케팅 전략을 수립하고 실행하는 데에 많은 시간과 비용이 들고 마케팅 성과도 높지 않다. 시장 세분화는 시장이 작고 세분되면 창업 경영 활동에 여러 이점을 가질 수 있다.

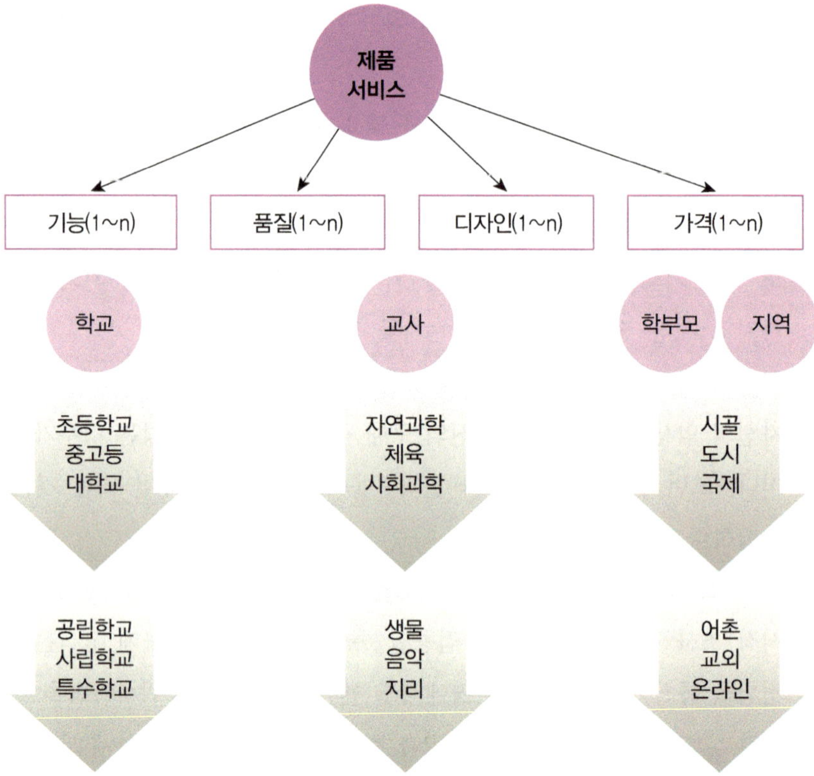

인간의 가치 체계에 의한 시장 세분화 전략

"하나의 행동이라도 그 사람 전체의 한 부분으로 보아야 그 행위를 어느 정도 이해할 수 있다."

개인의 구매 행위를 이해하기 위해서는 고객이 속한 문화 환경을 볼 줄 알아야 한다. 즉 문화 환경을 전략적 시각에서 보고 이해할 수 있어야 한다. 개인의 하나의 행동이라도 그 사람이 속한 전체 문화 환경 속에서 어떻게 가치가 형성되고, 형성된 가치가 어떻게 여러 가치 제안 중에 하나 또는 여러 가지를 제공하는 제품과 서비스를 선택하게 하는가에 대해 이해할 수 있어야 한다.

고객은 하나의 세분 시장에서 특정의 제품과 서비스를 선택할지라도 의식적이든지 무의식적이든지 전략적 선택을 하고 있다. 자신의 가치나 가치관에 의해 본인에게 필요하거나 원하고 있는 가치 제안을 선택하게 된다.

개인이 특정의 제품과 서비스를 선택하여 얻는 '사용자 가치'는 선택된 제품과 서비스가 제공하는 '제품 서비스 가치'인 '가치 제안'을 선택하므로 개인이 얻을 수 있는 것이다. 그렇다면 '사용자 가치'의 최대화는 어디서 오는가? 총 유효 시장에서 새로운 가치 제안에 적합한 시장 세분화 전략을 통해서 새로운 시장 수요를 창출할 수 있을 뿐만 아니라 기존 고객 가치에 새로운 가치 제안을 함으로써 사용자 수가 증가하고 근접 수요를 창출할 수 있다.

기업은 전략적으로 '고객 가치'에 적합한 '수단 가치'를 제품과 서비스 시스템이 제공할 수 있도록 '사용자 경험 흐름'을 설계한 제품과 서비스 시스템을 개발할 수 있다. '고객 가치'는 고객 자신이 의식적으로 인식하고 있든지 무의식적으로 인식하고 있지 않더라도 고객이 추구하고 있는 '최종 가치'에 많은 영향을 받고 있다. 즉 고객이 추구하는 '최종 가치'가 고객의 구매 행위와 구매 의사결정에 영향을 미치고 있다.

고객의 '최종 가치'는 고객 자신이 속한 문화 환경 속에서 많은 경험과 기억으로부터 형성되고 자신의 '최종 가치'는 다른 사람과 차별적으로 구분된다. 비록 같은 '최종 가치'일지라도 고객은 각기 다른 '수단 가치'를 가질 수 있고 다른 선택 순위로 선택하여 구매 행위를 할 수 있다.

▶ 제품 포지션에 따른 시장 세분화

시장에서 제품 포지션에 의한 고객 가치의 차별화에 의해서도 시장을 세분할 수 있다. 제품과 서비스의 매력이 목표 시장과 목표 고객에게 다르게 영향을 미칠 수 있으며 고객의 구매에도 영향을 미칠 수 있기 때문이다.

제품과 서비스의 매력에 의해 고객은 차별적으로 구매한다는 가설 아래 가격 정책, 홍보 전략 영업 활동 등 세분 시장별로 진입 전략을 수립하고 실행하는 데에 기준을 가질 수 있다.

혁신성 \ 시장	창의적 · 수직적 혁신 ←		시장 수요 창출력		→ 점진적 · 수평적 혁신		시장 매력도
	아이디어	디자인	기능, 기술	품질	가격	유사성	
세분시장(1)							
세분시장(2) ⋮							
세분시장(n)							

순위도: ◉◒◎●◒○▾▿－

05단계

고객을 어떻게 찾는가?

창업 기업에 중요한 것 중 하나는 자신의 제품을 사용할 고객을 찾는 것이다. 사용 고객을 정확히 알아야 목표 고객에게 가장 적합한 제품을 제공할 수 있기 때문이다. 대다수 창업자는 무조건적으로 자신이 개발하는 제품이 목표로 하는 고객에게 적합하다고 일방적으로 생각을 하고 자기 생각대로 제품을 개발하려고 한다. 또한 제품 개발 후에 사용할 고객을 찾으려 한다. 제품은 개발, 생산, 유통, 구매, 소비로 이뤄지는 연속적인 과정을 따라 흘러간다고 단순하게 생각하고 창업 활동을 한다.

성공한 창업 기업은 제품을 구상하기 전에, 목표 시장에서 잠재 고객이 기존 제품에서 가장 크게 느끼고 있는 불만족이 무엇이며 고객에게 왜 그런 불만족이 생기는가 또한 충족되지 않은 니즈는 무엇인가에 대해 먼저 알아보고 제품을 개발한다. 즉 성공한 창업 기업은 고객 불만족으로부터 고객이 원하는 것(Want)과 필요로 하는 것(Required)을 알아내고 고객 욕구(Need)를 분석하여 새로이 고객 가치(Value)를 제공할 수 있는 제품을 개발한다.

고객을 찾는 기술은 크게 두 가지로 나눌 수 있다. 제품을 공급하는 입장에서 고객을 찾는 '시장 조사' 방식과 고객의 입장에서 제품의 용도를 찾는 '사용자 경험 관찰' 방식이다.

(1) 시장 조사

① **시장 조사 영역:** 시장 규모, 구매 행태, 구매 주기, 제품 현황

② **방법론:** 정량적(문헌 조사, 설문 조사), 정성적(포커스 그룹 인터뷰)

③ **산출물:** 시장 규모 및 인구통계 정보, 구매 요인, 광고효과, 유통 채널 정보, 경쟁 제품 현황, 시장 현황 등

(2) 사용자 경험 관찰

① **관찰 영역**: 고객 만족도, 사용자 경험

② **방법론**: 정성적(개별 인터뷰, 관찰), 사용자 경험 참여(공감)

③ **산출물**: 제품 개발 동기(무엇을 만들어야 하는지, 어떻게 동작해야 하는지), 제품 구매 동기(고객이 무엇 때문에 구매하는지), 구매자 특성(충성도 높은 구매자를 만드는 요인), 고객 만족(어떤 기술, 서비스가 사람들을 기쁘게 만드는지)

시장 조사는 가장 일반적인 소비자 조사 방법이지만 고객의 실제 구매와 다르게 왜곡이 발생될 수 있다. 반면에 사용자 경험 관찰은 사용자 경험 디자인의 개념에서 강조되듯이 시장 조사에서 발견될 수 있는 왜곡을 다소 줄일 수 있는 조사 방법으로 제품 컨셉 확보와 제품 개발에 꼭 필요한 과정이다.

사용자 경험 관찰은 고객과 일대일로 인터뷰하는 형식의 질문 응답식이 아닌 '대화' 방식이다. 고객과 대화를 하면서 비즈니스 아이디어부터 사용 편의성까지 실제 사용 환경에서 발생하는 광범위하고 다양한 내용을 파악할 수 있다. 즉 고객의 진솔한 마음을 조금이나마 자세하게 들여다볼 수 있다. 창업자와 창업 팀원이 직접 고객을 만나 대화함으로써 '고객 공감'을 통해 고객 중심의 제품을 찾아서 개발할 수 있다.

사용자 경험 관찰 방법으로는 직접 관찰, 실험실 기법, 간접 관찰 방식을 활용할 수 있다.

① **직접 관찰**: 비디오 촬영, 구경, 탐문

② **실험실 기법**: 시스템을 사용하면서 고객과 자기 생각을 말하고 듣기

③ **간접 관찰**: 컴퓨터 기록 분석(Log), 메모, 일기 연구, 신문 기사 탐색

사용자 경험 관찰 방법에서는 고객과 질의응답 방식인 '대화'를 주로 하므로 사전에 준비할 사항이 많이 있다. 질의응답 방식은 인터뷰, 맥락 질의(Contextual Inquiry), 설문 조사, 문의, 고객 참여 활동(Focus Group, Card Sorting, Body Storming, Brain Storming) 등 다양한 방식이 있다.

인터뷰는 진행사항을 미리 준비하고 인터뷰 진행부터 결과물 정리까지 진행한다.

진행 준비사항으로는 고객과 대화하는 마음의 자세와 인터뷰 준비사항이 있으며, 인터뷰는 인터뷰 진행과 인터뷰 결과물 정리가 있다.

(1) 마음 자세

- 사용자 경험 관찰은 소중한 고객을 상대로 하므로 인터뷰 대상을 사람의 숫자로 보지 말고 귀중한 한 사람 한 사람의 고객으로 대하는 마음의 자세가 필요하다.
- 창업자 자신은 인터뷰 결과를 토대로 고객 한 사람, 한 사람을 위해 제품을 개발하여야 한다는 생각을 잊지 말아야 한다.

(2) 인터뷰 준비사항

- 고객과 편안한 대화를 나눌 장소를 선정한다(관찰자, 필기자 동참).
- 창업할 제품을 보여줄 프로토타입을 준비한다.
- 포커스 그룹 인터뷰는 6~10명 정도 초대하여 의견을 묻고 선호 요인을 파악한다.

(3) 인터뷰 진행

① 인터뷰는 1인당 1시간 정도 진행한다.

② Who: 고객이 누구인지 파악하고, 고객 프로파일에 관한 가벼운 질문으로 대화를 시작한다.

③ What: 창업 제품에 관련한 사용 경험 여부, 사용 목적에 대해 질문 대화한다.

④ Why: 고객의 욕구와 필요, 사용 목적에 대한 이유를 질문 대화하고, 창업자의 비즈니스 아이디어를 테스트한다.

⑤ How: 창업자의 비즈니스 아이디어를 구체적으로 질문 대화하고, 개방형 질문 대화 위주로 될 수 있는 대로 고객 의견을 청취 기록한다.

(4) 인터뷰 결과물

① 목적: 고객들 사이에 어떤 유사점이 있는지, 어떤 특성이 있는지, 창업 제품의 어떤 점을 수정해야 할 것인지를 파악한다. 비즈니스 아이디어를 파악하면서 소수의 고객이라도 반복적으로 사용자 경험을 관찰한다. 고객의 눈으로 자신의 비즈니스 아이디어를 검증하고 확보하는 데 도움을 얻을 수 있도록 한다.

② 직접 듣거나 관찰한 내용 정리

- 정보 Need: 고객에게 필요한 정보는 무엇인가?
- 기능 Need: 고객에게 필요한 기능이 무엇인가?
- 감동 Need: 제품을 사용할 때 고객에게 중요한 감정은 무엇인가?

③ 대화를 통해 해석한 내용 정리

- 목표: 제품을 통해 이루고자 하는 고객의 궁극적 목표 가치는 무엇인가?
- 주요 기능: 제품을 사용할 때 가장 중심적인 일(기능)은 무엇인가?
- 주요 고객 불만족: 고객이 표현하지 않았지만, 고객에게 충족되지 않은 필요(Need)는 무엇인가?

④ 대화를 통해 추론한 것 정리

- 동기: 고객이 제품을 사용하고자 하는 동기는 무엇인가?
- 기대: 고객은 어떤 기능이나 경험을 기대하고 있는가?
- 사용 환경: 고객이 제품을 사용할 때 어떤 환경인가?

▶ 페르소나 고객 찾기

창업자는 자신의 제품을 사용할 수 있는 고객 집단을 발견하였으면 고객 집단에서 가장 자신의 제품에 적합한 대표 고객인 페르소나 고객을 찾는다. 페르소나 고객의 행동을 공감하고 파악하고 이해할 수 있도록 페르소나 모델을 만들어야 한다.

페르소나 모델을 만드는 목적은 디자인과 제품 개발 과정을 사용자 환경에 맞게 구체화하고자 함에 있다. 페르소나 모델을 통해 개발된 제품을 잠재 고객이 더욱 더 쉽게 접근하고 손쉽게 사용할 수 있기 때문이다.

페르소나 모델을 만드는 과정은 크게 5단계 과정으로 구분할 수 있다.

① 행동 관찰 및 인터뷰

- 사용자 역할 선정
- 사용자 경험 관찰 결과 활용

② 행동 요인 파악

- 활동 명세, 태도, 동기, 적성, 기술 등

- 15~30여 개 정도

③ 행동 요인 관계도 작성

- 행동 변수를 상대적 지표로 분류
- 공동 패턴을 나타내는 사람 추출
- 페르소나 선정

④ 페르소나 맵 작성

- 특성과 목표(3~5개)를 선정
- 중복되거나 빠진 부분 검토
- 페르소나 모델별 중요도 선정(1순위, 2순위, 추가)

⑤ 페르소나 의인화

- 상세 설명 작성
- 페르소나 소개에 필요한 제품 검토

• **교육자료** **5-1** 페르소나 모델 작성 양식

• **교육자료** **5-2** 페르소나 모델링: 페르소나 모델과 사용자 시나리오 디자인 사례

• **교육자료** **5-3** 페르소나 모델과 사용자 구매 여정 시나리오: 스마트 벨트 사례

Chapter

4. 제품을 개발하는 기술

6단계 제품은 무엇인가?

7단계 제품 개발은 어떻게 하는가?

06 단계

제품은 무엇인가?

고객과 고객이 있는 시장을 알고 난 후에는 그 시장에서 고객이 필요로 하고 원하는 제품을 개발한다. 제품의 개발은 크게 두 부분으로 나뉠 수 있다.

첫 번째는 제품에 대해 정의를 하는 것이다.

두 번째는 정의한 제품을 개발하는 것이다.

우선 창업자는 제품을 개발하기에 앞서 개발하고자 하는 제품에 대해 정확한 정의를 한다. 기존 시장에서 고객이 사용하고 있는 제품이나 서비스에 대한 차별적 기능을 가진 제품이나, 신시장을 개척하는 제품을 개발하는 것이 제품 개발의 목적이다.

개발할 제품에 대한 정의는 숫자, 기호, 그림 등을 이용하여 시각적으로 표현하는 게 좋다. 중요한 점은 제품의 제공하는 기능이나 성능 위주의 표현이 아니라 제품이 고객에게 줄 수 있는 고객 가치 창출에 초점을 두고 제품의 상세 이미지를 만들어 간다. 제품에 대한 개괄적인 정의를 하면서 초기 실물 제품 사양을 그림으로 표현한다. 그리고 점차로 시장에 출시할 제품의 이미지로 시각화한다. 시각화 과정을 통하여 제품 개발 목표와 제품의 시장 출시에 한 발자국씩 전진해 나가게 된다.

제품의 정의는 제품(Product)과 제품 수명주기(Product Life Cycle)의 두 가지 개념으로 나누어 볼 수 있다.

제품의 정의

제품은 생산품으로서 자연이나 인공의 제조공정에 따라 만들어지는 유형의 물건이나 사물의 실체 또는 소비자에게 제공되는 용역 서비스를 의미한다. 즉 제품이란 이해 당사자인 개발자, 생산자, 고객, 사용자, 소유자, 용역 제공자의 요구를 충족하는 데 필요한 기능을 제공하는 것이며 소비자들에게 판매나 서비스하는 대상이라고 정의할 수 있다.

제품은 시장에서의 수요 기회를 먼저 인지하는 것으로부터 출발하여 개발 연구, 생산, 판매, 배송, 소비자 사용의 일련의 과정을 거친다. 제품은 자연에서 얻을 수 있는 1차적 생산품으로부터 여러 생산공정 과정을 거쳐 생산되는 2차적 생산품과 무형의 서비스, 소프트웨어, 논리적 구조인 프로세스까지 포함한다.

(1) 좋은 제품의 조건

소비자가 만족할 수 있는 완벽한 제품을 처음부터 개발하기는 힘들다. 소비자가 제품을 사용하다 보면 자신의 마음에 들지 않는 부분이 당연히 생긴다. 기업은 소비자가 만족하지 못한 부분을 발견하여 지속적으로 제품을 개선해야 한다. 제품 개선 중 제조공정의 품질 개선은 제품 전체의 품질 개선으로 나아감으로써 창업 기업은 제품 생산 초기에는 제조공정의 품질 개선을 중점적으로 수행함이 필요하다.

좋은 품질의 제품에 대한 정의는 크게 일곱 가지로 볼 수 있다.

① 제품의 성능, 비용, 가격 측면을 고려하여 품질을 개선한다.

- 성능은 신뢰성, 내구성, 서비스 적합성, 유지 보수성을 고려하면서 품질 개선을 한다.
- 비용과 가격 측면에서 매우 어려운 의사결정을 할 수밖에 없을 것이다. 성능이 높을수록 비용이 많이 들어 가격이 높아지고 성능이 낮을수록 비용이 적게 들어 가격이 낮아지는 관계성을 가지고 있다. 제품의 가격 대비 성능은 생산자와 소비자와의 신뢰의 구간이 될 수 있기 때문이다.

② 좋은 제품은 사용자 및 인간에 적합하다.

- 좋은 제품은 사용자에게 적합하여야 한다. 사용자 및 인간 적합성의 문제는

물리적 적합성이 대부분이다. 유전자 조작 제품이나 게임 제품 등의 제품은 가치 적합성상의 문제가 발생할 수 있다. 창업자는 사용자 및 인간에게 적합한 제품을 개발 연구 생산하여야 한다.

- 감각적 적합성, 인지적 적합성 등 여러 가치적 적합성도 고려할 필요가 있다.

③ 훌륭한 기예의 제품은 심미적 즐거움과 자부심을 준다.

훌륭한 기예 제품은 생산자와 소비자 모두에게 심미적 즐거움과 자부심을 준다. 기예, 자부심, 품질이 상호 영향을 주며, 고객으로 하여금 기예 가치를 원하게 하고 그에 맞는 제품을 생산하게 한다. 훌륭한 기예 제품은 제조가 용이하도록 디자인된 제품으로 제조 과정에서 디자이너와 제조 엔지니어가 함께 일한다.

④ 좋은 제품은 감정과 욕구에 부합한다.

- 고품질 제품은 인간의 감정과 욕구에 적합한 제품이다. 좋은 제품과 서비스는 감정과 욕구에 직접적 또는 간접적으로 부합하는 요소를 많이 지니고 있다. 애플의 성공 요인도 감정적인 반응을 일으켜 냈기 때문이다.
- 좋은 제품은 생존 욕구, 사회적 욕구, 존중 욕구, 지적 욕구 등 인간이 내재적으로 지니고 있는 가치를 제품을 통해 실현하고 있다.
- 욕구 충족은 사업과 직결되며 그 매개체는 바로 디자인이다. 기업의 제품 전략과 고객 욕구에 대한 인식은 훌륭한 디자인 품질의 제품을 개발하는 데 유용하다.

⑤ 좋은 제품은 심미성, 우아함, 세련미를 지닌다.

제품은 심미성보다 다른 요소들이 더 관심을 받는다. 제품을 더 아름답게 만드는 것은 잠재적 수익을 더 가져올 수 있다. 유행과 기술의 변화는 제품 생산을 더 어렵게 만든다. 현재의 최상의 선택으로 우아함과 복잡성 간의 균형을 맞추는 것이 중요하다. 훌륭한 세련미 있는 좋은 제품은 많은 사람들이 관심을 가질 수 있고 소비자가 애용한다.

⑥ 좋은 제품은 상징과 문화적 가치관을 지닌다.

제품이란 구체적인 대상물을 통해 추상적으로 표현된다. 상징은 기능, 광고,

브랜드 이미지, 가치관 등으로 만들어진다. 창업자는 제품으로 가치와 상징을 만들어야 하며 지속적으로 상징과 가치를 높일 수 있도록 제품을 개선해 나가야 한다.

⑦ **좋은 제품은 국제적 제약을 지키는 제품이다.**
제품뿐만 아니라 제품공정 프로세스는 국제적 규약(환경, 에너지 절약, 위해성, 위험성, 불완전성 등)을 고려해서 디자인해야 한다. 낭비가 적고 환경에 해가 적을수록 품질이 좋은 제품이다.

• **교육자료** | 좋은 제품이란 무엇인가(제임스 L. 애덤스, 파이카, 2013)

(2) 마케팅에서 제품의 정의

마케팅 측면에서 제품은 소비자의 욕구와 필요성을 충족시키는 대상을 의미한다. 소비자의 욕구는 매우 다양하나 크게 세 가지로 분류한다. 제품이 지니는 속성이 소비자가 느끼고 있는 하나 또는 여러 개의 혼합된 욕구를 충족시켜야 한다.

① **기능적 욕구**: 소비자가 결핍이나 부족함을 느끼고 필요로 하는 것을 제품이 제공하는 성능과 관련된 기능적 욕구
② **상징적 욕구**: 자아나 위치, 지위를 제품이 상징적으로 표현하는 상징적 욕구
③ **경험적 욕구**: 만족, 지적 탐구, 호기심 충족 등과 같은 경험적 욕구를 충족하는 제품

(3) 제품의 구성 요소

제품은 핵심 제품, 유형 제품 및 확장 제품의 세 가지 요소로 구성되어 있다.

① **핵심 제품**: 기본적으로 제품으로 소비자가 원하는 기본적인 혜택과 기능적 욕구를 충족시키는 대상
② **유형 제품**: 실제 제품으로 핵심 제품을 포함하여 포장, 상표, 품질, 특징, 디자인 등으로 소비자의 감각적 상징적 욕구를 충족시키는 대상
③ **확장 제품**: 부가적 서비스를 포함하는 설치, 배달, 대금 결제 수단, 보증, A/S 등을 충족시키는 대상

제품 수명주기

대다수의 제품은 제품 자신의 독특한 제품 수명주기(Product Life Cycle)가 있다. 기술 수준, 디자인, 브랜드 이미지, 경쟁 제품 현황, 광고 등 제품과 관련된 여러 상황변화에 따라 제품 수명주기는 달라진다. 모든 제품은 개발되어 출시된 후 성장기, 성숙기, 쇠퇴기의 사이클로 수명주기를 갖는다.

제품의 수명주기를 파악하는 주된 목적은 수명주기에 맞는 마케팅 활동과 제품 개선, 기술 개발, 신제품 출시, 다른 시장 진입 등을 적절하게 추진하기 때문이다.

① **도입기**: 제품이 처음으로 시장에 진출하는 시기로 고객이 제품에 대해 인지하고 있지 않은 시기이다. 인지도를 높이기 위한 적극적인 마케팅 활동이 필요하고, 많은 투자와 비용이 필요한 시기로 이 시기에는 생산량이 적어 생산원가가 높은 편이다. 매출이 서서히 증가, 초과 생산량 보유, 혁신적 소비자와 초기 수용자 사이에 소비가 형성되는 시기이다.

② **성장기**: 성공적인 시장 진입으로 매출과 이익이 급격히 상승하는 시기이다. 유통 경로가 확장되므로 판촉 활동의 적극적인 지원이 필요한 시기이나 경쟁 제품의 출현으로 브랜드, 성능, 품질 등을 차별화하여 시장 진입장벽 구축도 요구된다. 생산량이 부족하여 생산 설비 확충이 필요하나 소비의 다양화로 인한 재고가 발생한다.

③ **성숙기**: 시장의 수요와 공급이 포화 상태가 되고 판매량, 생산량이 최대 수준이 되는 시기이다. 격심한 시장 경쟁으로 가격이 낮아지고 단위당 판매 수익률이 점차로 낮아지는 시기로 마케팅 비용이 많이 들지만 순이익은 정체되거나 줄어들기 시작한다. 고객관계관리 강화로 단골 고객 확보, 시장 세분화, 제품 개선, 모델 다양화로 다양한 고객 욕구 충족이 필요하다.

④ **쇠퇴기**: 판매량이 줄고 순이익이 많이 감소하는 시기이다. 수요 감소에 따른 공급을 조절하는 전략, 시장 철수 전략, 자체 생산보다는 외주 생산하여 제품을 공급하는 전략을 구사하기도 한다. 새로운 제품의 진입을 검토하고 다시 성장기로의 진입 가능성 및 시장의 매력도 등을 검토한다.

• **교육자료** **6-1** 신제품 개발과 제품 수명주기

07 단계

제품 개발은 어떻게 하는가?

창업자는 대부분 처음부터 완벽하고 이상적인 제품을 개발하고자 한다. 가장 좋은 제품을 개발하여 시장에 빨리 진입하여 성공하고 싶은 마음이 간절하기 때문이다. 그러나 창업 기업의 성공은 좋은 제품을 성공적으로 개발하는 것이 아니라 고객이 나의 제품을 구매하는 것에서부터 시작한다고 생각해야 한다. 즉 창업의 시작은 창업자가 좋은 제품을 개발하는 것이지만 창업 기업이 성공하는 것은 좋은 제품을 개발하는 것만이 아님을 명심해야 한다.

제품 개발은 고객이 제품을 구매할 수 있는 최소 기능을 갖출 수 있는 제품 개념을 확정하면서 시작한다. 즉 고객이 우선 구매 의사결정을 할 수 있는 최소 요건을 갖춘 제품으로 정의하고 제품 개발에 대해 가설을 설정하고 검증하면서 구체적인 제품 개발을 진행한다.

▶ 최소 기능 요건을 갖춘 제품을 먼저 개발하라

최소 기능 요건을 갖춘 제품을 개발한다는 것은 무엇일까? 먼저 잠재 고객의 지급할 의사에 맞추어 최대한 기능 요건을 단순화해 리스크를 최소화한 제품으로 개발하는 것이며 이러한 시제품으로 실제 시장에서 가설 검증을 통해 시장 친화적인 제품으로 개선한다는 것이다.

최소 기능 제품은 '**차별적 단순성**'과 '**고객 필요에 대해 적합성**' 사이에서 균형을 유지할 수 있어야 한다. 고객이 최대한 빨리 제품이 지니고 있는 핵심 가치를 얻을 수 있도록 변수를 줄어야 시장에서 성공할 확률이 높다. 시장 테스트 과정은 적합성, 시장성 및 사업성의 세 가지로 볼 수 있다.

① **적합성**: 잠재 고객이 속한 시장에서 최소 기능의 제품이 시장의 요구 가치를 충족시킬 수 있는지 테스트한다.

② **시장성**: 잠재 고객이 속한 시장에서 최소 기능의 제품이 판매되고 유통될 수 있을까? 또한 얼마나 팔릴 수 있는지 테스트한다.

③ **사업성**: 개발할 제품이 고객 구매 피드백 순환 고리를 만들 만한 충분한 조건을 갖추고 있는가? 잠재 고객의 반복 구매 가능성 및 수익 창출 가능성을 테스트한다.

최소 기능 제품을 테스트하는 가설 사례

- A고객이 제품을 구매하고 서비스에 가입할까?
- A고객이 제품을 사용하고 서비스를 사용할까?
- B고객이 제품을 구매하고 서비스에 가입할까?
- A, B고객이 비용을 지급하려고 할까?
- 이것이 진정 고객이 원하고 필요로 하는 '제품의 X', '제품의 Y', '제품의 Z' 기능일까?
- 고객이 내 제품의 차별화된 기능에 돈을 지급해도 아깝지 않다고 생각할까?
- 지금은 내 제품이 제공하는 기능에 만족하더라도 고객의 요구사항과 구매 우선순위가 변할 가능성은 있을까?

고객의 구매 및 사용 피드백을 받아들이고 제품을 계속해서 개선할 수 있으면 성공 가능성은 클 것이다. 고객과 창업 기업이 얻는 가치를 극대화하기 위해 어떤 기능을 포함하고 어떻게 설계할 것인가를 결정할 수 있다.

제품 컨셉 구체화 과정

제품을 개발하기 위해서는 제품에 대해 구체적인 컨셉인 제원과 기능을 가지고 있어야 한다. 제품 컨셉의 구체화는 고객의 욕구(Need)를 제품의 제원으로 바꾸는 과정으로 제품의 적용 기술, 작동 원리, 기능, 디자인에 대해 개략적으로 구상하는 것이다.

제품 컨셉의 구체화는 ① 제품 제원을 확정하고, ② 제품 컨셉을 선정하며, ③ 제품 구조를 구체화하는 과정이다.

(1) 제품 제원 확정

제품 제원이란 제품이 제공하는 기능을 말하며 측정 가능한 수치나 기호 등의 형식으로 나타낸다. 제품 제원의 종류는 다음과 같다.

① **목표 제원**: 실제 현실적으로 제작하여 사용할 수 있는지를 기술적 측면에서 검증되지 않은 상태에서의 제품에 대한 기대치를 말한다. 엔지니어링 설계상의 제품 제원을 목표 제원으로 볼 수 있다.

② **최종 제원**: 제품 개념 확정 이후 현실적인 기술적 제약조건과 비용 여건, 경제성 등을 고려하여 작성된 실현이 가능한 제품 제원이다.

(2) 제품 컨셉 선정

제품 컨셉 선정은 제품에 적용한 기술, 작동 원리, 기능, 디자인에 대해 개략적으로 작성한 것을 고객의 욕구를 만족시킬 수 있도록 구체적으로 적용하는 과정이다. 즉 제품 개발 아이디어에 사용자 편의(고객 욕구)를 결합하는 것이다.

① **제품 컨셉 구성 요소**

- 제품 형태: 제품의 물리적인 속성이나 서비스 매뉴얼
- 적용 기술: 적용한 원천 기술은 제품의 혁신성 또는 창의성
- 사용자 편의: 고객이 제품을 통해 얻고자 하는 고객 만족

② **신제품 컨셉 개발 과정**

- 1단계: 아이디어 창출 및 개발
- 2단계: 컨셉 구성 요소 선택
- 3단계: 컨셉 개발
- 4단계: 컨셉 평가
- 5단계: 컨셉 선정

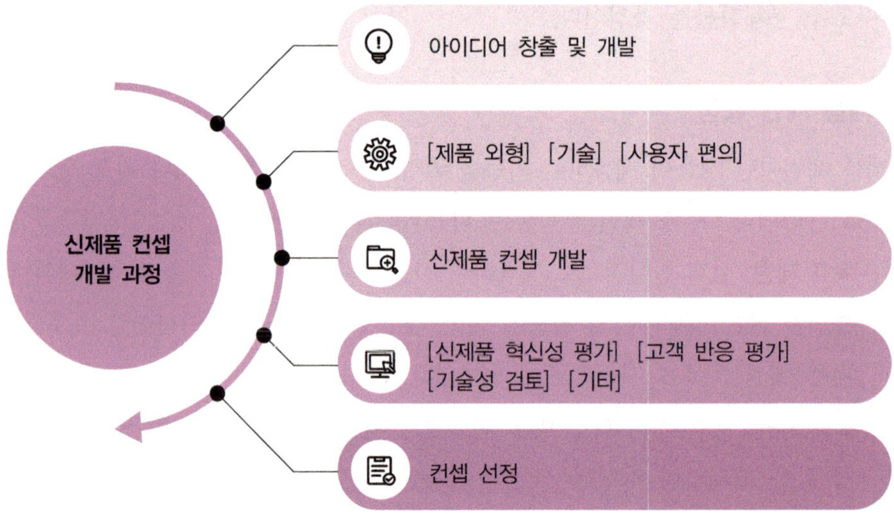

(3) 제품 구조 구체화

제품 구조는 제품의 기구적인 기능과 제원을 말하며 제품의 각 부품들이 어떤 기능을 하는지, 어떻게 서로 연관되어 작동되는지 등 제품의 기본적인 조립 특성을 정의한다.

① 제품 구조 결정 단계

- 기능 전개도 작성
- 전개도 요소들의 통합
- 상위 단계의 레이아웃 설계
- 기본적인 기능 연관성에 대해 분석 및 이해

② 제품 기능 전개도 작성효과

- 기하학적 통합과 정밀성을 통한 최적 설계 구현
- 상호 통합된 기능 파악
- 경제적 설계 및 생산성 제공
- 고객의 사용자 환경 및 요구사항 점검
- 기능별 인터페이스의 유연성 파악

제품 개발 단계 개요

(1) 사용자 경험 디자인

사람과 제품 간의 상호작용 및 소통을 원활하게 해주는 사용자 경험(User Experience)을 설계하고 제품 및 서비스 사용자 인터페이스(User Interface)를 사용자에 맞게 조정한다.

스케치, 브레인스토밍, 시나리오, 스토리 보드, 페르소나 모델, 설계 업무 흐름도, 제품 설계 단계 창업자 검토사항 리스트, 사용자 경험 관찰 분석서 등을 활용한다.

(2) 프로토타입 제작

프로토타입(Prototype)이란 제품화 과정에서 성능을 검증 개선하기 위해 간단히 핵심 기능만 넣어 제작하는 기본 모델이다. 실제와 유사한 환경에서 실험 등 검증 과정을 거쳐 위험 부담을 최소화하고 제품 기능의 추가, 변경 및 삭제 등의 목적으로 활용한다. 다양한 사용자 인터페이스 설계에 대한 실험, 의사소통에 효과적이다.

① 프로토타입 과정

제작, 개념 설계, 제품 설계(기초 설계, 형식 설계, 상세 설계)의 과정을 거친다.

② 프로토타입 종류

- 페이퍼 프로토타입: 제품이나 서비스를 효과적으로 전달하기 위해 종이에 간단하게 그림이나 글씨로 제품을 상상하여 표현하는 방법
- 와이어 프레임 프로토타입: 컴퓨터로 그려진 인터페이스, 버튼 등 기본적인 디자인 표현
- 비디오 프로토타입: 사용자가 어떻게 시스템과 상호작용하는지 비디오 클립으로 설명

(3) 시험 및 수정(테스트 마케팅)

신제품 생산과 시장 진입에 앞서 시장 환경에서 잠재 고객의 반응, 수요, 가격 결정, 판매 채널, 마케팅 전략을 평가하며 제품 개발, 생산 및 마케팅에 반영하고 활용한다.

① 테스트 마케팅 주요 확인사항

- 이 제품이 예상된 기능을 제대로 발휘하는가?
- 예상하지 못한 문제점은 있는가?
- 사용자는 어떤 반응을 보이는가?
- 경쟁사는 어떤 반응을 보일까?
- 제품 성능, 디자인, 가격, 판매 채널, 마케팅 전략에 관련하여 개선할 점은 무엇인가?

② 테스트 마케팅 방법

- 실험실 테스트
- 전문가에 의한 평가
- 사용자에 의한 테스트: 단일 제품 평가로 필드 테스트, 블라인드 테스트, 실험 설계에 의한 평가가 있다.

시장 출시 전 테스트

제품 개발 완료 후 제품이나 서비스에 대해 고객이 어느 정도 선택하고 있다는 객관적 증거를 확보하고자 시장 출시 전 테스트를 진행한다. 고객의 입소문 정도와 실제 구매 정도를 측정하므로 객관적 데이터를 확보할 수 있다.

'시기'와 '대상'에 따라 알파 테스트와 베타 테스트로 나누어 진행하며 본격 서비스 전에 시행하는 스트레스 테스트가 있다.

① 알파 테스트: 회사 내부에서 진행할 수 있는 자체 검사로 실제 고객이 사용하는 환경에서 동작시키거나 사용하므로 제품을 개발하는 원래의 목적과 일치하고 있는가를 검증하는 과정이다. 알파 테스트 당사자는 주로 회사와 제품 개발과 밀접한 관계자에 의해 수행된다.

② 베타 테스트: 알파 테스트를 거친 상태에서 시장에 정식으로 출시하기 전에 실제로 사용자를 대상으로 진행하는 성능 검증과정이다. 한정된 사용자 인원으로 하는 클로즈 베타 테스트와 한정되지 않은 상태로 하는 오픈 베타 테스트가 있다.

③ **스트레스 테스트**: 게임 등 소프트웨어 응용 서비스에서 본격적인 서비스 전에 서버의 사용자 수용 능력이나 랙·부하 상태를 측정하기 위해서 시험하는 검증과정이다.

목표 고객이 원하는 최소 기능의 제품이나 서비스를 가지고 사용자인 고객이 기꺼이 비용을 지급하고 구매하여 사용할 것인지 테스트한다. 제품 개발 시에 고려한 가설이 실제 시장에서 적용할 때 어떤 효과로 작동하는지 사실을 검증해 보는 과정이다. 최소 기능 제품에 관해 실제 시장에서 일어날 수 있는 데이터를 얻는 것은 매우 중요한 의미가 있다.

시장 출시 전 테스트를 소홀히 하여 수많은 창업 기업이 생겨났다가 곧바로 사라지는 일이 다반사로 발생하고 있으므로 창업자는 겸허한 자세로 출시 전에 제품을 고객으로부터 객관적으로 검증받는 과정을 가져야 한다.

출시 전 테스트 과정에 있어서 가장 중요한 것은 목표 고객의 제품 채택 여부나 서비스를 사용하고자 하는 여부를 확인하는 것이다. 또한 잠재 고객이 총 유효 시장 내에 있는 다른 잠재 고객에게 제품의 가치를 알리고 지지하는 정도로 진행하는 것임을 명심해야 한다.

테스트 측정 지표

목표 고객의 관심을 세 가지 분야의 지표로 측정할 수 있다. 세 가지 영역을 잘 검증해야 창업 기업의 지속성과 성장성을 확보할 수 있다.

① **시장 접근 분야**: 목표 시장에서 잠재 고객을 계속 창출하고 유지할 수 있을까?

- 이메일 오픈율
- 클릭률
- 구매 전환율
- 매출 규모
- 재구매율

② **영업 프로세스 분야**: 고객 획득 비용이 고객 생애 가치보다 낮게 제품을 판매할 수 있을까?

- 순 추천 고객 지수
- 영업 인력, 조직, 영업 역량, 구조 항목
- 무료 체험 이벤트 데이터
- 잠재 고객을 실제 고객으로 전환율

- 고객관계관리 능력
- 가격 정책

③ **가치 전달 분야**: 더 많은 가치를 고객에게 전달할 수 있을까?
- 고객 만족도 지표
- 고객 반응과 지급 의사를 측정하는 지표 개발
- 사용자 고객이 주로 사용하는 기능과 추가 요구사항 지표
- 가치 전달 미디어 채널 존재, 효율성 여부
- 고객 이탈률

제품 개발관리

제품 개발을 관리하는 과정은 매우 복잡하고 힘들다. 특히 초기 창업자는 처음으로 자신의 아이디어에 맞아떨어지는 제품을 개발한다는 것을 무척 힘들고 어렵게 느낄 것이다. 사실 처음으로 제품을 개발하는 창업자에게 창업 경영의 모든 과정 중에서 개발관리가 가장 힘들고 잘 알지 못하여 가장 어려운 과정일 것이다.

(1) 시제품 제작 단계

시제품 제작이란 창업자가 가지고 있는 유형, 무형의 자원을 사용하여 제품과 서비스를 개발하는 전반적인 과정이자 관리 역량을 의미한다. 시제품 제작 과정은 크게 세 부분으로 나눌 수 있다.

① 법규 및 인증 검토
- 기술의 배타적 권리를 보호하기 위해서 지식재산권 확보(등록)
- 업종별 관련 법규 및 인증제도 검토
- 기술 보호, 시장지배, 수익 창출, 특허분쟁 대비의 목적으로 검토

② 외주업체 발굴 및 선정
- 제품 개발의 일부 또는 전부 공정을 외부 전문 생산업체의 기술, 설비, 인력에 의존하여 경제적 능률을 올리기 위해 최적의 외주 생산업체를 선정
- 외주 생산업체 발굴, 평가, 선정, 개발관리
- 외주 계약서 작성

③ 원가, 품질, 프로젝트관리

- 창업 제품이 경쟁력 있는 가격과 품질을 확보하기 위한 창업 활동 과정
- 원가관리, 품질관리, 외주 용역 개발관리

(2) 제품 개발 과정

제품을 개발하는 과정은 크게 세 부분으로 나누어 생각할 수 있다. 첫 번째 방식은 창업 기업이 100% 자체 개발하는 것이다. 두 번째 방식은 100% 외주 용역 개발업체에 의뢰하여 개발하는 것이다. 마지막은 핵심 부분은 자체 개발하고 기타 부분은 외주 개발하는 것이다. 창업자는 개발 주체가 다를 경우 최종 제품의 완성도가 떨어지는 경우가 종종 발생한다는 사실을 명심해야 한다.

창업 기업이 자체 생산을 할 수 없는 제품을 개발할 시에는 외주 전문업체에 생산을 의뢰하여 위탁 생산을 한다. 생산에 막대한 설비가 필요하거나 특정의 기술이 필요할 경우, 높은 수준의 품질관리가 필요할 경우에는 외주 위탁 생산은 좋은 선택이 될 수 있다.

① 자체 개발 생산 방식

- 개발 목표 설정
- 개발 계획서 작성: 개발 항목, 개발 기간, 개발 인력
- 개발 일정관리
- 개발 제품 중간 테스트 방법 작성
- 개발 제품 최종 테스트 방법 작성
- 개발 완료 보고서 작성

② 부분 외주 개발 생산 방식

부분 외주 개발 방식은 (자체 개발 방식+외주 용역 개발 방식)의 절차를 함께 수행한다.

③ 외주 용역 개발 생산 방식

- 외주 개발 항목 정의
- 외주 개발업체 선정
- 외주 용역 개발 목표 작성

- 외주 용역 계약서 작성
- 중간 개발 제품 테스트
- 최종 개발 제품 테스트
- 개발 의뢰 제품 검사 보고서

• 교육자료 **7-1** 제품 개발 계획서

외주 용역관리

외주 용역관리란 창업자가 목표로 하는 품질의 제품을 생산하기 위하여 설계 명세서에 의한 부품의 조달, 부품의 제작, 가공 조립, 검사 등 생산의 일부 공정 또는 전 공정을 다른 외부 기업에 위탁하여 요구한 가격조건으로 요구한 시기에 요구한 필요량을 요구한 장소에서 공급받기 위한 전반적인 생산관리 체계를 의미한다.

(1) 외주 용역업체 선정

- 외주 용역업체를 선정하는 것은 선정된 외주업체와의 전략적 제휴관계를 통하여 양사 간의 자주적 경영을 영위하며 공존공영을 효율적으로 도모하는 데에 있다. 창업 기업이 개발 생산하고자 하는 제품 제원에 맞게 부품 또는 제품을 개발 제조할 수 있으며 적기에 납품할 수 있는 최적의 업체를 찾아 선정해야 한다.
- 또한 구매 조직의 중요한 관점인 품질, 비용, 납기 준수를 위하여 생산공정의 흐름에 막힘이 없도록 사전에 평가 기준을 설정하여 업체를 선정해야 한다.

(2) 외주 영역업체 선정 기준

- 창업자의 경영 방침을 충분히 이해하고 협력적인가?
- 재무 상태, 업종의 안정성, 사회적 신용도는 유지하고 있는가?
- 요구된 품질 규격에 합치된 원재료, 부품을 공급할 수 있는 기술력과 관리 능력을 지니고 있는가?
- 기술 수준이 높고 장래의 기술 혁신에 대응 능력이 있는가?

• 기밀 유지가 가능한가?
• 입지조건, 외주 기술 인력과의 커뮤니케이션의 편의성이 있는가?
• 계약 이행의 준수를 위한 성실성이 있는가?

• **교육자료** **7-2** 위탁 용역 개발업체 선정 가이드 사례

▶ 제품 성능의 기술 차별성 분석

시장에 진입하는 신제품에 있어 가장 중요하고 핵심적인 사항은 제품이 제공하는 성능과 기능이 얼마나 기술적으로 기존 제품과 차별화되는가 여부이다. 창업 기업이 제품 개발과 생산에 필요한 기술적 자원을 어떻게 차별적으로 확보하고 개발하고 관리할 수 있느냐가 바로 기술 역량이다. 이러한 기술 역량에 대한 분석은 제품 개발에 절대적으로 필요하고 중요하므로 창업자는 기술 차별성 분석을 철저히 수행하여야 한다.

창업 기업의 제품과 관련된 기술 역량은 '제품 기술성 분석서'를 활용하여 분석할 수 있다. 제품 기술성 분석서로 ① 제품 개발 방향을 가질 수 있고, ② 제품 개발 기간을 단축할 수 있으며, ③ 향후 제품 개선에 필요한 기술적 요인을 쉽게 분석할 수 있다.

① **핵심 기술**: 제품의 핵심적 경쟁력이 되는 기술로서 경쟁 제품이 쉽게 모방할 수 없는 차별화된 제품 설계나 공정 생산 기술의 기반이 되는 기술
② **지원 기술**: 경쟁업체가 활용할 수 있는 보완 기술이지만 생산 효율화 및 소비 과정에서 경쟁력에 영향력을 미치는 기술
③ **신흥 기술**: 개발이 새롭게 시작되고 있는 기술이지만 핵심 기술이나 지원 기술에 보완적 활용으로 제품 경쟁력을 향상할 수 있는 기술

• **교육자료** **7-3** 업종별 기술성 분석서 양식

▶ 초기 목업 제품과 제품 브로슈어 만들기

초기 실물 제품인 목업 제품 제원을 우선 그림으로 시각적으로 표현한다. 모든 세부사항을 완벽하게 표현하는 것이 아니라 제품 개발과 시장 진입에 대해 나아갈 목표와 방향을 잡는 데 활용하고자 하는 것이다. 목업 제품 제작은 종이, 판재, 진흙, 3D 프린터 등으로 제품의 외형 디자인을 만들면서 시작하며 실제로 실물 제품을 만들 필요는 없다.

초기에 실물 제품의 목업을 만드는 목적은 두 가지이다. 첫 번째 목적은 사용자인 고객에게 피드백을 받아서 개발할 제품에 대해 강점, 약점, 기능, 성능 등을 파악하는 것이고, 또 다른 목적은 목업 제품을 통하여 고객의 욕구를 충족시키는 제품을 기획, 생산 방식, 가격 정책, 시장 진입 정책 등을 찾을 수 있는 방향과 기준을 확보하는 것이다.

초기 목업 제품의 실물 모형이 제작되면 이에 맞는 '제품 브로슈어'를 만든다. 제품 브로슈어를 만드는 목적은 제품의 다양한 특징과 기능 그리고 기능을 통해 고객이 얻을 수 있는 궁극적인 효용 가치를 기술할 수 있기 때문이다. 제품 브로슈어를 만드는 것은 고객의 관점에서 개발할 제품을 판단하고 고객으로부터 제품에 대해 많은 평가와 의견을 받고자 함이다.

목업 제품과 제품 브로슈어를 통해 개발할 제품을 잠재 고객과 함께 실제 진입할 시장에서 시험하는 기회를 가질 수 있다. 창업자는 항상 자신을 위해 제품을 개발하는 것이 아니라 고객이 선택해서 사용할 제품을 개발하고 있다는 사실을 명심해야 한다. 고객의 눈, 입, 손, 의견만이 자신이 개발한 제품이 사용자 적합성이 있는지를 판단한다는 사실을 명심해야 한다.

제품 브로슈어는 제품에 대한 시각적 이미지와 정의한 제품의 사용자 설명서다. 사용자 설명서는 서비스 범위와 사용 방법, 고객이 제품을 통해 얻을 수 있는 혜택에 관하여 상세하게 설명하여 고객이 제품을 쉽게 이해할 수 있게 해야 한다.

창업자와 잠재 고객은 제품을 시각적으로 표현한 제품 브로슈어를 통해 비로소 제품이 지니고 있는 본질적인 특성과 제품 가치의 핵심을 알 수 있다.

- 창업자가 최종 개발할 제품은 어떤 것인가?

- 고객이 제품을 통해 얻을 수 있는 혜택은 어떤 것인가?
- 개발할 제품은 구체적으로 어떤 기능과 성능을 최소한 가져야 하는가?
- 가격 정책을 결정하는 기준은 어떠한 것인가?
- 고객이 제품을 구매하는 의사결정 순위는 어떤 것인가?
- 제품 개발에 대한 방향과 기준을 어떻게 잡을 것인가?

'소프트웨어 응용 시스템'이나 '웹사이트 개발', '앱 서비스 개발' 시에는 사용자의 작업 과정을 정의하는 논리적 순서도를 그릴 수 있다. 최종 개발하는 서비스에 대해 데이터 흐름도, 프로세스 흐름도, 기능 명세서, 입출력 화면 작성을 통해 개발 제품의 제원을 그려 볼 수 있다.

• **교육자료** **7-4** 목업 제품과 제품 브로슈어 만들기 사례

Chapter

5. 수익을 창출하는 기술

8단계 수익은 어디에 있는가?

9단계 차별화는 어떻게 하는가?

08 단계

수익은 어디에 있는가?

창업자는 창업 초기부터 나의 수익은 어디로부터 오는지 알아야 한다. 즉 창업 여정에서 수익 발생 시기, 수익이 발생하는 대상, 수익 발생의 크기, 수익 발생 주기, 수익 발생의 형태(특성) 등을 파악하는 것이다. 비즈니스 모델을 개발함에 있어 수익이 어디에서 어떻게 발생하고 있는가를 정확하게 파악하는 것이 절대적으로 필요하기 때문이다.

수익 창출 모델 설계

초기 창업자는 비즈니스 모델 설계에 많은 시간과 정열을 쏟고 있는 편이다. 그러나 제품 출시와 경쟁 제품에 너무 신경을 써서 창업자가 고객에게 제공하는 가치에서 이익을 창출하는 자신의 수익창출 모델 설계에 대해서는 소홀히 하고 경쟁업체의 수익 창출 모델을 그대로 가져다 쓰곤 한다.

수익 창출 모델 설계가 매우 훌륭한 구글과 애플은 이른 시간에 많은 사용자 수를 확보할 수 있었고 세계적 기업으로 성장시킬 수 있었다.

구글 이전의 야후, 라이코스 등 인터넷 정보 검색 제공 포털 기업은 가능한 한 페이지에 많은 배너 광고를 실어 높은 광고비를 부과하는 광고비 수익 창출 모델이었다. 구글은 인터넷 검색 엔진 이용자는 인터넷 검색을 무료로 제공하고 이용자가 입력한 키워드에 관련한 검색 광고 제공에서 수익을 창출하는 방식을 만들었다. 광고주는 방문자와 광고 검색 실적 횟수에 근거해 광고비를 지출하여 효율적으로 광고비를 지출할 수 있어 광고비 운영이 가능한 구글의 수익 부담 모델을 선호했다.

시장에서 구글이 인터넷 검색 포털로 만든 것은 검색 알고리즘의 기술우위뿐만 아니라 수익 창출 모델의 혁신성이다. 사실 검색 광고 비즈니스 모델을 처음으로 개발한 회사는 아이디어 랩의 고투닷컴(www.goto.com)이다.

애플의 아이튠스도 구글과 비슷하게 성공한 사례이다. 기존 디지털 음원 시장의 수익 창출 모델은 월 이용권 방식으로 일정한 금액을 고객이 매월 지급해야 했다. 애플의 차별화 수익 모델은 한 곡당 사용료를 내면 영구적으로 접속하여 들을 수 있는 방식이다.

이와 같이 구글과 애플의 아이튠스는 수익 창출 모델 설계가 훌륭하여 이른 시간에 많은 사용자 수를 확보하고 수익 창출은 물론 세계적 기업으로 성장할 수 있었다.

창업자가 명심해야 할 점은 수익 창출 모델이 단지 가격 결정 모델이 아니라 고객에게 가치를 전달하고 그 대가로 창업자가 취할 수 있는 이익이 발생하는 기준과 방식에 대한 기술이라는 것이다. 창업자가 얻을 수 있는 이익의 방식은 자신이 지출한 생산 비용의 규모나 얻고자 하는 이익의 양으로 결정되는 것이 아니라, 고객에게 제공한 가치에 대해 고객이 지출하는 가치를 기준으로 결정되는 것임을 명심해야 한다.

특정의 제품이나 산업군에서 표준으로 적용되고 있는 수익 창출 모델은 없다. 수익 창출 모델은 사업 환경, 사회 문화 환경, 창업 제품과 서비스의 특성, 사용자 환경 등에 따라 여러 가지 다른 형태로 발생한다.

수익 창출 모델의 변수는 크게 다섯 가지로 구분할 수 있다. 고객관계, 가치 창출과 획득 방식, 경쟁자와의 관계, 유통 구조, 가치 전달 체계 등에 따라 매우 다양한 방식으로 수익 모델을 구성할 수 있다.

① **고객관계:** 고객의 요구사항을 어떻게 제공하는가? 구매 의사결정 순위 및 과정은 어떻게 형성되는가? 고객이 추구하는 가치의 중요성은 무엇인가?

② **가치 창출과 획득 방식:** 가치 획득의 편의성, 고객 가치 획득의 규모, 가치 제안의 규모 및 중요성은 무엇인가?

③ **경쟁자와의 관계:** 시장 지위, 경쟁자의 수익 모델 방식, 사용자 세분화 정도는 어떻게 결정되는가?

④ **유통 구조**: 최종 사용자에게 가치를 전달하는 유통 구조의 복잡성, 미디어 채널 방식 및 사용료, 가치 제안 획득 편의성은 무엇인가?

⑤ **가치 전달 체계**: 회원제 방식, 정액제 및 정률제 방식, 무료 사용 방식은 무엇인가?

초기 창업자는 자신의 제품 특성 및 사업 환경을 고려하여 창업자가 제공하는 고객 가치를 인정받고 수익을 창출할 수 있는 자신만의 차별화된 방식을 찾아야 한다. 위의 다섯 가지 항목을 기준으로 자신의 제품과 서비스가 시장에 효율적으로 진입하고 뿌리내릴 수 있는 방법이 무엇인가를 발견해야 한다.

(1) 수익 창출 모델 개발 원칙

- 기본 서비스 무료+프리미엄 비용 부과 원칙
- 사용자 확보 후 수익 탐색 원칙

(2) 수익 창출 모델 방식

① 정액제

- 요금 및 유지 보수비 일시금 선지급 방식
- 업그레이드 서비스 비용
- 초기 지급 비용 발생, 시장우위 기업
- 기술 및 성능 경쟁력우위 제품이나 서비스, 생산 원가 기준으로 산정
  - 시간이 지나 경쟁관계일 때는 다른 수익 창출 모델로 전환 필요
  - 예측 가능성 이익

② 정률제

- 사용 시간, 사용 빈도, 사용 제품에 따른 사용료
- 약정 체결로 안정적인 사용자 확보
- 종량제 방식
- 유지 보수 서비스
  - 지속적인 매출 발생 가능

- 사용자로부터 이익 발생

③ 판매 수수료

• 생필품 등 소비재 제품
• 인터넷 상거래 시스템
• 소모품 제공
  - 매출 증가, 이익 발생 수월

④ 정보 제공

• 특허 등 기술이전
• 광고비
• 사용자 정보 제공
  - 공급업체로부터 이익 발생

⑤ 거래 수수료

• 온라인 유통업체
• 이베이의 경매 수수료
• 신용카드 이익 방식
  - 공급업체로부터 이익 발생

⑥ 초과 비용

• 주차 요금
• 범칙금 부과
  - 초기 많은 설비 투자 필요

⑦ 지급 결제 보증(에스크로)

• 소액 결제
• 신용카드 결제
  - 에스크로 등 서비스 개발 필요

⑧ 수익 비용 분할

• 비용 절감 공유
• 공동 구매
  - 실행이 복잡하고 도입하기 어려운 수익 모델

- 고객이 제품을 통해 비용을 절감하거나 혜택을 얻을 때만 비용을 지급

⑨ 제휴관계

- 가맹비
- 공동 구매 공급
  - 프랜차이즈 모델
  - 인지도가 높은 브랜드 제품의 효과적인 유통 채널

⑩ 서비스

- 고수익 제품으로 업셀링
- 시스템 서비스 수준
- 공유 서비스
  - 고객관계로부터 이익 발생

고객 생애 가치 비용

창업 기업은 고객이 기업의 고객으로 있는 동안 창출할 수 있는 '고객 생애 가치'(The Lifetime Value of an Acquired Customer: LTV)와 새로운 고객을 획득하고 기존 고객을 유지하는 데 드는 '고객 획득 비용'(The Cost of Customer Acquisition: COCA)의 두 주요 변수를 측정하여 수익성 확보가 가능한 방식을 발견해야 한다.

즉 잠재 고객 한 명에게서 얻을 수 있는 총수익과 총비용을 모두 더해 보고 고객 한 명을 획득하고 유지하는 데 소요되는 비용보다 더 높은 가치를 고객 생애 전반에 걸쳐 획득할 수 있는 방법을 꼭 찾아야 한다.

고객 생애 가치는 창업 기업의 생존 가능성과 지속 성장성을 판단하는 핵심 기준이므로 이러한 분석 과정에서 무엇이 사업의 성장성과 수익성을 결정하는 주요 변수인지를 확인할 수 있다.

또한 고객 생애 가치와 고객 획득 비용을 분석하는 과정에서 고객 생애 가치를 높이고 고객 획득 비용을 낮출 방안을 찾을 수 있다. 고객 획득 비용이 낮을수록 좋다. 고객 획득 비용이 많이 들면 고객을 많이 모을수록, 사업을 확대할수록 수익폭이 기하급수적으로 낮아지기 때문이다.

창업자는 반드시 고객 생애 가치가 고객 획득 비용보다 월등히 높일 수 있는 방안을 발견해야 한다. 반드시 비즈니스 모델이나 수익 모델을 변경해서라도 고객 생애 가치를 높이거나 아니면 고객 획득 비용을 낮출 방법을 발견해야 한다. 고객 생애 가치가 고객 획득 비용보다 낮으면 제품 개발, 인력 채용은 물론이고 기업 경영에 필요한 관리비, 생산비, 간접비, 마케팅 등에 대한 지출도 시간이 지남에 따라 불가하게 된다.

고객 생애 가치 결정 변수

고객 생애 가치에 영향을 주는 변수는 많다. 창업자가 초기에 정확하게 계산할 수 없을뿐더러 어떤 때는 변수끼리 서로 영향을 주어 정확히 계산한다는 것이 불가능하기도 하다. 그러나 창업자는 가급적이면 정확하게 파악할 수 있도록 노력해야 한다. 고객 생애 가치를 분석하는 주된 목적 중의 하나는 숫자 너머에서 고객 가치에 영향을 미치는 변수와 요인을 파악하는 것이다. 그래야만 앞으로 닥칠 경영 위험 요소와 고객 생애 가치를 높일 방법과 창업기업의 생존 가능성과 성장 가능성을 예측할 수 있다.

고객 생애 가치는 향후 5년간 얻는 이익의 순 현재가치(Net Present Value: NPV)로 역산하여 계산한다. 필요하면 (5+, −2)년으로 계산할 수 있다. 고객 생애 가치 비용은 항상 고객 획득 비용과 함께 분석하여야 한다. 고객 생애 가치를 극대화하려면 영향을 미치는 변수의 속성과 변수 간의 관계를 정확히 이해하고 있어야 한다.

- **수입원과 수입 구조**: 선지급 방식 모델, 반복적 수익 모델 여부, 소모성 제품 서비스 판매 모델 가능성 유무
- **부가 수익 모델 가능성**: 추가 판매 가능성, 구매 순환 주기, 구매 결정 영향력 보유 가능성
- **매출 구조**: 매출액과 매출 총이익(제품가격에서 생산비를 뺀 값)의 관계, 영업비, 마케팅 비용, 연구 개발비, 일반관리비, 유통, 판매 수수료, 관리비, 변동비 등. 이익률이 낮은 제품은 접고 이익률이 높은 제품을 판매할 경우 고객 생애 가치는 개선된다.
- **고객 유지율**: 반복 구매 고객 비율, 계약 유지율, 계약 유지 비용. 고객 유지율은 조금만 올라가도 누적 수익률은 많이 증가하는 경향이다.
- **제품 수명**: 제품 교체나 사용 중지를 결정하는 시점까지 제품이 생존하는 기간. 제품의 특성에 따라 제품 수명주기가 결정된다.
- **재구매율**: 반복 구매율, 보완 제품 구매율, 제품의 수명이 다했을 때 교체품을 구매하는 고객의 비율, 브랜드 충성도가 높을수록 재구매율은 높다.
- **자본 비용**: 부채나 자본의 형태로 투자자에게서 자본을 조달할 때 발생하는 금융 비용. 대체로 연 단위로 측정하여 분석한다. 초기 창업 기업은 대체로 자본 비용이 상당히 높은 편으로 투자자가 투자 자금 회수를 하지 못할 것을 전제로 위험 비용을 감수하고 창업기업에 부과하기 때문이다. 또한 자본 비용이 비싸다는 것은 투자자가 높은 프리미엄을 요구하기 때문이다.
- 비즈니스 모델과 수익 모델의 연도별 예상 이익 추세

교육자료 **8-1** 고객 생애 가치 계산 방식

▶ 고객 획득 비용 분석

고객 획득 비용 분석은 가장 세심하고 객관적으로 분석해야 한다. 창업자가 고객 획득 비용 분석 과정을 소홀히 하거나 생략할 경우 시간이 지남에 따라 큰 비용이 발생하는 것을 막을 수 없는 상태까지 도달할 수 있다.

영업 프로세스 분석을 통하여 단계별로 고객 획득 비용을 분석한다. 영업 프로세스가 고객 획득 비용에 직접적인 영향을 미치기 때문이다. 고객 획득 비용은 한 사람의 고객을 얻기까지 드는 총비용을 정량화해서 계산한다. 고객 획득 비용 계산에는 모든 영업비와 마케팅 비용을 포함한다. 구매까지 도달하지 못한 잠재 고객에게 지출한 모든 비용까지 포함하여 계산한다. 반면에 생산비, 연구 개발비, 일반관리비, 기타 간접비 등 생산과 사무관리비 등은 포함하지 않는다.

고객 획득 비용이 중요한 이유는 시장 진입 초기에 들어가는 비용이 고객 생애 가치를 월등히 초과하는 경우가 자주 발생하기 때문이다. 창업자의 제품이 시장에서 경쟁력을 확보하기 전에 들어가는 비용을 알지 못할 경우에는 창업 기업을 경영함에 있어 자금 운용을 비롯한 많은 장애 요인을 순식간에 마주칠 수 있다. 또한 창업자가 꼭 알아야 점은 자신의 제품이 경쟁력이 높을수록 고객 획득 비용이 점차 줄어들다가 어느 순간 고객 생애 가치 아래로 떨어지는 시점이 온다는 것이다.

고객 획득 비용을 분석하는 효과적인 방식은 모든 영업과 마케팅에 들어간 비용을 기간별로 집계하여 신규 고객 수로 나누는 방법이다. 영업 과정과 영업 인력의 능력 등이 변화하고 SNS 효과 등의 영향으로 고객 획득 비용이 변하기 때문이다.

시기 구분은 제품 생애 주기로 구분하여 결정한다. 고객이 제품 가치를 인식하고 구매 의사를 결정하는 데 걸리는 시간과 연계하여 결정한다. 첫 판매가 시작되고 계속 판매가 향상되어 고객 획득 비용이 최저점에 도달하는 시기와 다시 고객 획득 비용이 증가하기 시작하는 시기를 구분하여 고객 획득 비용을 분석한다.

고객 획득 비용의 시기별로 '증가율 부호'가 (+)에서 (−)를 거치면서 (0)에 도달하는 시점과 (0)에서 다시 (+)로 변화하는 시점에서는 영업 프로세스 및 비즈니스 모델, 수익 구조 모델을 다시 검토하여 비용을 최소화하는 관리 개선과 새로운 마케팅 전략을 수립함이 필요하다.

첫 번째 분석 구간은 고객 획득 비용이 초기에 가장 높은 시점부터 영업이 이루어져 점점 낮아져서 고객 생애 가치 곡선과 만나는 시점(X_1)까지이다. 두 번째 단계는 고객 획득 비용이 최저점(X_2)에 도달하는 시기까지이다. 세 번째 단계는 고객 획득 비용이 최저점 시기를 지나 상승하기 시작하는 시점(X_3)까지 분석한다.

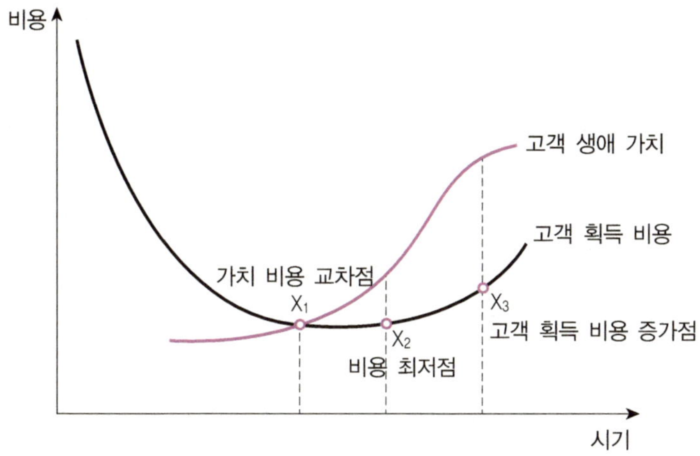

(1) 고객 획득 비용을 줄이는 원칙

- 직접 판매는 사업 초기에 효과적이지만 비용을 고려해 적절한 대안이 필요하다.
- 가능한 범위에서 자동화(웹사이트, 바이럴 마케팅)한다.
- 구매 전환율을 높인다(잠재 고객의 구매 전환율 개선).
- 잠재 고객의 발굴 비용을 줄이고 고객의 질을 개선한다.
- 영업 깔때기를 빠른 속도로 통과(영업 프로세스 단축을 최대)한다.
- 고객 획득 비용을 고려한 비즈니스 모델을 수립한다.
- 순 추천 고객 지수를 향상(입소문, 상여금 지급 등)한다.
- 목표 시장에 초점을 맞춘다.

(2) 고객 획득 비용 줄이기

$$\text{고객 획득 비용} = \frac{\text{영업 및 마케팅 총비용} - \text{기존 고객 유지비}}{\text{신규 고객 수}}$$

초기 창업 기업은 새롭게 시장을 개척하여 새로운 수요를 창출해야 하므로 고객 획득 비용은 상당히 높은 수준에서부터 시작한다. 그러나 목표 시장에서 제품 경쟁력이 높아 빠르게 강화될 경우에는 고객 획득 비용이 빠르게 낮아지기 시작한다. 따라서 제품 경쟁력을 높여 고객 획득 비용을 낮추는 것이 가장 좋은 방법이다.

① **판매 방식 변경**: 영업 전문가 자문, 엔지니어링 영업, 위탁 판매, 소셜 미디어 활동 등 판매 방식을 변경

② **영업관리 효율화**: 자동화 수·발주 설비 도입, 플랫폼 참여, 네트워크 효과와 바이럴 마케팅 전략 도입

③ **구매 전환율 향상 방안**: 잠재 고객의 발굴 비용 절감, 잠재 고객의 전환율 개선, 프리미엄 고객 정책, 홈페이지 방문자 분석, 개별화 마케팅 전략

④ **영업 프로세스 개선**: 구매 계약 기간 단축 방안, 우수 영업 사례 학습, 영업 대상 순위 분석, 판매 주기 단축 방안

⑤ **비즈니스 모델 재검토**: 고객 획득 비용 분석을 통한 수익 구조 개선 및 비즈니스 모델 재검토

⑥ **SNS 마케팅 전략**: 입소문 마케팅 활성, 순 추천 고객 지수 활용, 마케팅 전략 수정

⑦ **핵심 전략 집중**: 목표 시장 차별화, 집중화 전략, 핵심 경쟁력

• **교육자료** | **8-2** 고객 획득 비용 분석 사례

원가관리

창업자는 창업 초기부터 제품과 서비스의 원가를 관리해야 한다. 원가관리의 목적은 원가 구조를 파악하고 원가 구조의 개선과 성공적으로 시장에 진입할 수 있는 원가 정책을 수행함에 있다.

(1) 원가 구성 원리

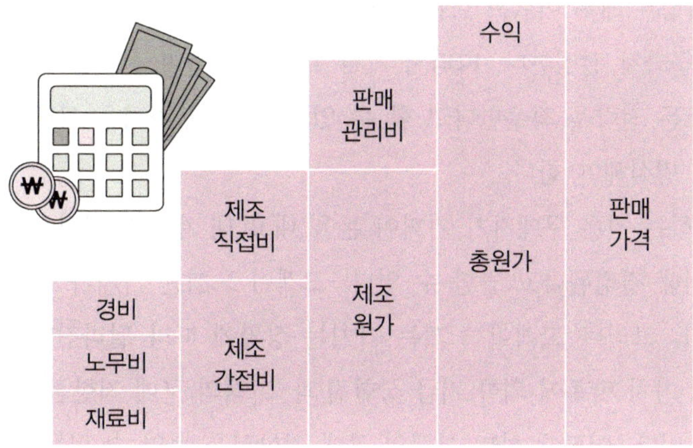

(2) 원가관리의 목적 및 활동

① 원가관리의 목적

- 경영자가 경영 의사결정을 할 때 필요한 정보를 제공
- 원가 개선, 원가 통제, 예산 편성, 판매 가격 결정, 경영 계획 수립에 활용

② **원가관리 활동:** 원가 발생 과정별 비용 발생 분석을 하여 원가 개선 활동

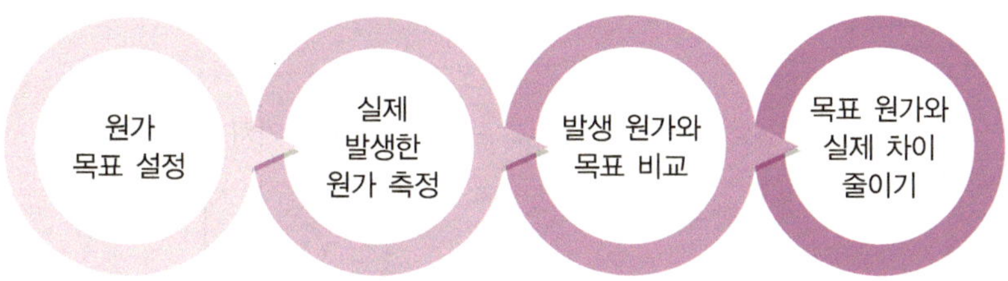

▶ 가격 결정

적절한 가격을 고객에게 직접 물어볼 수는 없을 것이다. 물어볼 경우 모든 고객은 자신의 입장에서 각각 다른 가격을 말할 것이다. 단지 보다 값싸게 사 시험적으로 사용해 보고 싶어하는 고객도 있을 것이다. 우리는 고객이 생각하고 있는 가격보다는 일반적으로 더 높은 가격이 '적절한' 가격이라고 생각하면 된다. 적절한 가격을 찾는 것은 경제학적 방법으로 계산에 의해 산정하기보다는 경험적인 기교에 의해

적절한 가격을 산정하는 것에 더 가깝다고 할 수 있다.

사실 가격 결정은 매우 어렵고 힘든 일이다. 가격은 제품 자체뿐만 아니라 제품이 공략하는 고객군까지 결정한다. 따라서 가격 결정을 통하여 신시장에서 제품과 서비스에 관한 모든 전략을 좌우한다고 할 수 있다. 그러나 가격은 고객이 결정하고 있다는 사실을 명심해야 한다.

가격을 결정하는 것은 구매자가 기꺼이 돈을 내고 내 제품과 서비스를 선택하는 고객 가치에 의해 결정된다고 말할 수 있다. 고객이 느끼는 가치가 클수록 가격도 높아질 수 있다. 그러나 고객이 느끼는 가치는 상황에 따라 달라진다.

가격은 '고객 가치 만족에 의한 지급 상한점'과 '고객의 구매 저항점' 사이에서 결정하는 방법도 있다. 어떻게 하면 고객의 구매 저항점을 높일 수 있는 방안을 연구함이 필요하다. 그러나 고객은 결국 자신의 기대 가치 만족 수준과 지급할 가격을 비교하여 제품을 선택할 것이다.

고객 가치 만족 수준이 높아질 때는 구매 저항점(A)도 새로운 구매 저항점(B)으로 높아져서 고객의 구매가격도 높아지고 예상 구매 고객 수도 많아진다. 그 결과 총예상수익도 [수익(B)－수익(A)]로 많아짐을 알 수 있다. 그러므로 가격 결정에 따른 총수익 발생은 제품과 서비스가 얼마만큼 고객 가치를 실현하는가의 수준에 따라 좌우됨을 알 수 있다.

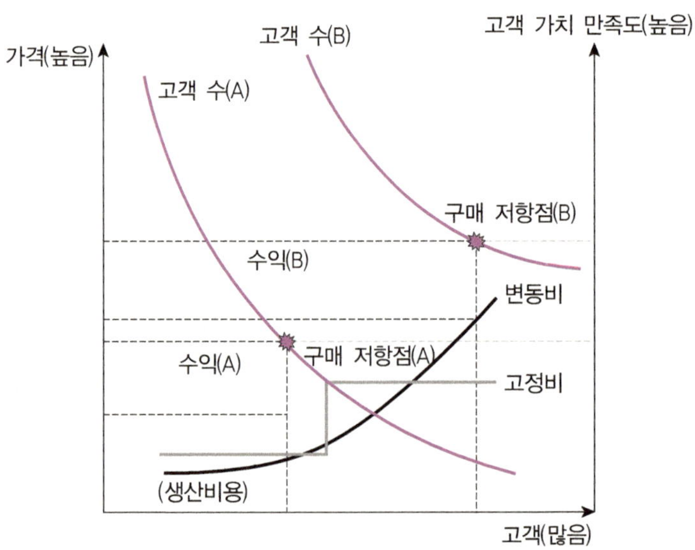

• 교육자료 **8-3** 가격 민감도 측정 방식

가격 결정 전략

가격 전략이란 구매자가 제품과 서비스를 교환(구매)하는 대가로 지급하는 화폐 가치에 대해 전략적으로 가격(가격의 수준)을 결정하는 것이다. 시장 진입의 성공 여부는 초기 창업 제품에 대해 가격을 어떻게 결정하는가에 달려 있다고 할 정도로 가격 결정은 매우 중요하다. 제품의 가격은 창업 제품의 매출과 직결되며, 구매자가 구매 결정 과정에서 구매를 결정할 때 고려하는 중요한 요소 중의 하나이기 때문이다.

(1) 가격 결정 전략

기업은 ① 제품 원가, ② 경쟁 제품 가격, ③ 구매자 반응의 세 부분을 고려하여 시장 환경에 순응하면서 점차로 가격을 결정한다. 그러나 창업 기업은 경쟁 제품의 가격 변화와 시장의 변화를 예상하고 가격 결정 전략을 세워야 한다.

적절한 가격 전략을 수립해야만 '고객이 원하는 제품' 개발에 성공하고도 잘못된 가격 전략으로 인하여 시장에 진입하지 못하는 경우를 방지할 수 있다.

가격 결정 전략에 중요하게 활용되고 있는 몇 가지 요인은 다음과 같다.

① 그냥 부담 없어 보이는 가격으로 결정

최대한 사용자를 많이 확보하자는 의도로 깊이 생각하지 않고 '익숙한 가격'이나 '부담 없는 가격'으로 결정

② 원가 기반의 가격 결정

- 비용에 근거한 가격 결정
- 제품의 비용 또는 원가를 기초로 하여 가격을 결정

③ 수요를 고려한 가격 결정

- 제품에 대해 구매자가 인식하는 가치에 의해 가격 결정
- 수요의 강도에 의해 가격을 결정

④ 경쟁 제품 가격을 비교한 가격 결정(창업자의 사업 전략 방향을 고려)

- 시장 점유율 극대화

- 매출 극대화
- 이윤 극대화

⑤ 기타 가격 결정 고려사항

- 지리적 가격
- 계절적 가격
- 제한적 원재료 · 제품 공급 상황
- 수요 공급의 불균형
- 가격 할인과 공제
- 촉진적 마케팅 활동
- 차별 가격 필요

• 교육자료 **8-4** 가격 결정에 관한 자료 교육

(2) 가격 결정 과정

가격 결정 과정은 가격 결정 목표 설정에서부터 시작한다. 자신의 제품 원가 추정, 경쟁 제품과의 관계, 수요 현황, 제품이 제공할 수 있는 고객 가치 등을 종합적으로 고려하여 가격 결정을 한다.

- 가격 결정 목표 설정: 장기 · 단기, 고가 · 저가, 가격 범위
- 원가 추정: 고정비, 변동비, 목표 원가, 수익(비율) 등
- 경쟁 제품의 원가, 가격 및 제공 기능 분석
- 수요 곡선의 예측: 과거 가격 및 판매량, 설문 조사, 유사 제품의 수요량
- 구매자 수요 파악: 제품이 제공하는 기능별로 구매자 수요 탄력성 파악
- 구매자의 가격 민감도 측정(예측)
- 구매자의 각 기능에 대한 선호도 측정
- 가격 결정 방법에 의한 산정: 고객, 경쟁 제품, 원가 기반, 가격 전략
- 1차 시장 가격 결정
- 1차 시장 가격 검증(예측 가격과 시장 반응)
- 최종 가격 결정

가격 결정 단계 사례

가격 결정 단계를 순차적 도표로 그려 볼 수 있다. 도표의 흐름에 따라 해당하는 가격을 기재하고 기재된 가격이 타당한가를 검증하면서 최종 가격을 결정한다.

① 가격 목표 설정
- 최고 가격: 000원
- 최저 가격: 00원

② 원가 추정
- 제품 원가: 0원
- 경쟁 제품의 원가: 0원

③ 구매자의 수요
- 구매자의 수요량:
- 구매자의 가격 민감도: 1–(가격 민감도)=제품의 가격 민감도
- 구매자의 제품 기능 선호도: 1~0

④ 경쟁 제품 시장 가격
- 경쟁 제품의 가격 분포: 000~000원
- 경쟁 제품의 시장 지위: 1~n(1.00~0.0 지수)

⑤ 잠정 가격 결정
- 잠정 가격 결정: 000원

----

⑥ 가격 조정 적용
- 단수 가격: 000원
- 복수 가격: 000원
- 준거 가격: 000원

⑦ 기타 가격 조정 요인 적용
- 창업자의 사업 전략 방향: (+, –)%
- 차별 가격 필요 요인 발생: (+, –)%
- 할인율 적용: (+, –)%

⑧ 1차 시장 가격 결정
- 1차 시장 가격: 000원

===

⑨ 시장 가격 반응 검증
- 1차 시장 가격 반응 측정: (+, –)%

---

⑩ 최종 가격 결정: 000원

교육자료 **8-5** 제품 공급가 계산식 사례

수익 지대를 찾아라

창업에 성공하기 위해서는 반드시 충족시켜야 하는 핵심 가설이 있다. 내가 시장에 선보일 제품은 지금까지 구매자가 사용해 보지 못한 새로운 것인지, 고객이 누구인지, 고객에게 어떤 가치를 제공하고 이익을 얻을 것인지, 고객이 어떤 과정을 거쳐서 구매에 이르고 있는지, 그리고 고객을 획득하는 데 드는 비용과 고객을 확대 유지하는 비용은 어느 정도인지에 대한 가설이다. 모든 것이 계획대로 잘 진행되고 완벽하게 풀릴 것 같은 예감이 들어도 현실 시장에 진입하기 전에 한 걸음 물러나 다시 한번 신중하고 세심한 태도로 이 핵심 가설을 이해하고 확인하고 분석해야 한다.

즉 내가 만든 제품이 고객의 필요와 일치하는지 혹은 고객이 일치한다고 판단을 하는 이유가 무엇인지를 알고 있어야 한다. 또한 세상이 돌아가는 이치에 맞는 제품을 만들고 있는가를 검증해 보아야 한다.

창업자는 실제로 고객을 어느 정도 확보하기 전까지는 의미 있는 제품을 개발하고 있는 게 아니라는 사실을 명심해야 한다. 누군가가 내 제품을 구매해서 가치를 얻고 피드백을 주기 전까지는 기업은 제품을 개발하였다고 말할 수 없다.

창업자는 자신의 제품에 대해 핵심 가설을 확인하고 시장 조사나 구매자를 관찰하여 수익 지대를 그려 본다. 핵심 가설은 크게 두 가지로 나눌 수 있다.

가장 중요한 핵심 가설은 제품의 실질적인 판매와 관련된 총비용에 대한 예측은 정확하게 하고 있는가? 제품 생산에 드는 모든 부품 명세서는 정확하며 그 비용은 정확하게 계산되고 있는가? 소프트웨어 시스템에 대해 개발 과제, 시스템 요구사항, 개발 기간, 시스템 완성도, 개발 비용은 정확하게 검토하고 있는가? 등이다.

두 번째 중요한 핵심 가설은 잠재 고객과 잠재 고객의 구매 의사결정과 관련된 여러 가지 사항이다. 예비 고객은 누구이며 어디에 있는가? 등대 고객은 누구인가? 핵심 고객은 누구이며 어떻게 접근하는가? 등이다.

(1) IoT 칫솔 핵심 가설 사례

① 판매자 측면 가설

- 부모는 자녀들의 올바른 칫솔질을 원한다.

- 올바른 칫솔질을 할 수 있는 제품은 고객 가치를 얻는다.
- 올바른 칫솔질을 해야 하는 어린이는 상당수로 제품 판매 시 이익을 얻을 수 있다.
- IoT 칫솔 제품을 개발할 수 있는 기술은 충분히 확보할 수 있다.
- 서비스를 어린이 흥미에 맞게 아기자기하게 개발할 수 있다.
- 추가 기능 추가로 인하여 수요 증가 및 인접 시장 진출이 가능하다.
- 휴대폰과 연동되어 서비스가 다양하게 진행될 수 있다.
- 휴대전화로 사용자 상태에 대해 짧은 문자 메시지를 보낼 수 있다.
- 25,000원 가격으로 고객에게 쉽게 접근할 수 있다.

② 구매자 측면 가설

- 구매자는 나의 IoT 칫솔의 가치를 잘 알고 좋아하는 사람들이다.
- 사용자인 어린이는 서비스인 '공룡 알 깨기' 게임을 즐긴다.
- 사용자는 나의 사용자 경험인 '올바른 칫솔 게임'을 신뢰할 것이다.
- 올바른 칫솔 게임 플랫폼은 가장 올바른 칫솔질에 대한 대안이다.
- 구매자인 유아를 가진 부모는 재구매를 할 것이다.
- 재구매 기간은 약 6개월이다.
- 재구매율은 60% 이상이다.
- 인접 고객인 청소년, 성인에게도 IoT 칫솔을 권한다.

(2) IoT 칫솔의 핵심 가설 검증

핵심 가설 검증을 통하여 위험 요소를 줄여 나간다. 그동안 설계한 가설을 실증적으로 검증해 기업의 위험 요소를 줄여 나간다. 핵심 가설을 한꺼번에 벌려 놓고 잘 들어맞는지 판단하기는 쉽지 않다. 과학적 분석 방법으로 하나하나 개별적으로 검증하는 과정을 가져야 한다.

핵심 가설을 설정하였으면 비용과 시간이 가장 적게 들고 가장 쉬운 방법으로 가설 하나하나를 검증하는 실험을 설계할 수 있다. 내가 설정한 가설을 지지 또는 반박하는 실증적인 경험 자료를 수집하고 분석한다. 가설을 지지하는 실제 시장의 자료를 확보한다는 것은 복잡한 비즈니스 모델의 논리나 격렬한 토론보다 훨씬 더 설득력 있게 검증을 마칠 수 있다.

창업자와 창업 팀원이 모여 가설 검증을 통해 논리적이고 타당하고 신뢰성 있는 결론을 끌어내도록 검증 과정을 가져야 한다. 모든 지식과 자료를 동원하고 제품 시장 적합성을 기준으로 효율적으로 실험 설계를 실행한다.

IoT 칫솔의 첫 번째 가설 검증은 IoT 칫솔 사용자를 확인하는 것이다. 처음에 생각한 목표 고객에게 접근해 IoT 칫솔의 필요성, 사용성, 구매 의도를 질문하고 관찰하고 조사한다. 응답자가 예상되는 결과치와 동일한 결과를 나타내면 이 가설은 채택할 수 있다.

IoT 칫솔의 두 번째 가설 검증은 IoT 칫솔을 구매하고 사용하는가에 대해 사용자 경험에 대해 질문하고 관찰하고 조사한다. 시장 동향 보고서나 구매자 행동 보고서 등을 찾아 사실 확인도 한다. 응답자가 예상된 결과치와 상반된 결과를 나타내면 가설이 다소 적합하지 않은 것을 알고 다시 가설 실험으로 중요한 사용자 기준을 발견한다.

이러한 과정을 하나하나씩 진행하면서 가설 검증을 한다. 가설을 설정하고, 이를 검증하는 절차로 가설 검증을 하고, 가설 검증을 통한 결과치를 분석하여 제품의 기준을 발견하는 과정이 매우 중요하다. 그러나 창업자는 이러한 다양한 가설 검증 실험을 한 후 일부 실험에서 긍정적인 결과치를 얻을지라도 사업의 성공을 보장하는 것은 아님을 알아야 한다.

(3) 수익 지대 찾기

수익 지대는 기업이 이익 유지가 가능하며 막대한 수익성과 가치를 창출할 수 있는 지대를 의미한다. 그러므로 수익 지대를 발견하려면 창업자는 '고객 중심의 사고방식'을 가져야 한다. 그동안 중요하게 여겼던 시장 점유율, 매출 증가율, 재구매율 등 제품 중심의 사고방식에서 벗어나야 한다.

사업 설계의 고객 선정 차원은 창업 기업이 선정한 고객의 집합을 의미한다. 창업자는 한 사업에 있어서 가장 적합하거나 가장 잘 감당할 수 있는 고객 집합을 세분하여 선정한다. "왜 이 고객이 내가 만드는 제품을 사는가? 왜 이 고객은 나의 제품을 반드시 사야만 하는가?"

창업 기업에 필요한 전략적 통제 포인트를 만들어야 하고, 전략적 통제의 강점을 성공적인 사업 설계에 결정적으로 활용할 수 있어야 한다. 고객에게 의미 있는 회사로 남아 있으며, 높은 이익을 창출하는 수익 지대를 확보하고 전략적 통제를 만들어 나갈 수 있는 사업 역량은 무엇이며 필요한 사업 영역의 변화는 무엇인가를 알고 있어야 한다.

창업자는 사업 설계도 고객과 이익에 대해 지식과 전략적 상상력의 결합으로 이루어진다는 사실을 알고 있어야 한다. 시간이 지남에 따라 사업이 더 이익을 창출하지 못하는 경우에는 사업의 수익 지대가 이동하고 있다는 사실을 받아들여야 한다.

창업자는 자신의 사업이 수익 지대에서 계속해서 사업을 하고자 하면 반드시 주기적으로(3년~5년) 사업 설계를 새롭게 만들어 보아야 한다. 오늘의 수익성은 어디에 있는가? 어떻게 이익이 났었는가? 내일의 수익성은 어디에 존재할 것인가? 지난 3년간은 이익은 아마도 높은 시장 점유율을 가진 제품에 있었다. 그러나 앞으로는 새로운 수익 구조를 가지는 제품이나 서비스가 있을 것이다. 높은 이익을 기대할 수 있는 활동무대인 수익 지대는 창업자 자신도 모르게 조금씩 계속 변화하고 이동할 것이다.

변화하는 수익 지대를 발견하기 위해서는 고객 중심의 사업 설계를 한다. 고객 중심적인 사고는 고객의 우선순위를 유용하게 발견할 수 있는 좋은 기회와 고객에 대해 많은 식견을 제공하게 된다.

창업자는 시장 조사를 통하여 고객의 모든 것을 측정하고 파악하려고 하지 말아야 한다. 고객의 문제를 시장 조사자의 눈이 아니라 고객의 눈을 통해서 관찰하고 고객과의 대화를 통하여 파악해야 한다. 대화를 통해 고객의 입장에서 고객의 문제를 직접 이해할 수 있다. 대화와 관찰로 얻은 정보는 보기에 성가시고 분량도 많겠지만 시장 조사로 얻은 정보와는 다르게 매우 가치가 있다.

창업자는 나의 진정한 경쟁자가 누구인가를 명확하게 정의하여야 한다. 예전부터 경쟁자는 "우리가 생산하거나 서비스하는 것을 생산하거나 서비스를 제공하는 기업"이라고 규정한다. 그러나 진정한 경쟁자는 "당신이 하고자 하는 제조 활동이나 서비스의 고객이나 사업 범위를 공유하는 기업이다"로 정의할 수 있다. 넓게는 보완재나 대체재를 사용하는 고객이나 이를 제공하는 산업군까지 포함한다.

초기 창업 시기에 창업자가 기업의 무게 중심을 고객에게 두지 않고 제품에 두는 자본이 작은 창업 기업은 반드시 망한다. 작은 창업 기업은 반드시 고객에게 집중하여 창업 활동을 하여야 한다. 이런 고객 중심적 사고를 위해서는 아래와 같은 몇 가지를 반드시 명심해야 한다.

- 고객이 원하는 것과 고객에게 필요한 것은 무엇인가?
- 고객의 구매 의사결정 우선순위는 무엇일까?
- 고객이 원하는 것을 충족시켜 주는 미디어 채널은 무엇인가?
- 고객의 미디어 채널에 적합한 제품과 서비스는 어떻게 개발되는가?
- 제품 개발에 필요한 생산 투입요소와 자원은 무엇인가?
- 생산 투입 요소와 원자재 확보의 가능성은 충분한가?
- 나의 핵심 역량은 무엇이고 부족한 핵심 역량을 보완할 수 있는가?
- 고객 비전의 폭을 확대할 동력원을 발견할 수 있는가?

• **교육자료** | 수익지대(에이드리언 J. 슬라이워츠키, 데이비드 J. 모리슨, 세종서적, 1999)

▶ 수익 구조 모델 분석

대부분 창업자는 비즈니스 모델을 훌륭하고 수익성 있게 작성하는 데 모든 역량을 집중적으로 투입하고 있다. 그러나 실제 시장에서는 비즈니스 모델도 중요하지만 수익을 창출할 수 있는 수익 구조 모델이 더 중요하다. 수익 구조 모델 분석을 통해서 어느 곳에서 비용이 왜 많이 발생하고 있는지, 수익은 어디에 어느 정도로 있는지, 내가 예측한 대로 수익이 발생하고 있는지를 알 수 있다.

수익 구조 모델 분석에서 실제 비용 발생 시기, 비용 발생 원인과 비용 발생 크기, 예측한 비용 발생과 실제 비용 발생과의 비교, 수익의 존재 여부와 수익 발생의 시기, 수익의 크기, 왜 수익이 발생하는가에 대한 수익 발생 요인, 기대 수익과의 오차 등 운영 자금과 관련한 거의 모든 사항을 분석을 통해 알 수 있다.

수익 구조 모델 분석에서는 크게 네 가지 부문인 ① 정보, ② 제품, ③ 비용, ④ 수익 흐름을 파악하고 흐름의 단계별로 발생 대상, 발생 원인, 발생 시간, 발생 크기 등을 분석하여, 비용 절감 요인을 찾고 신속하게 품질 좋은 제품을 시장에 진입할 수 있는 개선 방안을 찾아내고 고객의 제품에 대한 기대 가치를 향상시켜 수익을 최대로 확보할 수 있는 수익 구조를 찾는 것이다.

(1) 제품 흐름 분석

① 목적

시장에 신속히 좋은 품질의 제품을 출시하여 고객이 제품에 기대하는 가치를 극대화하는 것이다(Time To The Market, 품질관리).

② 흐름 분석

단계	아이디어 → 개발 → 생산 → 판매 → AS	비즈니스 모델 비교
대상		
소요 시간		
소요 비용		
총 소요 비용률(%)		
개선점		

(2) 비용 흐름 분석

① 목적

제품에 대해 소요되는 총원가 절감 요인을 찾는 것이다(Cost Control).

② 흐름 분석

단계	생산 → 광고 → 판매 → 재고 → AS	비즈니스 모델 비교
대상		
소요 비용		
총 소요 비용률(%)		
개선점		

(3) 수익 흐름 분석

① 목적

제품 판매와 수익을 찾아 수익 구조 모델 개선을 통해 수익을 극대화하는 것이다(Profit Control).

② 흐름 분석

판매처	인터넷, 직판, 대리점 판매, 유통 채널, 기타	비즈니스 모델 비교
대상		
총판매액		
총판매 소요 비용		
총수익액		
총수익률(%)		
개선점		

(4) 정보 흐름 분석

① 목적

제품에 대한 정보와 고객인 사용자 경험 정보 흐름 분석을 통해 마케팅 활동과 고객과의 관계를 개선할 방안을 찾는 것이다(고객만족).

② 흐름 분석

미디어 채널	SNS, 사용자 소감, AS 분석서, 현장 판매원	비즈니스 모델 비교
속도		
만족도		
만족사항(내용)		
불만족사항		
개선점		

수익성 분석

창업자는 창업 경영 활동 결과인 재무제표의 재무적인 분석을 통해 매출액과 비용 구조를 수치화하여 장단기적 수익성을 예측할 수 있어야 한다. 수익성 분석을 하는 목적은 초기의 비즈니스 모델을 검증하고 향후 비즈니스 모델링을 하는 과정에서 제품의 수익성 확보 방안을 찾고자 함에 있다. 수익성 분석의 또 다른 목적은 수익성이 나지 않는 제품에 대해 제품 제원의 변경이나 보완, 포기, 목표 시장 변경을 결정하는 기준으로 활용할 수 있다.

수익성 분석은 재무 분석, 손익분기점 분석, 자금 조달 능력 분석으로 크게 세 부분으로 나누어서 분석할 수 있다.

(1) 재무 분석

- 손익계산서, 대차대조표, 현금 흐름표 등 미래의 재무 구조 예측을 위한 자료
- 판매 대금 회수 기간(평균 대금 회수 기간), 재고 수준, 경비, 생산 원가 및 재정적 비용과 수익의 파악

(2) 손익분기점 분석(BEP 분석)

- 손익분기점은 매출액 대비 비용에서 순이익이 영(0)이 되는 것을 찾아서 생산량, 매출액과 비용, 수익과의 관계성을 분석
- 매출액 − 변동비 − 고정비 = 순이익 = '0'
- 손익분기점 = 고정비/(1 − 변동비/매출액)

(3) 자금 조달 능력 분석

- 필요 자금의 규모를 예측하여 자금 조달 방법과 차입금에 대해 상환조건 및 상환 가능성을 파악
- 기업의 환경 분석 및 위험 요소를 분석하여 사업 수행 능력을 평가

• **교육자료** | **8-6** 창업 기업의 회계 이해하기 교육

• **교육자료** | **8-7** 추정 손익계산서 양식

09단계

차별화는 어떻게 하는가?

창업자는 자신이 개발하는 제품이 경쟁 제품 대비 무엇인가 차별적인 기능을 고객에게 제공할 수 있어야 한다. 차별적인 기능의 제품을 개발하기 위해서는 제품이 고객에게 제공하는 가치에 대해 명확하게 정의하고 있어야 한다. 고객 가치는 고객이 제품을 사용하여 사용자 경험을 가지게 됨으로써 형성된다. 또한 창업자가 가치 제안된 제품을 공급함으로써 고객이 좋은 사용자 경험을 갖게 된다.

가치 제안을 시각적이거나 계량화된 수치로 표현하여 고객에게 전달할 경우 잠재 고객의 수요와 욕구에 더욱 더 집중하여 고객 수요에 맞는 제품으로 개발할 수 있다.

▶ 가치 제안 시각화

가치 제안 시각화란 제품이 고객에게 무엇을 제공할 수 있는지를 정확하게 시각적으로 표현하는 것이다. 제품으로부터 얻을 수 있는 가치를 숫자, 기호, 그림, 차트, 비율(%), 시간 등 계량적 척도로 나타내고 이를 시각적으로 표현하여 고객이 제품을 사용하면 어떤 가치를 얻을 수 있는지를 명확하게 제시한다.

가치 제안을 정량화된 수치로 표현하는 것은 고객의 구매 의사결정 순위를 자극하여 구매 행위를 촉진하기도 한다. 고객 업무 간소화, 비용 절감액, 시간 절약, 품질 향상, 생산량 증가율, 재구매율 증가, 매출 증대액, 환경 오염물질 배출 감소량 등 고객이 표면적으로 느낄 수 있는 척도이다.

가치 제안을 시각적으로 표현으로 하는 목적은 고객 욕구를 기준으로 제품이 제공하는 가치를 간결하고 명확하게 기술하여 고객에게 전달하는 데 있다. 즉 제품을 구매할 때 고객이 얻는 가치가 무엇인가를 명확하게 전달하고자 하는 것이다.

시각적인 표현을 할 수 있다는 것은 잠재 고객의 수요와 욕구를 알고 이것에 맞추어 제품을 개발할 수 있다는 것을 의미하며, 또한 향후 고객이 제품 구매에 투자한 비용을 만족스럽게 생각할 수 있도록 만들어 주는 데 있다.

(1) 가치 제안 시각화 기술

- 단순하면서 구체적으로 표현한다.
- 페르소나 모델링에서 구매 의사결정 우선순위를 계량화된 수치로 표현한다.
- 제품 구매 전 현재 상황(As-Is)과 제품 구매 후 미래 상황(Should-Be)을 비교해서 표현한다.
- 가치 제안의 차이를 숫자, 기호, 그림, 차트, 비율(%), 시간 등 계량적 척도로 시각적으로 표현한다.
- 고객이 '제품을 구매하는 목적(필요한 최종적 욕구)'과 '제품을 사용하므로 얻는 목표(원하는 수단적 욕구)'를 구분하여 표현한다.
- 가장 중요한 점은 제품이 '고객이 원하는 수단적 기능'을 충분히 달성 가능하다는 것을 표현한다.
- 비즈니스 모델과 가격 정책 수립 및 수정 단계에 활용한다.
- 성공적으로 정의한 가치 제안은 창업 활동 내내 도움이 된다.

(2) 가치 제안 시각화(사례)

소 활동량 센서를 통하여 '수정 시기와 질병'을 조기에 발견하여 대응할 수 있는 서비스 개발 사례를 통해 어떻게 가치 제안을 시각화하여 표현하는지를 보여주고자 한다.

우유 생산 소(젖소) 100마리를 키우고 있는 목장을 기준으로 가치 제안을 어떻게 시각적으로 표현하는지를 사례로 보여준다. 소 활동량 센서 제품의 잠재 고객은 중소규모의 목장이다.

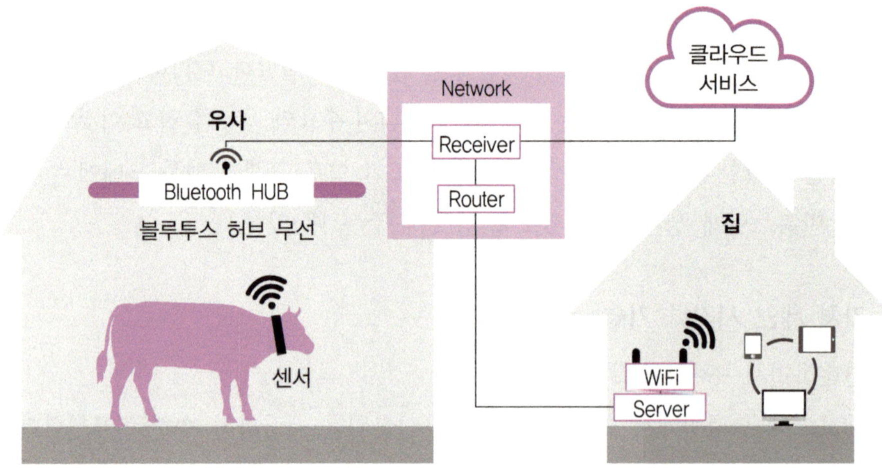

현재
(As-Is)

- 질환 발병: 20마리, 진단비(100마리×5,000원×3회/년×3년=4,500,000원)
- 질환 치료: 20마리, 치료비(20마리×20,000원×3회/년×3년=3,600,000원)
- 폐사율(30%): 6마리, 손실(6마리×3,000,000원/마리=18,000,000원)
- 인공 수정: 100마리, 인공 수정비(100마리×10,000원×1.5회/년×3년=4,500,000원)
- 인건비: 24시간 365일 관리자 관찰 필요
- 총비용: 4,500,000원+3,600,000원+18,000,000원+4,500,000원=30,600,000원

- 질환 발병: 20마리, 진단비(20마리×5,000원×3회/년×3년=900,000원)
- 질환 치료: 20마리, 치료비(20마리×20,000원×3회/년×3년=3,600,000원)
- 폐사율(15%): 3마리, 손실(3마리×3,000,000원/마리=9,000,000원)
- 인공 수정: 100마리, 인공 수정비(100마리×10,000원×1회/년×3년=3,000,000원)
- 인건비: 데이터(체온, 활동량)에 의하여 관찰하므로 인건비 불필요
- 총비용: 900,000원+3,600,000원+9,000,000원+3,000,000원=16,500,000원

미래
(Should-Be)

기대효과
- 총비용 절감: 30,600,000원-16,500,000원=14,100,000원
  (1마리당 비용 절감: 141,000원)
- 인건비 절감: 2명×1,500,000원/월×12개월×3년=108,000,000원
  (1마리당 인건비 절감: 108,000,000원/100마리=1,080,000원)
  (1마리당 총비용 절감: 141,000원+1,080,000원=1,221,000원)
- 질병 및 임신, 분만 시기 예측 가능하여 대응 조치 편의
- 최적 생육조건 통제 가능: 데이터 분석 기법 활용
- 양질의 우유 생산량 증가 기대, 출하 시 건강한 상태로 출하 가능
- 24시간, 365일 데이터에 의한 관찰 분석이 가능
  (편안하고 즐겁고 안심할 수 있는 목장 경영 환경)

▶ 차별화 전략

창업자에게 시장은 다윗과 골리앗의 싸움 같다. 창업자는 양을 치는 목동 일만 아는 다윗으로 전문 싸움꾼인 골리앗을 상대로 마케팅 싸움에서 이겨야 한다. 누가 보더라도 외롭고 힘들고 이길 수 없는 싸움을 하는 것이다(『다윗과 골리앗: 강자를 이기는 약자의 기술』(Malcolm Gladwell)).

그러나 창업자는 다윗처럼 골리앗을 이기는 약자의 기술을 배워야 한다. 여기서 강자인 골리앗은 시장에 이미 진입하여 고객을 확보한 모든 경쟁 기업을 의미한다.

골리앗은 이미 모든 생산 자원을 보유하고 있을 뿐만 아니라 다양한 마케팅 경험과 노련한 전사, 영업 훈련, 훌륭한 장비, 실력이 검증된 거인이다.

반면에 창업자는 다윗처럼 가진 자원도 부족하고 오직 필승 전략인 신의 은혜와 굳건한 믿음, 조약돌 조금, 정확히 목표에 맞출 수 있는 돌팔매질 기술과 그리고 가장 중요한 핵심 역량인 민첩함을 가지고 있을 뿐이다.

(1) 게임을 바꿔라

다윗은 골리앗과는 전혀 다른 게임을 했기 때문에 골리앗과의 싸움에서 이겼다. 만약 다윗이 전통적인 백병전을 벌였다면 분명 골리앗에게 패했을 것이다. 이제 막 시장에 진입하는 창업 회사가 골리앗과 같은 게임 방식을 따라 하게 되면 백전백패로 끝나고 말 것이다. 다윗의 전략을 따라 게임 방식을 바꿔 골리앗 기업과의 싸움에 임해야 한다.

전통적인 백병전은 다음과 같은 전략을 하는 경우를 말하고 있다. 기존 기업이 이미 사용하면서 많은 마케팅 효과를 보고 있는 전략일 것이다.

① 제품: 특성, 성능, 적합성, 내구성, 신뢰성, 스타일, 디자인, …

② 서비스: 쉬운 주문, 적기 배달, 고객 훈련, 수선 및 유지, …

③ 경로: 범위, 전문 지식, 성과, …

④ 이미지: 상징물, 분위기, 행사(사건), …

⑤ 브랜드: 충성도

창업자가 성공할 수 있는 필승 전략은 아래와 같은 아이디어를 가지고 새롭고 골리앗이 전혀 예측하지 못한 전략일 것이다.

- 믿음
- 돌팔매 기술
- 조약돌
- 적의 약점
- 이길 수 있다는 신념

[나의 자원]

- 자금
- 기술
- 고객 충성도
- 유통 채널
- 아이디어

[성공할 아이디어 전략]

- 가격
- 품질
- 기능
- 모델 다양화: 모 모델(M_0)~자 모델(M_n), 다른 제품의 기능과 융합화
- 서비스
- 시간
- 관계
- SNS

창업자가 맞닥뜨릴 현실도 다윗이 골리앗 앞에 처한 현실과 크게 다르지 않다. 자력으로 일어선 창업 기업이든 투자를 받아 자금이 풍부한 창업 기업이든 창업자는 경쟁해야 하는 기업과 비교하면 모든 면에서 부족하고 이길 확률이 낮을 수밖에 없다.

(2) 차별화 성공원칙

"고객은 경쟁하지 않고 선택을 한다. 경쟁과 선택은 그 가치가 전혀 다르다."

① 자기 일을 새롭게 정의하라!

통념에 도전할 때 최고의 아이디어를 얻는다.

② 가장 치명적인 적은 루틴이다!

혁신은 '지식'이 아니라 '방식'이 결정한다.

③ 경쟁하는 자는 이기지 못한다!
어디서 무엇을 하든 영혼으로 대결하라.

(3) 차별화 전략 영역

이미 시장에 진입한 기업과 동일한 경쟁 전략을 쓰는 것은 골리앗과 전면전을 펼치는 것과 같다. 창업자는 경쟁 기업의 제품과 서비스에 대해 뭔가 다른 차별화 전략을 추구하여야 한다. 창업자는 무엇을 차별할 것인가? 어느 것을 차별할 것인가? 어느 정도 차별할 것인가? 해답은 바로 고객이 추구하는 가치이다.

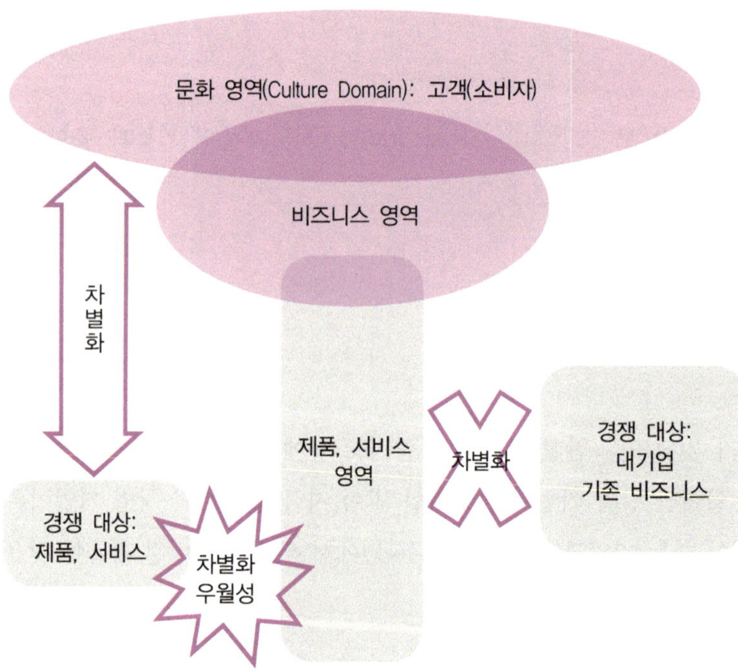

창업자는 경쟁 기업과 같은 제품과 서비스가 아니라, 같은 비즈니스 영역에 속해 있는 '잠재 고객의 문화에 대해 차별 전략'을 펼쳐야 한다. 경쟁 기업이 사용한 몇 가지 차별화 전략은 이미 여러 시장에서 성공적으로 사용되고 있는 전략이다. 창업자는 경쟁 기업과 동일한 전략을 취할 경우 골리앗과 전면전을 펼치는 경우와 같으므로 전혀 다른 차별화 전략을 개발하여야 한다.

① **비용 경제:** 규모의 경제와 탁월한 생산성(산업별 브랜드)

② **탁월한 제품력:** 판매사에 대한 탁월한 공급망관리(유명 브랜드, 월마트)

③ **거시적 경제 시스템 내에서 우위를 통한 지배력:** 네트워크 경제(아마존, 애플, 마이크로소프트)

④ **고객 차별화**

- 경쟁력 비교: 제품, 서비스, 고객, 시장, 유통경로, 이미지
- 차별적 우월성: 고객 가치, 구매력
- 고객 가치 차별화 발견: 고객 가치 창출, 성공적인 시장 진입
- 시장 규모: 차별화 영역(전투지역)
  - 전체 시장
  - 유효 시장
  - 수익 시장
  - 목표 시장

☞ 실패한 기업들은 한결같이 '경쟁'을 벗어나지 못했기 때문이다. 차별화하지 못하고 동일한 시장에서 동일한 고객을 상대로 서로 치열한 경쟁을 했기 때문이다.

(4) 차별화 고객 가치 항목

- 편의성
- 접근성
- 위험감소
- 디자인
- 비용 절감
- 저렴한 가격과 무료 제공
- 혁신성
- 새로움
- 제품 · 서비스에 특화된 차별적 요인: 광고, 입소문, 사용자 경험, …

(5) 차별화 전략 발굴

차별적인 요인이야말로 시장에서 경쟁적 우위 요인이다. 차별화를 발견하기 위해서는 ① 차별적인 고객 가치 분석, ② 차별화 고객 가치의 경쟁력 분석, ③ 차별화 고객 가치 제품 개발, ④ 차별화 제품에 맞는 마케팅 전략 수립의 과정을 거치면서 차별화 전략을 발굴한다.

① **차별적인 고객 가치 분석**

- 경쟁 제품의 차별화 요인 분석
  - 상위 3개 제품의 경쟁우위 요인 분석: 기능, 서비스, 가격, 제품 사양, 브랜드 지위, 유통 채널 등
  - 제품과 차별화 고객 가치의 상관성 분석

② **차별화 고객 가치의 경쟁력 분석**

- 차별화 요인과 수요, 시장 규모의 상관성 분석
- 차별화 요인별로 신규 고객, 잠재 고객, 인접 시장 고객의 수요, 시장 규모 분석
  - 가격 전략(무료, 저가, 고가, 수익 구조 모델 변경)
  - 제품 차별화
  - 고객 경험 차별화
  - 마케팅 전략 수정

③ **차별화 고객 가치 제품 개발**

- 차별화 제품을 시장에 맞게 혁신할 것인지 검토: 잠재 수요와 차별화 제품 개발에 따른 총비용, 기대효과 분석
- 진입하고자 하는 틈새시장에 맞는 차별화 제품 개발

④ **차별화 제품에 맞는 마케팅 전략 수립**

- 제품 차별화 전략을 잠재 시장에 맞게 마케팅 전략 수립

▶ 차별화 제품 개발

차별화는 제품의 용도 및 기능, 물리적 특성, 표준 규격품과 품질 및 기술 수준을

비교 대조하면서 차별화의 방향을 정할 수 있다. 제품 차별화를 통하여 차별화 포인트(기준, 서비스관리 매뉴얼)를 개발하면 향후 제품과 서비스를 개발하는 방향을 쉽게 파악할 수 있으며 홍보 등 마케팅 전략에도 널리 활용할 수 있다.

차별화 제품 방향은 크게 세 부분으로 나누어 차별화 방법을 찾을 수 있다.

(1) 속성 · 특징 차별화

제품이나 서비스가 가지고 있는 기능 속성 중에서 특별한 고객 가치를 부여할 수 있는 기능 또는 속성 차별화

예 휴대폰의 화상 이미지 편집, 전송, 보관관리 기능, 전자사전 제공, 크기, 디자인 등

(2) 장점 차별화

상품, 서비스가 가지고 있는 기능 속성이 경쟁 제품과 서비스보다 우수할 때

예 충전 용량, 충전 시간, 충전 방식 차별화 등

(3) 사용자 편의성 차별화

제품, 서비스가 가지고 있는 속성이 고객이 필요(Need)하면서 원(Want)하고 있는 고객 가치에 적합하면서 고객에게 여러 가지 반대급부를 제공할 때

예 가격 저렴, 에너지 효율, 구매 편의성, 부가 기능 제공, 무료 업그레이드 제공, 보장 기간, 서비스 우월 등

▶ 제품 모델 차별화 전략

창업 기업은 전략적 통제 포인트나 시장 세분화에 따른 제품 모델을 차별적으로 개발할 필요성이 있다. 시장에 성공적으로 진입하는 것이 최종 목표이기 때문이다.

차별적인 전략적 통제 포인트를 갖지 못할 경우 초기 창업 기업은 자신이 개발한 제품의 핵심적인 기능, 성능을 부분적으로 이미 시장에 선도적인 경쟁 제품이나 대체 제품, 보완 제품으로 팔 수도 있다. 부족한 자원으로 이미 선도적 제품과 시장

선점을 다투는 것보다 경쟁 제품에 필요한 기능과 성능을 파는 것도 한 가지 좋은 전략이 된다. 창업 기업의 최종 목표는 어떤 경로를 통하든 자신의 아이디어와 기술을 지닌 제품을 시장에 진입시키는 것이다.

완제품은 아래의 '제품 모델 개발 전략'처럼 전략적 통제 포인트와 시장 세분에 따라 여러 다양한 모델로 개발하여 각각 다른 시장에서 고객 가치와 적합성을 최대로 많이 가질 수 있도록 한다.

[시제품 개발 후 다양한 모델 개발 전략]

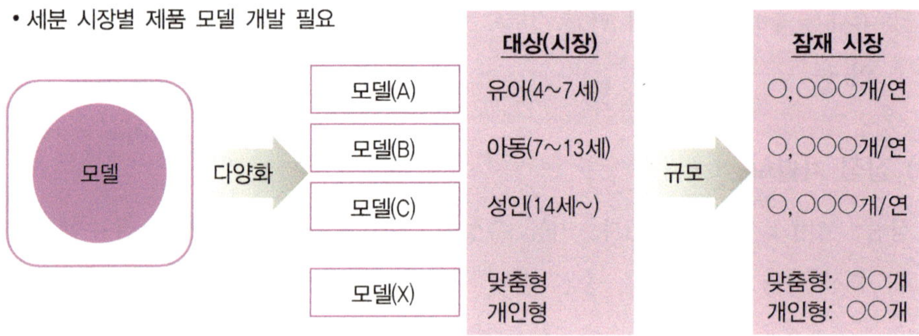

▶ 차별화의 천재들

"전혀 다른 가능성을 찾아라!"

(1) 메트로뱅크(Metro Bank)

- 2010년 7월 런던 중앙의 홀본에 첫 소매 지점
- 2020년까지 200호 개점, 고객 100만 명 유치, 예금 400억 달러 유치, 14억 달러 세계적인 투자자들로부터 유치
- 세련된 애플 스토어 분위기, "드디어 사랑할 만한 은행이 생기다! 애완견 환영! 아이들도 환영! 멍청한 은행 법칙은 물러가가!"
- 고유한 공간과 고객 서비스, 기업 문화를 창출

(2) 솔(SOL)

- 사무실, 병원, 아파트 청소 서비스 비즈니스로 성공
- 청소부들이 일하는 방식을 바꾸는 것으로부터 출발(일할 때 손뿐 아니라 머리도 사용)
- 일의 본질에 대한 생각을 바꿈으로써 빠르게 성장하는 회사
- 직원들이 고객들에게 프로답고 헌신적인 모습을 직접 보여주면서 세일즈맨으로 신규 거래까지 유치
- 청소와 시트 교환 업무+간호조무사 업무+재고 확인과 가격 변경 업무의 슈퍼마켓+안내 데스크, 보안요원, 24시간 모니터링 업무 영역으로 확장
- 성실하고 헌신적인 모습의 이미지 형성

(2) 팰스서든서비스(Pal's Sudden Service)

- 미국 테네시주 킹스포트 소재, 28개 지점 보유
- 햄버거, 핫도그, 치킨 샌드위치, 프렌치프라이, 셰이크 등 패스트푸드 판매: 맛과 품질이 탁월
- 속도와 정확성에 대한 광적인 집착: 주문 18초, 음식 받기까지 18초(미국에서 두 번째로 빠른 패스트푸드점은 60초가 넘음)

(3) 메가버스(Megabus)

- 북아메리카의 120개 도시에 승객 수요가 있는 모든 지점에 정차하는 점대점 버스 서비스 제공
- 메가버스가 백만 번째 손님을 태우고 버스와 노선, 거점을 늘리기까지 18개월밖에 걸리지 않음
- 점대점 서비스와 전국 운행, 첨단 예매와 표 구매, 다채롭고 유쾌한 이미지의 브랜드를 전부 합친 가치 제안

(4) WD-40

- 다용도 윤활제는 1953년에 아틀라스 핵미사일의 금속 표면이 부식되는 것을 방

지하기 위해 개발
- 개발자가 40번 만에 물 치환 공식을 완성하여 'WD-40' 이름이 붙음
- 부식방지제를 개발하고 5년 후 캔에 담아 판매 시작하여 전 세계 13개 공장에서 생산되고 176개국에서 판매
- 전 세계 오피스와 공장, 가정에 지속적인 편의를 제공하고 문제를 해결하는 것이 궁극적인 목적

(5) 카페 펠레(Cafe Pele)

- 브라질의 커피 브랜드로 커피콩의 신선도를 표시하기 위해 다음날 조간 신문의 1면을 인쇄한 포장 디자인 사용
- 제품 포장이 마음에 들면 우선 고객은 선뜻 사게 되는 심리를 이용
- 디자인을 잘하여 장기적으로 기업의 이미지를 결정하며 브랜드 자산을 얻을 수 있음
- 소비자에게 익숙한 디자인의 형식을 깨고 차별화 전략을 사용
- 맛있는 커피의 핵심 가치인 커피콩의 신선도에 있음을 당일 발행한 신문지면으로 포장하여 브랜드 이미지를 나타내고 있음
- 신문의 광고 칸에는 광고 대신 식품 정보, 로고, 커피 내리는 방법을 인쇄
- 제품 매출은 400% 이상, 3일 동안 10만 건이 넘는 SNS 공유 기록을 이룸
- 커뮤니케이션에 중점하여 차별화된 포장지로 시장에 성공

(6) RX 프로틴 바

- "성분 표시를 잘 알리자"로 차별화 전략
- 건강을 생각하며 먹는 프로틴 바 제품에 성분 포장지를 새롭게 디자인
- 2,000여 가지가 넘는 프로틴 바 제품 속에서 소비자의 마음을 끌기 위해 제품 포장지에 크게 성분만 표시하는 포장 디자인을 개발
- 천연 식재료를 이용한 제품을 알리기 위해 제품의 특징을 포장지에 간결하게 표시
- 브랜드 이미지 형성: 한 달 평균 17만 개 이상 판매 기록 달성

- 다른 제품과 다른 차별화된 포장 디자인으로 차별화 전략을 수행
- 커뮤니케이션에 중점한 차별화된 포장지로 신제품을 시장 진입에 성공

(7) 플라워 샵(Flour Shop)

- 2017년 뉴욕 맨해튼에 문을 연 소호 빵집
- '무지개 화산 폭발 케이크(Rainbow Volcano Explosion Cake)' 개발: 케이크를 자르면 층층의 무지개 빵과 초콜릿과 케이크 장식이 폭발적으로 쏟아져 내림
- 케이크 제작 방법의 차별화: 케이크에 대해 고정 관념인 설탕과 전분을 반죽한 퐁당(Fondant)을 버리고 버터와 초콜릿, 우유를 사용하여 스케치해서 조각하듯 케이크를 제작
- 제품 차별화: 상상할 수 있는 모든 것을 케이크 제품으로 만듦
- 다양한 제품으로 차별화: 햄버거 케이크, 스테이크 케이크, 매니큐어 미니 케이크, 하이힐 초콜릿, 볶음국수 케이크 등 다른 제품을 모방한 케이크와 케논 케이크, 에르메스 케이크 등 유명 브랜드의 홍보용 제품을 개발

• **교육자료** 차별화의 천재들(월리암 테일러, 오란도, 2016)

▶ 제품 경쟁력 포지셔닝

제품이 세분된 시장에서 고객의 가치에 얼마나 적합하냐를 분석한다. 시장 기회가 창업 기업의 핵심 역량과 잠재 고객의 구매 우선순위에 어느 정도 부합하는지 분석하므로 창업 제품의 포지셔닝을 정확하게 할 수 있다.

창업 기업의 핵심 역량 분석은 고객 가치에 얼마나 적합한 제품을 만들 수 있는지에 대해 분석하는 것이다. 세분된 시장에서 고객의 가치에 따른 최우선 구매 순위가 곧 창업 기업의 경쟁우위 순이기 때문이다.

창업 기업이 새로운 시장에서 수요를 창출하려면 향상된 기존 제품이 아니라 시장에서 고객 수요를 창출하고 고객 수요를 충족시키는 새로운 제품을 제공하여야 한다. 창업 기업이 비슷한 제품으로 시장에서 이미 상당한 경쟁 지위를 확보한 기업과 경쟁할 수는 없기 때문이다.

고객은 시장에서 여러 경쟁 제품의 비교 검토를 통해 구매 순위를 결정하여 구매한다. 고객의 구매 우선순위는 거점 시장 선택과 핵심 역량을 보여주는 나침반이다. 핵심 역량이 목표시장에 어느 정도 적합한지를 보여준다.

제품 경쟁력 포지셔닝 테이블은 세분된 시장에서 경쟁자의 제품과 비교를 통해 강점과 약점을 잘 보여주는 분석 테이블이다. 창업자의 제품이 어떤 세분된 시장 고객에게 필요한지를 설명해 준다.

[제품 경쟁력 포지셔닝]

• 세분 시장별 제품 차별화 요구(구매 순위) 및 시장 매력도 분석

구매 순위 \ 신제품(모델)	창의적 · 수직적 혁신 ← 시장 수요 창출력					→ 점진적 · 수평적 혁신		시장매력도 (1~N)/ 목표 고객
	아이디어	디자인	기능	…	품질	가격	유사성	
A제품				…				유아 시장 (매우 높음)
⋮				…				해외 시장 (높음)
시장진입제품 (1~N)				…				온라인 마켓 (낮음)

순위도: ◉◒◎●◒○◒◡–

시장에서 가장 큰 장애는 구매 습관 변화를 거부하는 고객이다. 창업 기업은 이러한 변화를 거부하고 '나의 제품을 선택하지 않는 고객'을 개척해야 한다.

구매 행위 습관을 변화하지 않는 고객을 보고 구매 기준 우선순위를 통해 어떤 가치를 제공해야 하는지 분석한다. 즉 습관적 구매 행위를 유지하는 고객을 설득할 가치 수단을 개발해야 한다.

세분 시장별로 고객의 마음을 움직이는 가장 좋은 가치 수단이나 서비스를 개발하는 것이 시장 기회를 확실히 잡을 수 있는 방법이다.

제품 경쟁력 포지셔닝을 분석하는 과정에서 창업자가 독창적인 아이디어와 기술로 제품을 개발하는 데 있어 이미 그와 유사하거나 같은 제품이 시장에 존재한다는 사실을 발견할 수 있다. 이럴 때도 창업자는 낙담과 실망, 당혹감을 가질 필요는 없다. 이때 가장 주의할 점은 경쟁 기업을 무너뜨리는 데에 모든 의욕과 자원을 쏟지는 말아야 한다. 경쟁 제품을 이기는 데에 모든 에너지를 쏟으면 정작 고객의 진정한 요구사항을 충족할 수 있는 제품을 개발하지 못하는 경우가 발생한다.

창업자는 큰마음으로 시장을 볼 줄 알아야 한다. 경쟁자와 자신의 제품의 시장 점유율을 합해 봐야 큰 시장에서 미미한 수준에 불과할 수도 있다는 것을 알아야 한다. 잠재 시장에서 총 유효 시장 규모를 정확히 인식하고 시장에서 고객의 구매 결정 순위를 움직여 변화하지 않는 고객을 자신의 제품을 구매하는 고객으로 바꿔야 한다. 이것이야말로 진정한 창업자의 핵심 역량이다.

• **교육자료** **9-1** 제품 경쟁력 포지셔닝 사례

▶ 전략적 통제 포인트 갖기

기업은 전략적 통제 포인트를 가질 경우 경쟁우위를 확보할 수 있다. 시장에 이미 진입한 경쟁사의 우선순위 변화에 따른 변화 필요성을 관찰한 후 시장에 적용될 전략적 통제 포인트를 분석하여, 전략적 통제 포인트를 가질 수 있는 위치로 신속하게 진입하는 것이다.

전략적 통제 포인트란 자신의 사업 설계에서 창출해 낸 수익을 보호해 줄 수 있는 장치이다. 이러한 전략적 통제 포인트가 없이 시장에 진입할 시에는 마케팅에 큰 비용을 써야 하고 또한 많은 경쟁자가 나타날 때는 확보해 가고 있는 수익을 보장해 줄 수 없다.

기업의 전략적 통제 포인트는 특허, 지식재산권, 자원 공급의 통제, 정보 흐름의 독점적 소유, 독특한 조직 문화, 기술의 독창성, 물류 가치사슬 통제 등으로 다양하게 기업 내부나 외부에 존재한다. 또한 창업 기업은 가질 수 있는 전략적 통제 포인트를 관리할 방안을 갖춰 가야 한다. 즉 창업 기업이 안정적으로 수익성을 유지하고 다른 경쟁기업에 수익성을 빼앗기지 않도록 세밀한 사업 설계를 해야 한다.

다음 표는 기업이 전략적 통제 포인트를 가지고 자신의 사업을 성장시킨 사례이다.

이익 보호력	지표	전략적 통제 포인트	사례
높다	10	표준 소유	마이크로소프트, 오라클
	9	가치사슬의 관리	인텔, 코크
	8	일련의 초 우월적 지위	세계적인 코크 회사
	7	고객관계의 소유	GE, EDS
중간이다	6	브랜드, 저작권	무수히 많음
	5	2년 앞선 제품 개발	인텔
낮다	4	1년 앞선 제품 개발	소수
	3	10~20% 저가우위 일반품	누코, 사우스웨스트 에어
없다	2	가격우위 일반품	무수히 많음
	1	원가우위 없는 일반품	무수히 많음

출처: 수익지대, 에이드리언 J. 슬라이워츠키, 데이비드 J. 모리슨, 세종서적, 1999, p.397.

Chapter

6. 시장에 진입하는 기술

10단계 제품을 어떻게 전달하는가?

11단계 시장 진입은 어떻게 하는가?

10단계

제품을 어떻게 전달하는가?

창업 기업이 가장 고민하고 연구해야 할 또 하나의 분야는 나의 제품을 고객에게 안전하고 손쉽게 전달하는 방법, 즉 유통경로이다. 고객에게 안전하게 전달하는 것이야말로 고객이 원하고 필요로 하는 제품을 고객 가치로 변화시켜 줄 수 있기 때문이다.

제품을 판매하려면 고객의 구매 의사결정에 참여하는 모든 사람을 정확히 이해해야 한다. 지지자, 사용자, 의사 결정권자, 반대자, 그리고 보이거나 보이지 않은 영향력을 가진 자 등 고객 구매 의사결정에 참여할 수 있는 모두를 정확히 이해하고 이에 적절하게 대응할 방안을 가지고 있어야 한다. 목표 시장에 있는 잠재 고객은 대부분 한 사람 이상으로 구성되어 있으므로 집단적 의사결정을 한다고 보아야 한다. 창업자는 자신이 만드는 제품의 특성에 맞게 이런 집단적 의사결정 그룹을 이해하고 이 그룹에 속해 있는 각 개인의 역할과 관심사항을 정확히 알고 있어야 한다.

구매 결정 과정은 그리 단순하지 않기 때문에 구매에 관련한 자료는 현실에 맞게 세심하게 관찰하여 수집해야 하며, 절대로 임의로 추론이나 가정을 해서는 안 된다.

관찰은 '질문'과 '조사'를 하는 것이다. 설득이나 판매하는 것이 아니다. 창업자는 자신의 제품이 가지고 있는 가치가 고객에게 탁월하다고 보이면 자연스럽게 좋은 질문과 조사로써 고객을 관찰하면서 진행할 수 있다.

창업자는 반드시 최종 사용자에게 전달하는 자신의 제품에 대해 구매 의사결정에 참여하는 모든 사람을 알아야 한다. B2B(Business To Business)나 B2C(Business To Customer) 시장에서도 마찬가지로 모든 참여자에 대해 특성과 영향력을 알고 있어야 한다.

▶ 구매 참여자 분석

구매 의사결정 과정에서 참여하는 모든 참여자에 대해 정보 수집과 분석을 해야 한다. 이러한 분석을 통해 참여자의 역할을 이해하고 제품 기획 및 제품 설계 단계에서 제품 개발과 포지셔닝, 판매 전략을 세우는 데 활용할 수 있다.

(1) 지원자

① **역할**: 구매를 강하게 원하는 자이며, 최종 사용자가 대부분 구매 지원자가 될 수 있다. 구매를 옹호하고 지지하는 자

② **특성**: 구매 기업이나 구매 개인의 특성을 기록, 적극적으로 전화 문의, 가격상담(결정)

③ **참여 수단**: 의사 표시, 구매 요구서 작성

(2) 사용자

① **역할**: 제품을 실제 최종적으로 사용하는 자

② **특성**: 최종 사용자의 구매 의사와 사용자 경험이 매우 중요하게 구매 전 과정에 영향력을 미치고 있다.

③ **참여 수단**: 사용자 경험 표시, SNS 등 영향력을 표시, 구체적으로 구매 필요성 표시

(3) 의사 결정권자

① **역할**: 구매 행위를 실제로 결정하는 자

② **특성**: 의사 결정권자는 대부분 예산을 관리하고 통제하는 권한을 갖고 있다.

③ **참여 수단**: 예산 통제 및 관리

(4) 영향력 행사자

① **역할**: 제품에 대해 전문적인 지식과 정보를 가진 전문가, 사용자 경험을 가진 경험자, 권위자

② **특성**: 최종 사용자를 포함한 다른 구매 행위에 참여하는 모든 참여자에게 영향

을 미친다.

③ **참여 수단**: 의견 제안, 언론매체, 외주업체, 친구나 가족, SNS, 웹사이트, 블로그 등 구매 의사 결정권자가 얻을 수 있는 모든 정보원

(5) 거부권자

① **역할**: 구매 행위를 반대하는 자

② **특성**: 보통 사용자자 구매 지지자보다 상위에 있다.

③ **참여 수단**: 구매 부서 직무, 결재권, 표준화, 규격, 허가, 노동조합 협약, 가격, 조직 내부 규정

(6) 유통업자

① **역할**: 제품 유통에 직접 관여하여 유통을 관리 및 통제하는 자

② **특성**: 제품 유통에 참여할 수 있는 유통망을 지니고 있다.

③ **참여 수단**: 제품 매입, 유통 채널, 판매망

(7) 홍보 광고 채널

① **역할**: 제품 홍보, 광고를 담당

② **특성**: SNS, 블로그 운영, 온라인 홍보, 오프라인 인쇄물 홍보 전략이 필요하다.

③ **참여 수단**: 온라인 홍보 미디어, 인쇄 출판물, 전단, SNS

• **교육자료** **10-1** 구매 결정에 영향을 미치는 사람 분석 사례

▶ 구매 과정 분석

고객이 원하는 제품을 개발하였더라도 실제로 제품이 고객의 손에 전달하는 과정은 복잡하고 예상하지 못한 많은 장애 요인이 존재한다. 고객이 구매하는 과정을 분석하는 목표는 구매 결정 과정을 이해하고 그 과정에서 발생하는 장애 요인이나 방해하는 걸림돌을 확인하여 제거하는 방안을 찾는 데 있다.

구매 결정 과정상의 장애 요인은 제품뿐만 아니라 외부적 요인에서도 자주 발생

한다. 제품의 긴 매출 주기, 규제, 구매 의사결정 조직의 내부 사정, 사회 문화 환경, 구매자의 경제 환경 등 구매를 방해하는 상황이 수시로 발생할 수 있다.

창업자는 잠재 고객이 구매 결정하는 과정과 각 단계에서 발생 가능한 걸림돌 등을 정확히 이해해 구매 과정이 물 흐르듯 자연스럽게 이뤄지도록 구매 과정에 완벽히 들어맞는 제품을 기획하고 생산하여 시장에 유통해야 한다.

구매 과정별 분석 순서는 다음과 같다.

(1) 제품 판매 주기 분석

- 현금 흐름을 예측한다. 제품 판매 주기 분석을 통하여 현금 흐름을 예측하고 운전 자금 조달 시기와 조달할 자금 총규모를 예측한다.
- 안정적이고 지속적인 성장에 필요한 자금을 확보하려면 잠재 고객이 자신의 제품에 최초 접촉에서부터 최종 구매 후 대금지급까지의 기간을 최대한 단축해야 하고 반복적으로 구매가 일어날 수 있어야 한다.
- 창업자에게는 매출 주기는 매우 중요하다. 예상하는 매출 주기보다 실제 매출 주기가 길 경우 창업자에게 깊은 함정으로 다가올 수 있다.

(2) 고객 획득 비용 산정

- 기존 고객 매출액이 신규 고객 획득 비용보다 커지는 전환점이나 시기를 예측할 수 있어야 한다. 고객을 유지하는 비용, 신규 고객 확보 비용, 고객 이탈 등을 분석하고 예측한다.
- 창업자는 고객을 유지하고 신규 고객을 확보하는 데 들어가는 비용은 언제나 자신이 생각하는 것보다 초과한다는 사실도 알아야 한다.

(3) 구매 과정에 발생하는 장애 요인 분석

① 제품 유통 과정의 장애 요인 분석: 비용, 인력, 판매 채널, 판매 영역

② 영업 활동 장애 요인 분석: 규제, 법규, 구매회사 규정, 허가, 승인

③ 제품 표준 기능 분석: 전기 · 전자 제품 표준, 규격 인증 승인 여부, 안전성, 표준 운영 절차

(4) 고객 구매 의사결정 장애 요인 분석

제품에 대해 전체 생애 주기 시나리오를 작성한다.

① **전체 생애 주기 사용 시나리오 분석:** 고객이 구매에서 사용, 폐기에 이르는 전 과정을 이해하는 생애 주기 사용 시나리오를 작성하여 분석

② **수요 창출 요인 분석:** 고객은 어떤 경우에 제품 구매에 대해 욕구가 발생하고 있는가? 구매 의욕을 자극하여 고객이 구매 필요성을 느끼도록 구매를 자극할 방법은 없을까?

③ **제품 정보 탐색 경로 분석:** 제품 정보 탐색 경로, 시간, 주기, 사용 매체

④ **영향력 요인 분석:** 고객이 제품을 비교 분석할 때 사용하는 의사결정 준거 기준은 무엇인가? 구매 의사결정의 핵심 인물은 누구인가?

⑤ **구매 과정 분석:** 잠재 고객의 구매 과정 경로를 세분화하여 분석, 구매 시간, 장소, 구매 주기, 구매 순서, 구매 계획, 구매 과정 복잡성

⑥ **사용자 경험 분석:** 제품 사용 시 발생하는 문제점, 설치, 매뉴얼, 사용 방법, 사용 목적, 사용 주기, 사용 혜택, 최종 사용자 특성

⑦ **구매 비용 지급 방안:** 고객의 지급 방식, 지급 능력, 지급수단, 지출 권한

고객 구매 의사결정 과정을 분석하고 구매 절차를 이해한다는 것은 창업자에게는 매우 어려운 일이다. 그러나 고객의 구매 과정을 이해하는 것은 현실 세계에서 자신의 비즈니스를 잘할 수 있는 감각을 익힐 좋은 기회이다.

고객의 구매 과정 분석을 통하여 고객의 사업을 이해하고 고객의 예산 수립 절차와 지출 과정을 이해하고, 사용자 경험을 이해하여 구매 절차 간소화를 위한 해결 방안을 마련하고, 판매 주기를 예측할 수 있다.

또한 고객의 구매 과정을 이해하면 고객 확보가 용이해지고, 가격 정책을 수립할 수 있으며, 잠재 고객의 범위를 확장할 수 있고, 세분 시장에 맞게 제품을 다양화시킬 방안을 찾을 수 있고, 제약조건과 장애 요인을 제거하여 판매 주기를 단축시킬 수 있어, 결국 제품의 시장 진입에 따른 성공과 실패에까지 영향을 미치게 된다고 말할 수 있다.

• **교육자료** **10-2** 구매 여정 시나리오 분석 사례

유통 채널

유통 채널을 관리하는 목적을 가장 잘 표현한 말은 "당신은 좋은 쥐덫을 만들 수 있다. 그러나 쥐덫은 적절한 때 적절한 곳에 있지 않으면 아무런 쓸모가 없다"(E. J. McCarthy & W. D. Perreault, Jr.)일 것이다.

유통 채널관리의 목적은 다음과 같다.

- 이동시키고자 하는 제품을 될 수 있는 대로 적은 비용을 들여 정확한 장소, 정확한 시기에 정확한 물량을 이동하는 것이다.
- 물적 유통관리에 대해 효율적인 의사결정을 하는 것이다.

(1) 유통 활동의 목표

- 거래의 집중화: 생산자와 소비자 간의 거래 횟수 최소화
- 거래의 정형화: 상거래에 관한 규칙과 규정을 미리 정해 거래하는 것
- 구색 갖추기: 공급과 수요 간의 이질성과 괴리감을 분류, 집적, 배분, 구색으로 최소화
- 거래 불확실성 감소: 거래 상대 간의 불확실성을 최소화

(2) 유통관리의 대상

- 시간(Time)
- 장소(Place)
- 소유(Possession)
- 규모(Quantity)
- 제품(Product)

(3) 유통 채널의 종류

- 소매 채널: 제품을 최종 소비자에게 직접 전달하는 기능을 담당하는 유통 채널
  - 오프라인 매장, 백화점, 할인점, 슈퍼마켓, 편의점, 전문점, 전자 상거래 사이트, 방문 판매, 자동 판매기, 기타 소매 형태의 판매 채널
- 도매 채널: 자신들이 취급하는 제품에 대해 소유권을 가지며, 생산업체와 소매

상과의 중간에 있는 독립적인 유통 채널
– 상인 도매상, 대리 도매상, 생산자 영업 채널

(4) 유통 채널의 유형

- 소비재 유통 경로: 직거래, 소매 채널이 도매 채널을 흡수한 형태(백화점, 할인점, 직영유통센터, 대리점 매장 등), 수집 채널(수집상–도매–소매 형태)
- 생산재 유통 경로
- 서비스 유통 경로

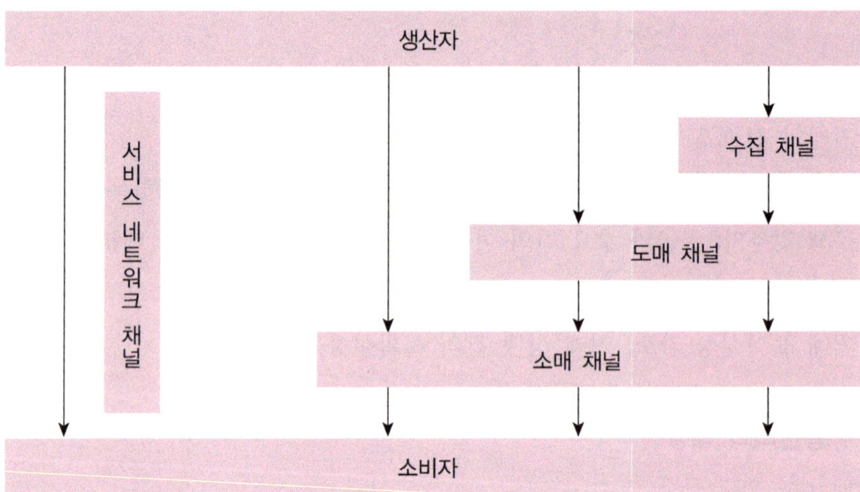

(5) 유통 채널 설계

- 소비자에게 제공하는 서비스 수준: 구매 단위, 대기 시간, 공간적 편의성, 제품 구색의 다양성, 부가 서비스 제공(신용 판매, 운반 및 설치, 수선, 교환 정책, 환불, 배송 시간 등)
- 직접 유통과 간접 유통
- 유통 채널에 대한 통제 수준: 유통 기관의 통제, 유통 물량의 통제, 거래 비용 통제, 판매 방식의 통제
- 이용할 유통 채널의 수: 집중적 유통(도매 채널, 소매 채널을 최대한 많이 사용), 전속적 유통(일정 상권 내 단 하나의 도매 채널과 소매 채널을 유통망으로 사

용), 선택적 유통(한 시장에서 소수의 도매 채널과 소매 채널을 사용)

- 경제적 측면: 유통 비용, 관리 비용, 기대되는 매출

(6) 유통 채널의 변화관리

소비자의 구매 패턴의 변화, 시장의 변화, 새로운 경쟁자의 등장, 혁신적 유통 채널의 출현, 제품 수명주기의 변화, 보완재 및 대체재의 유통 채널 변화 등 유통 채널의 변화에 영향을 줄 수 있는 모든 환경을 주의 깊게 관찰하고 변화하는 추세를 예측한다.

▶ 옴니 채널

옴니 채널은 "모든 방식을 뜻하는 접두사 옴니(Omni)와 유통 경로를 뜻하는 채널(Channel)이 합쳐진 용어로 백화점, 마트, 인터넷, 모바일 등 기업에서 별도로 영업하던 온·오프라인 매장을 유기적으로 결합해 소비자가 언제 어디서든 쇼핑을 즐길 수 있도록 하는 쇼핑 체계이다"(옴니 채널 쇼핑, 2015). 다른 정의로는 옴니 채널 리테일링은 오프라인 매장만이 가지고 있는 장점과 온라인 쇼핑이 가지고 있는 풍부한 정보가 합쳐진 통합된 쇼핑 경험이다(Rigby, 2011).

옴니 채널이란 결국 인터넷 등장과 모바일 기기의 보편화로 온·오프라인 점포를 포함한 다양한 채널에서 소비가 이루어지는 멀티 채널 시대에 적합한 유통 채널이다. 옴니 채널 환경하에서는 웹사이트, 매장, 키오스크, 메일, 카탈로그, POS(Point Of Sale) 등 채널 간 경계가 허물어져서 다양한 채널에서 소비자들과 상호작용을 할 수 있다.

(1) 옴니 채널의 특징

- 오프라인 매장, 모바일, 온라인 등 어느 유통 채널에서나 구매할 수 있으며 가격과 품질이 동일하며 소유한 유통 채널을 가지고 영업을 하므로 어떠한 프로모션도 자유롭다.
- 반품과 교환이 어느 채널에서도 가능하다.

- 어디서든 재고 확인이 실시간으로 가능하다.
- 고객 경험을 극대화할 수 있다.
- 유통과 물류의 기능을 융합한 옴니 채널 마케팅 활성
- 정보통신 기술과 IT(Information Technology), 데이터(Data)를 융합한 다양한 서비스 출현

(2) 옴니 채널 고객관계관리

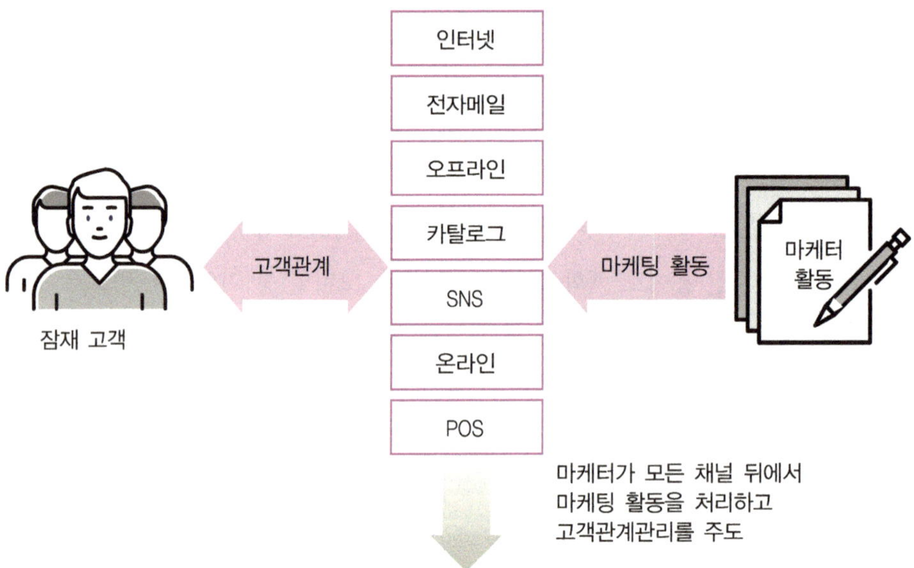

(2) 옴니 채널 사례

- 핀테크 서비스
- 클릭 앤 콜렉트 서비스: 온라인에서 주문한 제품을 오프라인 매장에서 찾아갈 수 있는 서비스
- 비콘 서비스: 근거리 위치 추적용 기술을 활용하여 스마트폰 위치를 인식하여 자동 체크인 기능을 구현
- 스타일미 서비스: 화면 속에서 원하는 옷을 입은 모습을 가상으로 보여주는 서비스
- 스캔 앤 고 서비스: 제품의 바코드를 스마트폰으로 스캔하면 그 자리에서 즉시

결제할 수 있는 서비스

- QR코드 활용 서비스
- 증강 현실 기술 응용 서비스
- 고객이 선호할 것 같은 립스틱을 예측해 보여주는 '스마트 립스틱 미러' 서비스
- SNS형 쇼핑 앱: 제품 사진과 후기를 다른 사용자들과 공유하면서 소통하고 클릭 한 번으로 상품 구매 페이지까지 연결되는 앱 서비스
- 인공지능(Artificial Intelligence: AI) 기술을 활용한 서비스

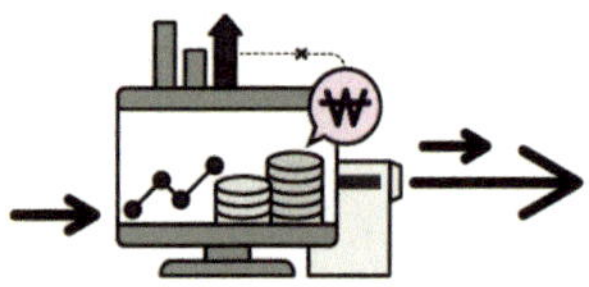

11단계 시장 진입은 어떻게 하는가?

창업 기업이 어떻게 시장에 진입할 것인가? 시장에 진입하는 방법은 다양하고 복잡하며 시간을 기다리는 일이며 또한 확신을 가질 수 없는 일이다. 시장 진입 전략은 ① 고객 수요 변화를 보면서, ② 진입할 시장을 선택하여, ③ 제품 가격을 결정하며 시장 진입 전략을 결정할 수 있다. 시장 진입은 쉽지 않은 전략적 결정으로 창업 기업의 성공 여부를 결정하는 일이다.

- 자신의 제품으로 새로운 수요를 창출함으로써 시장에 진입할 것인가?
- 기존에 안정적으로 유지되고 있는 수요 일부를 빼앗으면서 시장에 진입할 것인가?
- 나의 제품 수요가 생길 때까지 시장 진입을 기다릴 것인가?
- 다른 기존 경쟁 기업과 제휴하여 안정적으로 시장에 진입할 것인가?
- 다른 회사의 수요를 적당한 비용을 지급하고 시장에 진입할 것인가?
- 어느 시장을 먼저 선택하여 진입할 것인가?
- 제품 가격을 어떻게 결정하여 진입할 것인가?

▶ 시장 수요 창출 전략

시장 수요 창출 전략이란 다양한 마케팅 전략과 유통 채널을 통하여 제품을 실질적으로 고객 구매로 연결시키는 창업 경영 활동이다.

시장 수요 창출 전략은 크게 ① 영업 및 유통 채널 발굴, ② 판매 촉진 활동, ③ 고객관계관리 형성, ④ 조직관리로 나눌 수 있다.

(1) 영업 및 유통 채널 발굴

창업 제품 및 서비스의 특성, 구매하거나 사용하는 고객의 특성, 창업 기업의 역량에 적합한 영업 활동 및 유통 채널을 발굴한다.

1) 창업 단계 마케팅 채널 발굴 전략

① 창업 단계 마케팅 초점

- 대상 고객: 거점 시장에서의 핵심 고객을 우선하여 확보
- 비용: 비용을 최소화, 성과 측정을 할 수 있는 마케팅 전략을 채택

② 마케팅 채널 구분

- 인바운드 마케팅 채널(Inbound, Pull Marketing)
  - 고객이 스스로 제품을 탐색하고 관심을 가질 수 있는 마케팅 전략
  - 쌍방향의 상호 작용 커뮤니케이션을 중시
  - 적은 마케팅 비용으로 높은 고객 참여율을 창출할 수 있는 채널 전략
  - 온라인 인바운드 마케팅 채널: 블로그, 소셜 네트워크 서비스(SNS), 검색엔진 키워드 광고, 배너 광고, 이메일 발송, 파워 블로그 활동, 쇼핑몰 입점, 소셜 커머스 판매
  - 오프라인 인바운드 마케팅 채널: 세미나 참석, 콘퍼런스 참여, 직영 매장을 통한 직접 판매 채널, 대리점을 통한 간접 영업 채널 확보
- 아웃바운드 마케팅 채널(Outbound, Push Marketing)
  - 최우선 거점 고객과 핵심 고객을 찾아가는 마케팅 채널
  - 단방향 커뮤니케이션, 전통적 방식의 마케팅 채널
  - 온라인 아웃바운드 마케팅 채널: 인터넷 커뮤니케이션 사이트, 텔레 마케팅, 다이렉트 메일, TV/라디오 · 신문 · 잡지 광고
  - 오프라인 아웃바운드 마케팅 채널: 직접 영업, 고객들의 행사 협찬, 고객 현장 방문, 콜센터 운영, 광고물(옥외, 유인물 등) 활용, 영업망 조직 운영, 외부 영업망과 제휴 활동

2) 창업 기업의 영업 활동 방향

① 창업 기업은 영업 활동을 통하여 제품 판매, 배달 및 설치, A/S, 판매 대금관

리, 시장 조사, 제품 개선사항 파악, 고객관계관리 등 좋은 고객관계를 만들어 가면서 고객과 창업 기업의 문제점을 함께 풀어 나가야 한다.

② 고객과의 교감, 감동이 없는 판매는 충성 고객을 만들 수 없다. 한 명의 충성 고객이 백 명의 미래 고객을 불러온다는 사실을 인식해야 한다.

③ 고객의 취향, 성격, 문화, 구매 우선순위 등을 잘 분석하고 끈기를 갖고 고객과 친해질 수 있는 마케팅 채널을 구축해야 한다.

- 창업 기업의 영업 부진 원인
- 잠재 고객, 목표 고객, 핵심 고객에 대한 정보가 부족
- 영업에 대해 이해 부족(시장 조사, 검증 등)
- 마케팅 전략 부재
- 제품, 서비스의 구매 소구점(Appeal Point) 이해 부족
- 긴 판매 주기에 대한 인식 부족
- 비구매 고객에게 영업 마케팅 비용과 시간을 과다하게 소모
- 마케팅 활동에 관여하는 조직이 효율적이지 못함
- 무조건 팔린다는 무모한 자만심

(2) 판매 촉진 활동

목표 시장 고객으로부터 기업과 제품 브랜드에 대해 우호적인 사용자 반응을 얻기 위해 이루어지는 커뮤니케이션 활동이다. 판매 촉진(Sale Promotion) 유형은 크게 네 가지로 구분할 수 있다.

① 판촉 활동

- 커뮤니케이션
- 유인 활동
- 구매 유도
- 단기적 판촉 활동

② 광고

- 대중에게 제안하는 활동
- 침투성

- 표현력 확대
- 비인적 매체 활용

③ 홍보

- 높은 신뢰성
- 경계심 배제
- 극화

④ 인적 판매

- 인적 대면 활동
- 유대관계 형성
- 반응 유발

(3) 고객관계관리

고객관계관리의 목적은 성공적인 사업 활동을 하기 위해 고객과 좋은 관계를 형성하고 계속하여 형성된 좋은 고객관계를 유지하는 데 있다.

고객관계관리란 신규 고객의 발굴, 고객의 선별 및 기존 고객의 재구매 유도를 위한 고객과의 관계 형성으로 사업의 수익성까지 증대시키는 일련의 경영 활동을 의미한다.

고객관계의 방식으로는 ① 개별 어시스트(매우 헌신적인 개별 지원), ② 셀프 서비스(자동화 서비스), ③ 커뮤니티(코-크리에이션)가 있다.

(4) 조직관리

우수 인력의 확보와 영업망 조직관리, 영업 성과 측정 및 영업 결과 분석의 피드백 활동을 효율적으로 할 수 있어야 한다.

조직관리는 곧 조직 내부 요인의 문제를 해결하기 위한 과정이다. 조직의 구성요소는 사람(People), 업무(Task), 조직 구조와 체계(Structure), 조직 문화(Culture) 등이다.

창업 기업의 조직관리 원칙

- 사람이 여러 경영 전략이나 비즈니스 모델보다 우선한다.
- 창업 기업의 특성에 맞게 조직 구성원을 구성한다.
- 조직원은 전문성과 인성을 동시에 고려하여 구성한다.
- 창업 팀원 간의 신뢰를 기반으로 하되 고용 계약서(역할과 책임, 지분 구조 등)를 정확히 작성한다.
- 새로운 팀원을 영입할 때는 3개월 이상 수습 기간을 가져 창업 팀 구성원들의 동의를 얻어 선발한다.
- 창업 팀원을 끝까지 대우(진급, 보상 등)한다.
- 인재 확보 및 유지에서 스톡옵션(미래형 보상)을 활용한다.
- 핵심 인력과는 긴밀한 관계를 끝까지 형성한다.
- 일상적인 공식적 · 비공식적 활동을 활성화한다.
- 갈등과 위기는 사소한 문제까지 소통하고 대화와 타협으로 해결한다.
- 자신의 영역을 구분 짓기보다 공유를 장려하는 배움과 협조의 문화를 만든다.
- 빠른 의사결정을 중시하고 문서관리는 최소화한다.

마케팅 믹스 전략

마케팅 믹스란 기업이 목표 시장에서 마케팅 목표를 달성하기 위해 사용하는 통제 가능한 마케팅 수단의 혼합을 의미한다. 마케팅 믹스 전략이란 이러한 마케팅 믹스를 전략적으로 활용하여 시장 점유율을 효율적으로 확보하기 위한 경영 전략을 의미한다.

마케팅 믹스 전략인 마케팅 전략은 시장 세분과 목표 시장의 지위에 대해 누구와 어디서 어떻게 경쟁할 것인가에 대한 경영 전략을 의미한다. 마케팅 전략은 기본적으로 이러한 세 가지 물음에서 출발한다고 볼 수 있다.

- 누구와 경쟁할 것인가?
- 어디서 경쟁할 것인가?
- 어떻게 경쟁할 것인가?

(1) 마케팅 4P 전략

마케팅 4P 전략은 창업자가 목표 시장에서 통제할 수 있는 제품(Product), 가격(Price), 유통(Place), 촉진(Promotion) 전략으로 구성된다. 창업자는 이런 요소들을 활용한 마케팅 활동을 통해 주요한 마케팅 환경 요인의 변화와 추세를 탐색하고 분석·예측하여 시장에 적응해 가는 과정을 가져야 한다.

① 제품(Product)

- 상품의 종류(Product Mix)
- 품질과 품질 보증 방안
- 디자인
- 특징, 기능
- 브랜드 지위
- 포장
- 크기, 규격
- 서비스 수준(After Service Level)
- 고객 지원, 보증 방안
- 제품 차별화 전략

② 가격(Price)

- 가격 수준
- 할인 정책
- 가격 전략, 유연성
- 가격 민감도(수요 탄력성)
- 경쟁 제품 가격 수준
- 지급 방법, 지급 기간
- 수수료
- 소비자 대출 방안

③ 유통(Place)

- 판매 지역 선택, 서비스 장소
- 재고관리, 재고 정책
- 유통·배송관리
- 물류관리
- 서비스 장소

④ 판매 촉진(Promotion)

- PR · 홍보 · 광고 전략
- 판매 촉진
- 다이렉트 마케팅
- 웹 미디어 채널
- 판매 시점 관리

마케팅 믹스로써 마케팅 4P 전략은 제품을 통한 고객 가치를 충족시키고, 가격 정책을 통해 고객에게 가격이 저렴하다고 인식시키고, 적극적인 커뮤니케이션을 통해 판매 촉진 활동이 활성화될 수 있도록 하며, 편의성 있는 유통 채널을 확보하는 것이다.

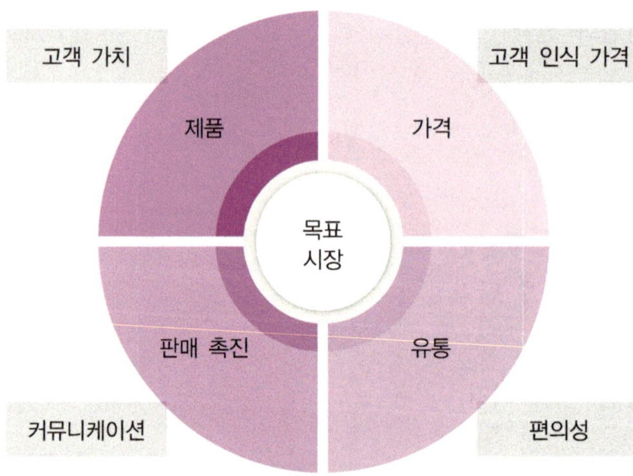

가격을 결정하는 기술

창업자가 겪는 어려움 중의 하나는 가격을 어떻게 결정할 것인가이다. 시장 환경과 제품원가에 맞게 가격을 결정해야 하는데 가격을 어떻게 결정하느냐에 따라 제품의 성공적인 시장 진입 여부가 결정되고 기업의 수익도 크게 바뀐다.

가격 결정 체계는 정량화한 가치 제안과 비즈니스 모델, 수익 창출 모델, 제품 판매 가격과 도매 가격, 출고 가격 등으로 구성된다 창업자는 판매 가격과 출고 가격의 결정에 있어 자신만의 원칙과 방법 체계를 갖고 있어야 한다. 때에 따라서는 복수의 가격과 다양한 가격 정책 전략을 설정하고 시장에 적용해 피드백을 받아 가면서 가장 적합한 가격으로 결정하기도 한다. 또한 가격 결정은 비즈니스 모델과 수익 창출 모델 뿐만 아니라 시장조건에 따라 매일 바꾸거나(주유소별 가격, 식품 시장, 꽃, 채소 시장 등) 실시간으로 이뤄지는 경우(항공권, 호텔 숙박, 경매 가격 등)도 있다.

창업자가 고려할 만한 가격을 결정하는 중요한 두 개의 변수는 '고객 생애 가치'와 '고객 획득 유지 비용'이다. 이 두 가지 변수를 염두에 두고 최선의 가정으로 출발해 나선형 가격 결정 구조를 따라 여러 번 수정하면서 시장에 적합한 가격으로 결정할 수 있다.

창업자가 초기 가격을 결정할 때 시험적으로 해 볼 수 있는 기술은 테스트 시장에서 가격을 1% 올렸을 때 매출액과 영업 이익이 몇 %씩 변하는가를 시험해 보는 것이다. 이런 가격 결정 기술은 일단 초기 비용을 모두 투입하고 나서 증가하는 매출은 모두 이익으로 간주할 수 있다.

시장에는 다양한 참여자의 이해관계와 구매 과정, 소비자 의사결정 순위, 제품 판매 주기 및 소비자의 라이프 스타일에 의하여 가격 상한선은 분명히 존재한다. 가격 구조는 매출과 수익, 고객 확대 전략, 고객관계, 브랜드 지위 사이에서 균형을 유지하고 있으므로 가격 결정은 가장 힘든 일이다.

(1) 가격 결정 기술

가격을 결정하는 기술에는 몇 가지 기본 원칙과 방향이 있으나 이러한 원칙과 방향이 가격 결정에 결정적인 것이 아니기 때문에 너무 의지하지 않는 것이 좋다.

① 원가에 의해 가격을 결정하는 기술

- 직접 투입한 제조 원가에 의해 판매 가격을 결정하는 기법이다. 시장에서 기존의 제품 가격과 직접 비교할 수 있어 매우 편하게 결정할 수 있다. 그러나 원가에 의해 결정하는 가격은 매우 위험하고 좋은 방법은 아니다. 원가에 의한 가격 결정 방식은 예상 수익률을 고려하여 산정한다.

- [예상 판매 가격=(제조 원가)/(수익률 지수=25~30%)]이다. 예를 들면, 제조 원가가 100원이고 수익률 지수를 30%로 예상하면 예상 판매 가격은 다음과 같다.
  - X1(예상 판매 가격)=(100원)/(30%)=100원/0.3=333원
  - X2(예상 판매 가격)=(100원)/(25%)=100원/0.25=400원

② 고객 가치에 의해 가격을 결정하는 기술

- 비용이 아닌 고객 가치를 기준으로 판매 가격을 결정하는 방식이다. 즉 고객이 얻는 가치의 일정 비율을 판매 가격으로 정하여 결정하는 기술이다.
- 원가를 기준으로 한 가격 전략은 공산품이나 소비재 제품에 적용하기는 쉬운 가격 전략이다. 그러나 소프트웨어 제품은 한계비용(소프트웨어 제품 한 단위 추가 생산에 드는 비용)은 거의 '0'에 수렴하기 때문에 초기 개발 비용에 근거해 가격을 결정할 수는 없을 것이다.
- 고객 가치에 의한 가격 결정 비율은 제품이 속한 산업의 특성과 경쟁 강도, 브랜드 지위 등에 따라 다르겠지만 통상 20~30%가 적정한 편이다. 70~80%는 새로운 제품을 구매해 위험을 감수하는 고객의 몫이라고 생각하는 방식이다.
- 자신의 제품이 시장 지배적이라고 생각할 때는 높은 가격대를 형성할 수 있다. 그러나 높은 가격은 단기 수익을 올리는 데는 많은 이바지를 할지 몰라도 고객이 부당하다고 판단하거나 같은 기능의 제품을 제공하는 경쟁자가 낮은 가격으로 시장에 진입하면 위험한 문제가 발생한다.

③ 수익 창출 모델 방식에 의한 가격 결정 기술

- 고객이 얻는 가치 중 얼마만큼을 판매 가격으로 정할 것인지를 비즈니스 모델이 고객에게 어느 정도로 위험을 감수하게 하는가에 의해 결정하는 방식이다.
- 월 사용료 부과 방식 모델: 고객이 월 단위로 편하게 사용한다는 것을 가정하지만, 고객이 언제든지 쉽게 취소할 수 있기 때문에 대체로 가격을 높게 책정하는 경향이 있다.
- 선지급 부과 방식 모델: 고객이 가치를 정확히 알지 못한 상태에서 제품을 구매하는 방식으로 고객이 비용을 미리 지급하는 위험을 떠안기 때문에 대

체로 가격을 낮게 책정하는 경향이 있다.

④ 원가는 공개하지 않는 것이 원칙

원가를 공개하면 영업 담당자, 유통 참여자, 고객이 자신이 손해 보고 있다는 생각을 가질 수 있어 원가는 공개하지 않는 게 좋다.

⑤ 의사결정 단위와 고객의 구매 과정 분석을 고려하여 결정

우선순위 구매 결정과 참여자 정보는 고객의 비용 결정 및 지출 우선순위를 직접 보여주는 정보다. 구매 참여자의 권한과 책임, 구매 결정 기준에 대해 가격 범위를 알면 판매 과정이 쉽다.

⑥ 대체재 제품의 가격 정보를 비교

고객 관점에서 기존에 사용하는 제품의 현상 유지를 하는 데 발생하는 저항력을 이해하는 것이 중요하다. 고객이 경쟁 제품에서 얻는 가치와 지급하는 비용을 비교한다. 자신의 제품과 경쟁사의 제품의 시장 지위를 비교해서 판매 가격을 결정하는 방식이다.

⑦ 고객에 따라 판매 가격 차별화

최초 사용자 고객에게는 대체로 높은 가격에도 잘 팔릴 것이다. 그러나 대다수 제품은 시간이 지나고 사용자 수가 증가함에 따라 가격이 점차로 낮아지는 추세를 보인다.

⑧ 초기 시범 사용자 고객과 '등대 고객'에게는 유연한 가격 체계 적용

- 제품의 초기 사용자의 시장에서의 영향력은 매우 크고 중요하기 때문이다. 초기 사용자의 경험이 제품의 품질을 개선하게 하고 전혀 기대하지 못했던 새로운 기능을 발견할 수도 있다.
- 또한 등대 고객은 후기 사용자 고객에게 많은 영향을 준다. 등대 고객에게 선지급 고객 할인, 시범 사용자 할인, 전문가 무료 체험 등 탄력적인 가격 체계를 적용해 만족도를 높이고 열성적인 우호 지지자로 만들어야 한다.

⑨ 고객이 저항하지 않는 범위에서 가격 결정 방식

- 가격을 고객에게 물어볼 수는 없을 것이다. 고객은 단지 보다 값싸게 사 시험적으로 사용해 보고 싶기 때문이다. 우리는 고객이 생각하고 있는 가격보다는 일반적으로 더 높은 가격이 '적절한' 가격이라고 생각하면 된다. 적절

한 가격을 찾는 것은 경제학적 방법이라기보다는 경험적인 기교에 가깝다고 할 수 있다.

- 사실 가격 결정은 매우 어렵고 힘든 일이다. 가격은 제품 자체뿐만 아니라 제품이 공략하는 고객군까지 결정한다. 따라서 가격 결정을 통하여 신시장에서의 제품과 서비스에 관한 모든 전략을 좌우한다고 할 수 있다.
- 가격은 브랜드에 대한 이미지를 지니고 있기도 하다. 우리가 책정한 가격은 유인하려는 고객층을 누구로 할 것인가를 나타내고 있다. 그러나 가격은 고객이 결정하고 있다는 사실을 알아야 한다. 따라서 가격은 돈을 내고 내 제품과 서비스를 선택하는 고객이 느끼는 고객 가치에 의해 결정된다고 말할 수 있다.
- 단순하게 말하자면 가격을 '고객 가치 만족에 대한 지급 상한점'과 '고객의 구매 저항 한계점' 사이에서 결정하는 방법도 있다. 어떻게 하면 고객의 구매 저항점을 높일 방안을 연구함이 필요하다. 그러나 고객은 결국 제품에 대한 자신의 기대 가치 만족 수준과 지급할 가격을 비교하여 제품을 선택할 것이다. 그러므로 가격 결정에 따른 총수익 발생은 제품과 서비스가 얼마만큼 고객 가치를 실현하는가에 따라 좌우됨을 알 수 있다.

(2) 가격 결정 시 주의할 점

- 가격 할인 정책에 있어 시장 점유율을 높이기 위해 제품을 저렴하게 제공하거나 무한정 할인 정책을 하는 경우에는 자신의 제품의 가치를 낮추게 되어 위험하고 향후 업그레이드한 제품을 출시할 때도 판매 전략을 수립하기도 어렵게 만든다.
- 하드웨어와 소프트웨어가 결합한 제품의 가격 정책에는 매우 주의가 필요하다. 시장에서 어느 것이 더 중요하게 고객의 구매 의사결정 순위에 영향을 주고 있는가를 알아야 한다. 가격에 변화를 주고자 할 때는 소프트웨어 가격보다는 하드웨어 가격을 변동하는 것이 여러모로 좋다. 고객은 쉽게 하드웨어 가격을 비교할 수 있고 하드웨어 성능에 따른 가격 변동의 차이를 더 크게 인식하는 경향이 있기 때문이다.
- 가격을 올리기는 어렵다. 낮게 출시한 제품 가격을 향후에 점차 올리기는 매우

어렵다. 그러나 높게 출시한 가격을 점차로 낮추기는 쉽고 매출에도 좋은 영향을 줄 수 있다. 초기 사용자 고객은 높은 가격에도 쉽게 제품을 구매하지만, 후기 고객은 낮은 판매 가격을 선호하는 편이다.

• 교육자료 **11-1** 기술 수용 주기 모델에 의한 가격 구조

영업 전략 수립

창업자는 성공적인 시장 진입과 지속적인 성장을 위하여 단기, 중기, 장기 단계별 영업 전략을 수립해야 한다. 영업 전략을 수립하는 목적은 단계별로 적합한 영업 프로세스를 파악하고 영업 프로세스상에 발생하고 있는 장애물을 제거하여 비용 효과를 높이는 데에 있다.

창업자는 영업 프로세스에 대해 전략을 수립하면서 고객 획득 과정의 모든 단계를 자세히 분석하고 이해하면서 고객 획득 비용을 결정하는 요인과 영향 요인을 명확히 파악해야 한다. 영업 전략 수립에 가장 중요한 점은 "고객이 제품을 구매하도록 이끄는 데에 들어가는 고객 획득 비용과 고객 유지에 들어가는 고객 유지 비용을 줄이는 것"이다. 대다수 창업자는 이 비용을 너무 소홀히 하고 지나치게 과소평가하는 경향이 있다.

성공 창업으로 이끌기 위해서는 창업 과정에서 결정하는 모든 의사결정은 기대나 추론이 아닌 사실을 바탕으로 엄격하고 보수적으로 자료를 분석하고 평가해야 한다. 영업 전략은 단기, 중기, 장기의 판매 경로에 대한 분석과 설계를 기반으로 수립하는 것이 좋다. 또한 영업과 마케팅 활동에 참여하는 모든 참여자 그룹과 모든 영향력을 행사할 수 있는 그룹에 대해 비용과 성과를 보수적으로 예측하여 분석에 반영해야 한다.

(1) 영업 전략 수립 시 고려할 주요 사항

① 영업과 마케팅 활동에 따른 영업 관련 제반 비용: 영업사원 인건비, 홍보물 제작 및 배포, 홈페이지 제작 및 유지, 전시회 참석 및 시제품 제작 비용, 상품 설명서 등 매뉴얼 제작비, 영업 관련 제반 간접 비용

② **판매 주기**: 제품의 판매 주기에 따른 재고 비용, 판매 주기를 단축할 방안

③ **잠재 고객에 대해 예상되는 마케팅 비용**: 영업 활동 시에 당장 매출과 연관되지 않으나 잠재 고객에 대해 집행되는 마케팅 비용

④ **영업 조직 비용**: 영업 조직 구성, 영업 교육 비용

(2) 영업 전략 단계별 수립

① 단기 영업 전략 수립

- 1~2년 주기 영업 전략 수립
- 수요 창출과 신속한 주문 처리 프로세스
- 제품의 독창성과 우월성을 적극적으로 홍보
- 초기 고객 중심의 접근 전략
- 초기 제품 기능 개선에 관심
- 영업 인력 및 조직 교육
- SNS, 블로그, 검색 광고, 이메일 마케팅 채널 활용
- 검색엔진 최적화 키워드 테스트
- 입소문 유통 채널 등 판매 채널 중점관리
- 개별화 인터넷 맞춤 광고 전략 수립
- 상품 전시회 참가

② 중기 영업 전략 수립

- 2~3년 주기 영업 전략 수립
- 고객관계관리 구현
- 고객 유지 수립
- 추가 판매 기회 발견
- 이익의 15~20% 정도를 고객 획득 비용에 지속해서 투자
- 고객 특성별 재구매율 분석과 영향력 요인 분석
- 네트워크 효과 이용
- 애플 스토어, 구글 플레이 등에 입점 활성화
- 제품 노출과 접근성 확대 노력

- 유통 채널 재정립
- 상품 매뉴얼, 웹사이트관리

③ **장기 영업 전략 수립**

- 3년 이상 영업 전략 수립
- 인터넷, 텔레마케팅 등 고객 유지관리에 중점
- 경쟁자 진입 단계로 제품 차별화 방안을 적극적으로 발견
- 추가 고객 획득을 위한 장기 전략 수립

핵심 역량 개발

핵심 역량 개발의 목적은 고객에게 다른 경쟁 기업이 제공할 수 없는 기능과 성능의 제품을 제공해 주는 데 있다. 고객이 원하고 필요한 것들을 필요로 하는 시기에 제공하는 것이 경쟁우위를 갖게 해주는 원동력이다. 핵심 역량 개발이야말로 경쟁 시장에서 이기고 살아남을 수 있는 유일한 전략이다.

핵심 역량이란 고객이 필요로 하는 가치를 경쟁자보다 효과적으로 신속하게 개발하여 고객에게 전달하는 데 필요한 역량으로 경쟁 기업과는 어떤 모양이든 차별화된 역량이다. 이러한 역량의 차이가 클수록 다른 기업이 쉽게 모방하지 못하므로 경쟁 상황을 벗어날 수 있게 해준다.

핵심 역량은 시장에서 나의 제품을 안전하게 지켜줄 수 있는 안전장치이다. 창업자가 개척한 새로운 시장에 후발 주자가 나의 제품을 본떠서 시장에 진입하는 것을 막아준다. 다른 경쟁자가 쉽게 따라서 만들 수 없는 차별적인 요소가 핵심 역량이고 핵심 역량이 많을수록 경쟁우위를 높게 해주는 원동력을 지닌 제품이다.

핵심 역량인 고객가치를 이것이라고 한마디로 말할 수 없다. 모든 고객이 각각 그들이 필요로 하는 욕구가 다르고 또한 어떤 면에서는 고객조차도 자신의 욕구가 명확하지 않고 수시로 변하여 구매 결정 순위를 바꿀 수 있기 때문이다.

제품으로부터 고객이 원하는 가치는 매우 다양하겠지만 크게 아홉 가지로 볼 수 있다. 비즈니스 모델 개발 시에 최소한 몇 가지의 고객 가치를 포함하고 있어야 새로운 모델을 개발할 수 있다.

고객 가치 구분

- 편의성
- 접근성
- 위험감소
- 디자인
- 비용 절감
- 저렴한 가격이나 무료 제공
- 기술적 혁신성
- 새로움
- 제품, 서비스에 특화된 고객 가치(구매력에 영향을 미치는 요인)

고객 가치로 핵심 역량을 구분하는 이유는 고객 가치로 시장을 세분할 수 있기 때문이다. 그뿐만 아니라 같은 목표시장 내에서도 고객은 자신의 고유 가치를 추구하는 경향이 다르고 수시로 변할 수 있기 때문이다. 그러면 핵심 역량이 실제 시장에서는 마케팅 전략으로 어떻게 진행되는가? 핵심 역량은 경쟁 기업, 고객, 시장, 제품 주기 등 여러 경영 환경적인 상관성이 매우 강하기 때문에 여러 대안을 놓고 깊이 생각하고 평가한 다음 선택하여 진행해야 한다.

핵심 역량에 대한 여러 대안 중에서 어떤 선택을 하느냐는 창업 기업을 성공 반열에 올려놓을 수 있느냐 하는 중요한 경영 의사결정이다. 다음은 시장에서 실제로 자신의 핵심 역량을 분석하여 성공적으로 시장에 진입하는 전략을 보여준다.

(1) 플랫폼 진입

플랫폼은 승강장을 의미한다. 승강장은 지하철, 버스 터미널에서 운송 수단과 승객이 만나는 장소이다. 승객은 승강장에서 비용을 지급하고 자신이 원하는 곳으로 갈 수 있다. 승강장에는 고객을 위해 다양한 서비스를 제공한다. 고객은 승강장인 플랫폼에서 자유롭게 놀 수도 있고, 누군가와 만나는 공간으로 다른 사람과 연결하고 상거래나 의견을 주고받는 공간으로 찾을 수도 있다. 플랫폼은 비즈니스를 하는 통로로 세상 자체를 바라보는 관점이 되고 사고방식을 결정하는 전략이 되기도 한다. 즉 플랫폼은 일종의 비즈니스 거래를 중개하는 통로이다.

플랫폼 유형

플랫폼은 크게 네 가지 유형으로 구분할 수 있으므로 창업자는 자신이 개발하고자 하는 제품과 서비스의 특성에 적합한 플랫폼을 선택하여 시장에 진입한다.

- **독점적인 거래관계 플랫폼**: 사업자가 하나의 우월적 플랫폼 사업자와 서비스 공급계약을 체결하고 플랫폼 사업자를 통하여 재화와 서비스를 제공하는 관계망이다. 콘텐츠 공급자가 소비자와 직접 관계망을 가질 수 없기 때문에 애플의 아이튠스처럼 폐쇄적인 구조를 가지는 플랫폼 구조이다. 공급자가 가격을 마음대로 정할 수 없고 제품 공급에 관한 모든 비즈니스 모델을 플랫폼 운영 사업자의 철저한 통제를 받는다.
- **거래 중계형 플랫폼**: 콘텐츠를 제공하는 사업자 그룹과 소비자인 이용자 그룹을 연결하여 거래를 중개하는 플랫폼이다. 플랫폼 운영자는 양 그룹 간에 정보를 탐색, 접근, 거래 비용을 중계하는 기능을 갖고 상거래 시에는 에스크로 기능을 지원하여 안전한 거래를 활성화한다. 이베이, 아마존, 앱스토어형의 플랫폼 관계망이다.
- **이해관계 연계형 플랫폼**: 페이스북, 구글 등과 같은 형태의 플랫폼으로 여러 다양한 이해관계자와 여러 그룹을 연결하여 거래를 중개해 주는 연결 중개형 플랫폼이다. 많은 이해관계자를 연결해 주므로 서비스료는 대부분 무료이고 수익 창출원은 광고, 정보 제공 등 공급자로부터 수익을 발생시키고 있다.
- **무료 공급형 플랫폼**: 안드로이드 오픈 소스 제공 플랫폼처럼 여러 사용자가 무료로 개발 관리하거나 저렴한 비용으로 재화를 공동으로 사용할 수 있는 플랫폼을 운영하는 것이다.

(2) 네트워크 진입

특정한 시장에서 표준 제품으로 인정되면 고객에게 선도 제품으로 인식되어 다른 제품보다 월등한 경쟁우위를 지닌다. 네트워크의 가치는 네트워크에 참여하는 사용자 수의 제곱에 비례(메칼프의 법칙)하며 따라서 잠재 고객이 제품을 인식하는 가치는 결국 네트워크에 참여하는 사용자 수가 결정한다.

신규로 참여하는 고객은 사용자 수가 가장 많은 기업이 가장 큰 가치를 제공한다고 인식해 대체로 사용자 수가 가장 많은 기업을 선택한다. 네트워크는 사용자 수가 많을수록 더욱 강력한 영향력을 지니기 때문에 선순환 사이클이 만들어진다.

네트워크 효과

- **네트워크 간의 경쟁은 수확 체증의 원리가 있다.**
  네트워크 내에 더 많은 사용자 수를 지니는 제품이나 서비스는 그렇지 못한 제품보다 앞서 나가고 뒤처지는 제품의 기업은 뒤처지는 경향이 발생한다. 네트워크 효과는 제품의 사용자 수에 비례하여 선형적으로 증가하는 것이 아니라 기하급수적으로 증가하는 편이다. 네트워크에 참가하는 사용자 수가 더 많을수록 네트워크는 더 가치가 있고 진입하는 비용이 더 저렴한 편이다.

- **네트워크 내에서만 경쟁 시장이 이루어진다.**
네트워크 간에는 경계를 가질 수 없다. 네트워크 간의 경쟁에서는 벤치마킹의 의미가 없다. 경쟁 제품의 기능과 디자인을 베낄 수 있을지 몰라도 경쟁사가 가지고 있는 네트워크 효과는 가질 수 없다. 모든 기업은 자신만의 시장을 가지고 네트워크 안에서 경쟁을 하는 구도이다. 기업은 특정의 산업에서 유일한 네트워크에 참여하여 선도적 제품으로 으뜸 위치에 도달하는 것이다.

(3) 서비스 수준(Service Level) 결정

최고의 고객 서비스를 제공할 수 있는 기업만이 고객 유지율을 높이고 고객 이탈을 막을 수 있다. 창업 기업은 반드시 이를 규율로 삼고 고객 서비스 수준을 높일 수 있는 조직 문화와 업무 처리 프로세스를 구축할 수 있어야 한다.

기존 고객 이탈을 막는 것은 신규 고객을 효율적으로 확보하는 중요한 수단이기도 하다. 기존 고객의 입소문이 신규 고객을 확보하는 데 있어 가장 비용이 저렴하고 가장 강력한 효과를 지닌 수단이기 때문이다. 고객 서비스가 핵심 역량으로 자리를 잡으려면 창업 구성원 모두가 한마음으로 일관성 있게 서비스를 제공하고 이를 계속 유지할 수 있어야 한다. 온라인 신발 쇼핑몰인 자포스는 '무조건 환급' 정책 서비스를 핵심 역량으로 채택하여 시장에서 선도적인 기업으로 성장할 수 있었다.

(4) 최저가 정책

가격 결정 정책은 매우 어려운 과정이다. 너무 가격이 낮으면 고객은 제품의 품질을 의심할 수 있고, 기대하는 가격보다 높으면 고객을 확보하는 데 많은 어려움을 가진다. 최저가 정책을 유지하려면 기술 개발 능력, 업무처리 프로세스 효율, 생산 규모, 고정비, 간접비, 조직 문화, 고객관리 등에서 원가우위를 가질 수 있는 저비용 구조를 정착시키는 내부 역량 강화가 필요하다. 창업자는 단지 나는 최저가 가격 정책을 써서 시장에 선도적으로 진입하겠다는 막연한 생각을 하고 있다. 그러나 이러한 생각은 내부 역량 강화 없이는 매우 위험하다.

(5) 사용자 경험 전략

사용자 경험 전략의 효과는 상상을 초월한 정도로 매우 크다. 최근 디지털 미디어 채널을 이용한 사회관계망인 SNS(Social Network Service)의 활성화로 인하여 사용자 경험에 대해 시장의 반응은 매우 긍정적이다. 사용자가 경험을 가질 수 있는 산업인 패션 산업, 음식 산업, 애플 등 전자 제품 산업 등에서는 사용자 경험에 따른 입소문 효과가 매우 크게 구매 행위에 영향력을 미친다. 사용자 경험인 입소문 전략이야말로 창업 기업을 성공적으로 이끄는 가장 좋은 전략이다.

(6) 무료 제공

인터넷망을 이용한 서비스 산업은 사용자에게 무료로 서비스를 제공하고 있다. 정보를 디지털 시장 환경에 맞게 디지털 콘텐츠로 만들어 사용자에게는 무료로 제공하여 많은 사용자 수를 확보하는 전략을 취하고 있다. 인터넷 사용 인구가 이미 30억 명을 넘고 있어 기업은 이러한 광대한 네트워크 시장에 참가할 수밖에 없다.

(7) 개별화 전략

디지털 데이터 분석을 통하여 고객별로 정확하고 차별화된 제품과 서비스를 개발하므로 고객 개별화가 가능하다. 고객 추천, 고객 감동, 개인화 기술, 감성 마케팅, 빅데이터 등으로 개별적인 디지털 콘텐츠가 제품과 고객과의 접점이 되는 상호관계를 활성화하고 있다.

(8) 지식 기술 기반 전문성

특허, 실용신안, 전문 기술력 등 지식재산권을 핵심 역량으로 삼을 수 있다. 지식재산권이나 기술 기반의 핵심 역량은 산업에 따라 매우 다르게 작용한다. 바이오 산업과 제약 산업, 디자인 산업에서는 특허 등 지식재산권은 제품과 창업 기업의 성공에 중요한 요인이다. 그러나 대부분 다른 산업에서는 지식재산권이 중요한 역할은 하지만 핵심적인 역량으로 사용되지 못하고 있다. 제품이나 기술 환경이 급변하게 변화하는 역동적인 시장에서는 특히 그렇다. 이런 시장에서는 지식재산권 자체보다는 그 분야의 전문성이나 잠재력, 평판이 핵심 역량으로 적합하다. 어쨌든 창업 기업은 기술과 역량을 갖추고 고객의 필요성에 적합한 혁신 제품을 꾸준히 창출할 수 있는 능력을 가져야 한다.

(9) 혁신 능력

조직 문화나 업무 처리 프로세스를 혁신적으로 수행할 수 있는 기업 내부 역량을 핵심 역량으로 삼아 시장에 성공적으로 진입할 수 있다. 고객과 밀접한 관계를 맺고 효과적으로 제품과 서비스를 개발함으로써 시장에서 유리한 고지를 지키고 경쟁 기업과 격차를 점점 더 크게 벌릴 수 있다. 경영 혁신은 시장에 신속하고 민첩하게 대응하는 소규모 창업 기업에서 채택하기 손쉬운 핵심 역량 전략이다. 하지만 기업 규모가 커지고 대규모로 집단화될 경우 독자적인 핵심 역량으로 유지하기는 쉽지 않다. 결국 모든 기업은 핵심 역량과 관계없이 항상 시장과 고객의 변화에 빠르게 적응할 수 있는 경영 혁신을 추진해야 한다. 변화에 빠르게 적응하지 못한 기업은 다른 차별적인 자신만의 핵심 역량이 없이 오래 가지 못한다.

(10) 차별화 전략

디지털 환경에서 성공한 대다수 기업은 이상적인 거래조건을 제안하거나 독창적인 아이디어를 제공하고 다른 경쟁 기업이 할 수 없거나 하지 않은 일을 하는 기업이다.

차별화로 성공한 기업은 다음과 같은 기업을 말한다.

- 고유한 공간과 고객 서비스, 기업 문화를 제공하는 기업이다. (Metro Bank)
- 흥미로운 아이디어를 제공하고 인상적인 고객 경험을 제공할 수 있는 기업이다. (Michael Lanning)
- 고객에게 프로답고 헌신적인 모습을 직접 보여주면서 고객 신뢰를 얻을 수 있는 기업이다. (SOL)
- "우리는 우리가 아니라 고객을 위해 존재합니다"처럼 고객이 '고객 만족'을 선택할 수 있게 하는 기업이다. (Shirley Hill)
- "왜 고객은 나의 제품을 선택할까?"의 생각으로 고객이 가능하다고 생각하는 것보다 적은 것으로 고객이 가능하다고 생각하는 것 이상을 하는 기업이다. "이

가격으로 어떻게 이런 좋은 제품을 제공할 수 있을까?" "설마 이렇게까지 서비스할 수 있을까?"를 생각하게 하는 기업이다. (John Doerr)

- 눈 깜짝할 사이에 훌륭한 음식을 제공할 수 있는 기업이다. (Pal's Sudden Service)
- 모든 직원은 그날 받은 전화와 이메일에 무조건 당일 답변을 할 수 있는 기업이다. (Quicken Loans)
- 고객이 정말로 필요로 하는 모든 지점에 정차하는 점대점 버스 운송 서비스를 제공할 수 있는 기업이다. (Megabus.com)
- 사람들이 깨끗한 공간에서 일하고 나아가 쾌적한 삶을 꾸리도록 돕는 것을 목표로 하는 기업이다. (WD-40)
- "우리는 사람들이 진정한 행복을 느끼기를, 삶의 기쁨을 찾기를 바랍니다"라고 말할 수 있는 기업이다. (SCF)
- "세상에서 우리보다 고객을 더 잘 이해하는 기업은 없습니다"라고 말할 수 있는 기업이다. (USAA)
- 고객에게 "우리는 불가능한 부분을 가능하게 만듭니다."라고 말할 수 있는 기업이다. (Fastenal)

• **교육자료** 차별화의 천재들(윌리엄 테일러, 토네이도 출판사, 2016)

위에 예시를 든 10여 가지 핵심 역량 전략은 일부에 불과하다. 창업자는 여러 가지의 핵심 역량 전략을 쓰지 않으면 생각한 대로 시장에 진입할 수 없다. 창업자는 자신의 제품과 경쟁하는 기업의 역량을 분석한 후 자신에게 맞고 잘할 수 있는 핵심 역량을 발견한 후 모든 구성원이 제품 개발에 꾸준하게 동참하게 하면서 핵심 역량 사업 기획과 사업의 핵심 역량에 대해 전략 수립을 항상 먼저 생각하고 제품 개발을 추진해야 한다.

핵심 역량은 창업 기업이 끝까지 지켜야 할 최후 방어선과 같다. 핵심 역량은 한 번 정하면 거의 바꿔서는 안 된다. 핵심 역량을 바꾸려면 창업 기업이 지금까지 쌓아온 경쟁 비교우위를 포기하겠다는 것과 같다. 그러나 창업 기업이 고객과 시장, 창업 기업의 내부 역량을 더 많이 알아가면서 핵심 역량을 바꿀 수는 있다. 우월적인 차별화 요소를 발견할 경우에는 처음 가졌던 핵심 역량을 바꿔야 한다.

예를 들면, 구글은 초기에 검색 엔진 알고리즘의 우수성을 핵심 역량으로 하고 검색 서비스 개발에 모든 내부 역량을 집중하였다. 그 후 점차로 검색 서비스는 처음부터 무료로 제공하고 검색 광고에 대해 새롭고 다양한 수익 모델 설계와 구글 사용자의 네트워크 효과를 이용한 수익 모델 개발에 차별화의 경쟁우위를 가졌다.

핵심 역량은 시장에 있는 잠재적 경쟁자와 차별화해 고객으로부터 최대한 가치를 얻는 가장 확실한 수단이다. 그러나 고객은 핵심 역량을 기준으로 제품이나 서비스를 구매하지는 않는다. 고객은 시장에서의 기업의 경쟁적 지위를 기준으로 제품을 구매한다. 창업자는 핵심 역량을 원동력으로 고객에게 차별화된 가치를 전달함으로써 경쟁적 지위를 얻고 결국 고객의 선택을 받는다. 창업 기업은 고객 확보, 고객 증가 및 고객 유지, 네트워크 효과 달성, 우수한 역량을 지닌 인재 영입 등에 핵심 역량을 집중할 때에 시장에서 선도적 지위와 경쟁우위를 확보할 수 있다.

창업자는 자신의 핵심 역량을 지속적인 성장을 위한 경쟁력으로 전환시키는 어려운 작업 과정을 반드시 가져야 한다. 자신의 창업 팀에서 기술과 전문성을 갖춘 적임자를 발굴하고 관련 분야에서 탁월한 외부 전문가를 찾아 네트워크를 형성하여 핵심 역량을 지속해서 경쟁력으로 전환시킬 수 있어야 한다.

▶ 시장 진입 프로세스

시장 진입 프로세스는 실제적으로는 제품 구상 및 개발 기획 과정에서부터 시작한다. 제품 구상을 하고 개발 기획에 대한 방향 설정, 제품 개발에 대한 자료 조사와 분석, 제품 디자인 구상, 디자인 제품 모델 설정, 시제품 제작과 샘플 제작 시장 진입 프로세스를 거친다.

시제품을 제작하고 제품을 시장에 진입시킬 때에 다시 한번 다음 사항을 확인한다.

- 제품이 제공하는 모든 기능을 점검한다.
- 시장에 맞는 기능이나 사양으로 변경한다.
- 시장에서 고객이 추구하는 가치에 적합한지 점검한다.

시장에 진입하기 위하여 샘플을 충분하게 제작한다. 샘플 제작 시에는 제품 양산 시에 발생할 수 있는 문제점과 장애 요인이 발생할 시 대응할 방안을 점검할 수 있다. 생산업체를 선정하고 작업 의뢰서를 작성하며 양산 제품 단가를 결정하며 생산 가능 수량과 품질 수준, 생산 시기 등 제품 양산 과정에서 일어날 수 있는 모든 문제점을 점검한다.

시장 진입 프로세스는 다음의 순서로 시장에 진입할 수 있다.

- 제품 패키지 디자인 개발
- 제품 양산 진행
- 마케팅 전략 수립
- 판매 계획 수립
- 유통 물류 채널 점검
- 양산 제품 검수 및 재고 관리
- 제품 판매 수행

• **교육자료** **11-2** 브랜드 론칭을 위한 14단계 프로세스

거점 시장으로부터 진입하기

목표 시장을 더 세분해 거점 시장을 확보한다. 초기 시장 진입은 거점 시장으로부터 출발하여 주변 시장으로 점차 확대한다. 창업자가 거점 시장을 중요시하는 이유는 에너지와 열정을 집중하여 시장에 진입하여 시장 진입 초기부터 성과를 볼 수 있기 때문이다.

가장 손쉽게 진입할 수 있는 시장을 선택해 거점 시장으로 정하고 이른 시간에 어느 정도의 시장 점유율 확보를 추진한다. 거점 시장은 작을수록 좋다. 창업자는 시장 선택을 잘못하는 경향이 높다. 먼저 가장 큰 시장부터 진출하고자 하는 욕망이 크기 때문이다. 창업자가 큰 시장을 무시하고 작은 거점 시장을 선택하기는 어렵고 힘든 일이다. 고객이 많을수록 시장 진입이 쉽고 성공 확률도 높고 창업 목적을 쉽게 달성할 수 있다고 생각하기 때문이다. 그러나 큰 시장일수록 창업자가 진입하기 어렵고 실패하기도 쉽다. 이미 경쟁자가 많이 있을뿐더러 고객은 사용자 경험에 따

라 익숙한 상품을 계속해서 사용하기 때문이다.

초기 창업자는 많은 장애물이 도사리고 있는 큰 시장에서는 단 하나의 장애물에도 쉽게 넘어질 수 있다. 작은 거점 시장이 최선의 대안이 아님에도 시장 진입의 가능성이 높을 경우에 창업 성공을 보장하는 지름길로 생각하고 단 하나만의 거점 시장이라도 먼저 선택해 집중해야 한다. 단 하나의 거점 시장에서 강력한 제품 포지션을 확보할 수 있으면 안정적이고 여유로운 현금 흐름을 확보할 수 있으며 또한 강력한 동력을 가지고 주변 시장으로 확대할 수 있다.

거점 시장에 있는 목표 고객은 몇 가지 특징을 지닌 그룹이다. 이러한 특징을 가진 그룹을 기준으로 시장을 더 세분할 수 있다. 너무 작은 시장에 진입하는 건 아닌지 걱정할 필요는 없다. 단기간에 시장 지배력을 확보하고자 하면 가능한 한 좁은 시장에서 출발해야 한다. 거점 시장의 고객을 세분하는 기준은 아래와 같다.

- 거점 시장 내의 고객은 모두 유사한 제품을 사용하는 그룹이다.
- 거점 시장 내의 고객 가치는 유사하다. 제품을 선택하는 이유가 유사하다.
- 거점 시장 내의 고객에게 미치는 구매 영향력은 유사하다. 광고, SNS, 입소문, 지역적 상권으로부터 유사한 영향력으로 구매 준거 기준이 있다.
- 같은 마케팅 전략으로 같은 효과를 지닐 수 있는 고객 그룹이다.

• **교육자료** | **11-3** 거점 시장 세분 사례

후속 시장 진입 전략

잠재 고객이 있는 시장이 우선 거점 시장이다. 그 다음으로는 후속 시장이고 인접 시장이다. 창업자는 우선 거점 시장에 성공적으로 진입한 후에 후속 시장과 인접 시장으로 진입을 고려한다. 후속 시장과 인접 시장의 특성과 규모를 조사하고 예측한다. 그리고 잠재 고객이 속해 있는 모든 시장에 대해 큰 그림을 그려 본다. 자신의 제품이 올바른 길을 가고 있다는 자신감을 다시 확인할 수 있고 거점 시장 뒤의 더 큰 시장 기회의 존재와 그 규모를 그려 볼 수 있다.

그러나 후속 시장은 거점 시장과 또 다른 특징을 지니고 있으므로 다른 접근 전략이 필요하다. 후속 시장은 대체로 두 가지 유형이 있다. 이미 확보한 거점 시장 내에

서의 확대 전략과 인접 시장으로 진입하는 시장 확대 진출 전략이다.

[후속 시장 진입 전략]

시장	고객	제품이 제공하는 수단 가치	특성	규모
거점 시장	• 같은 고객 • 재구매 고객	• 추가 기능 제공 • 고급화 전략 • 목표 고객 추가 요구사항 분석 • 신제품 개발	• 사용자 고객 대상 • 재구매율 증가 전략 • 홍보 광고 전략 • 기존 유통망과 영업망을 활용 • 제품 경쟁력 우위 유지	• 구매 우선순위 분석을 통한 시장 규모 추정
인접 시장	• 새로운 잠재 고객	• 새 기능, 품질 개선, 차별화된 제품 구성	• 새로운 마케팅 수단 • 새로운 가격 정책 • 새로운 유통망과 영업망 필요 • 거점 시장에서 쌓은 전문성과 규모의 경제 효과 활용 • 장기적인 성장 가능성: 제품 기획과 핵심 역량 구축 ※ 새로운 고객 관계망에 많은 시간과 비용이 드는 위험	• 창업자 제품이 혁신적이고 경쟁우위가 가능하면 인접 시장 진입 시 고객 확보 수월 • 인접 시장별 잠재 고객 규모 예측 • 총 유효 시장 규모 추정

• **교육자료** **11-4** 후속 시장 예측 사례

▶ 성장 전략 수립

최소 기능 제품으로 시장 테스트 과정을 거친 후 거점 시장을 공략한다. 제품의 여러 기능 중 어떤 기능을 앞세워 거점 시장을 공략할 것인가를 결정한다. 우선 거점 시장에 성공적으로 진입한 후에는 인접 시장에 맞는 제품 수정 전략을 수립하여 점차 주변 시장에 성공적으로 진출할 수 있도록 한다.

창업자는 제품의 성장 전략 수립에서 반드시 제품, 시장, 자금(현금 흐름)은 놓치

지 않고 검토할 부분이다. 이러한 세 부분에 중점을 두고 제품 계획을 수립한다. 제품 계획을 수립한다는 것은 결국 제품 성장 전략을 수립한다는 것이다.

창업자가 제품의 성장 전략을 수립하는 것은 이러한 계획을 세우는 과정을 통해 제품과 시장에 대해 새로운 가능성을 발견하고 전혀 예기치 못했던 장애 요인을 어떻게 극복하면서 기업의 성장을 지속할 수 있을까 하는 것이다.

그러나 창업자는 본인이 수립한 마케팅, 경영 전략 등 모든 경영 계획이 고객에게 향하는 중요한 여정으로 경영 목표에 이르기 위한 수단이고 출발점이 된다는 점을 명심해야 한다. 창업 여정에서 최종 목표를 향해 필요하면 언제든지 방향을 바꿀 수도 있다는 것을 의미한다.

제품 계획의 수립은 결국 총 유효 시장의 범위를 넓혀 시장 규모를 예측하고 각각의 시장 특성에 맞는 제품을 개발하여 고객이 필요로 하는 기능의 제품을 제공하고, 고객의 지갑에서 나의 지갑으로의 현금 흐름을 통해 필요한 자금을 원활하게 조달하는 것이다. 그러나 창업자는 고객이 자신이 제공하는 제품을 선택할 수 있게 하는 일이 가장 중요하다는 것을 잊지 말아야 한다. 그렇지 않으면 창업 기업은 인접 시장에 진출하기도 전에 모든 자원이 바닥나서 결국 주저앉게 된다.

(1) 제품 계획 수립

- 제품 개발 원칙을 수립한다. 제품 개발 계획 제도화, 품질관리 체계 및 개선 원칙 수립, 생산 프로세스 수립, 새로운 기능 개발 방향을 수립한다.
- 후속 시장에서 제품은 새로운 페르소나 분석을 하고 시장 수요와 창업 기업의 성장 전략에 따라 새롭게 전략을 수립하여 완전히 다른 제품, 기존 제품의 대폭 수정, 기능 재구성 필요성 검토, 똑같은 제품으로 진입 등 모든 가능성을 열어 두고 제품 계획을 수립한다.
- 제품 계획 수립은 항상 다음 목표에 대한 큰 그림을 갖고 세부사항에 집착하지 않는 범위에서 너무 많은 시간을 들이지 않고 수립할 줄 알아야 한다.

(2) 시장 확장 전략 수립

- 시장 확장 시점을 검토한다. 거점 시장에 존재하는 페르소나 분석을 통하여 하

나의 특정 시장인 거점 시장에서 강력한 지위를 점유하면 독점적인 시장 점유율을 확보한다고 볼 수 있다.

- 거점 시장은 다음 시장으로의 이동할 수익 지대인 도약대이다.
- 후속 시장의 특성은 대부분 거점 시장과는 다른 특성을 보이지만 창업자는 핵심 역량으로 이를 극복하여야 한다.

(3) 자금(현금 흐름) 예측

현금 흐름이 (+)로 돌아서면 다음 시장으로 진입할 준비를 한다.

Chapter 7 • 기업을 성장시키는 기술

12단계 기업 성장은 어떻게 하는가?

12단계

기업 성장은 어떻게 하는가?

창업자가 시장에 적합한 완전한 제품을 출시한 후에도 창업 성공의 모든 단계와 절차가 끝난 것은 아니다. 창업자는 처음으로 돌아가 '창업 알기' 부문을 다시 읽어야 한다. 그동안의 나의 창업 여정이 올바른 창업의 길을 걸어가고 있는가 뒤돌아볼 수 있는 여유와 기회를 갖기 바란다.

'창업 알기'를 다시 읽으면서 지난 52주간의 창업 여정을 다시 한번 회상하기를 바란다. 이제 갓 출발한 '나의 창업 기업'이 이 세상에서 생명을 유지하고 앞으로 나아가기 위해서는 무슨 일을 어떻게 해야 하는가를 생각하면서 마음의 자세를 굳건하게 갖기를 바란다.

기업을 확장하는 과정에서 반드시 배워야 하고 선하고 정의롭게 생각할 줄 알아야 하고 효율적으로 경영 과제를 해결해 나가는 실력을 갖추려는 굳건한 의지가 필요하다. 서두에 잠깐 언급한 어느 중소기업 경영자의 말을 항상 생각하여야 한다.

"꾸준함을 이길 그 어떤 재주도 없다."

지금부터 창업자로서가 아니라 경영자(Chief Executive Officer: CEO)로서 또 다시 배워야 하고 풀어 나갈 과제들을 나열해 보았다.

- 기업 설립
- 창업 기업 조직(팀) 정비
- 창업 기업 인사관리 규정 및 조직 구조 설계 방안
- 제품 개발 전략 수립

- 영업관리 및 판매 전략, 마케팅 전략 수립
- 고객관계관리 정립
- 재무관리 계획과 자금관리, (창업 후 3개년간의)현금 흐름표 작성
- 투자 유치 계획 및 투자 사업 계획서 작성
- 창업 기업 리더십 정립, 창업 기업 비전 및 경영 전략 수립
- 사업장 확보 및 사무실 집기 구매
- 잘 나가는 주위 사업 기업의 경영 정신 베끼기 활동
- 경영 지식 갖추기
- 기타 예측하지 못했던 경영 활동

▶ 사업 계획서 작성

사업 계획서 작성은 사업 목적(Why?), 사업 대상(What?), 사업 경영(How?)의 구조로 작성한다. 사업 계획서는 일종의 사업 추진 계획서로 아래의 사항을 참조하여 본인의 의지대로 새롭게 작성하면 좋다. 다른 기업의 사업 계획서를 참조할 수 있으나 생산하는 제품과 서비스가 다르므로 본인의 사업에 맞게 새로이 작성해야 한다. 비슷하게 작성하면 사업 계획서를 읽은 사람에게 별다른 감흥을 주지 못한다.

자기 생각을 자신만의 스타일로 "Why?(제품을 왜 개발하여야 하는가?)" "What?(무엇을 개발하는가?)" "How?(어떻게 사업 경영을 할 것인가?)"를 진실하고 성실하게 작성하는 게 좋다. 조금이라도 남을 속일 생각으로 작성하면 읽는 사람은 곧 눈치를 채고 흥미를 잃게 되고 결국 창업자의 역량과 순수함을 의심하게 된다. 사업 계획서를 잘 쓰려고 하지 말고 진실하게 내가 만든 제품을 사용하는 고객의 입장을 공감하고 이해하면서 자신만의 사업 계획서를 작성하면 무난히 잘 쓴 사업 계획서가 될 수 있을 것이다.

(1) 사업 계획서 이름

창업자는 기업을 설립하려는 목적을 정확히 갖고 있어야 한다. 또한 창업자의 창업 의지를 나타낼 수 있는 의미를 지닌 한마디 구절로 표현할 수 있어야 한다. 그

한마디 구절이 창업 의지를 잘 표현하고 누구에게나 사업 설립의 목적을 쉽게 전달할 수 있기 때문이다.

- “세상으로 나아가는 길(Road to the World)”
- “행복으로 초대”
- “서울을 아름답게 만들기”
- “건강한 삶, 행복한 생활, 아름다운 관계를 위하여”

1) 제품(서비스) 개요

① 제품을 개발하는 필연적 이유(개발 목적: 산업적 측면)

② 주요 기능 및 특성

③ 제품(서비스) 용도 및 필요성(개발 목적: 사용자 측면)

④ 제품 개발에서 극복할 사항(창업 기업은 이런 극복할 사항을 어떻게 극복하였는가를 보여줄 수 있는 숫자, 기능, 성능, 디자인, 품질, 사용자 편의성 등을 시각적으로 표현)

- 시장의 특성 및 한계점(불확실성)
- 사용자의 특성(수요 창출의 어려움)
- 제품 개발의 어려움

2) 기술 및 전문성

① 개발 기술(제품 및 서비스)의 개략도(그림 · 사진 · 도면 등 사용)
최종 제품(서비스)의 전체 시스템 구성도 및 세부 구조(절차)

② 기존 제품(서비스) 대비 차별성, 우위성, 응용 가능성

- 핵심 기술 확보 방안 및 차별화 요소
- 경쟁 기술(제품) 대비 기술우위 방안
- 기술적 장애 요인 및 해결 방안

③ 창업자 및 창업 팀의 전문성

- 창업자의 전문 분야 및 보유 경력, 사업 아이템과의 관계
- 프로젝트 수행 전문 및 관련 경력
- 사업 단계별 추진 계획

3) 사업성 및 성장 가능성

① 국내 · 외 관련 기술(제품) 동향, 경쟁사 현황

- 국내 · 외 관련 기술(제품)의 개발 현황과 문제점, 향후 발전 전망
- 유사 기술(제품)을 제공하는 경쟁사의 현황 및 당사의 강 · 약점(핵심 역량 분석)

② 시장의 성장성 및 진입 가능성

- 잠재 고객 및 판매처
- 총 유효 시장의 규모 및 예측 수요

③ 판매 전략 및 마케팅 방안

- 제품 홍보 및 판매 방법
- 수익 창출(매출 확보) 방안

(2) 추정 손익계산서 작성

추정 손익계산서

항목 \ 연도	1년차	2년차	3년차	비고
매출액				
매출원가				
매출총이익				
판매비 및 일반관리비				
영업이익				

• **교육자료** | **12-1** 사업 계획서 사례

회사 소개서 작성

회사 소개서는 사업 계획서에서 다룬 내용 중에 제품, 고객, 판매 계획, 제품이 제공하는 기대효과 등을 위주로 작성하면 좋다. 회사 소개서는 여러 사람에게 공개적으로 알릴 수 있는 내용이면 된다.

회사의 장점 위주로 회사 이름, 주소, 연락처, 경영자 인사말, 사훈 및 경영 방침, 기업 내력, 기술 자원 보유 현황, 사업 분야, 주요 생산 제품 소개(개요, 특징, 용도, 사양, 타 제품과 차별성 등), 사용자 편의성, 제품 사용자 사례, 생산공정 및 생산 설비 현황, 조직 구성, 개발 인력 구성, 재무 현황, 마케팅 계획 등으로 작성할 수 있다.

투자 제안서 작성

투자 제안서는 벤처 캐피털, 엔젤 투자, 창업 투자 자문 기업 등에 제출하는 것으로 주로 투자 유치를 목적으로 작성한다. 투자 유치는 아래의 절차와 같이 진행되고 있다.

① **상담**: 전화, 우편, 메일, 직접 방문을 통하여 상담
② **예비 검토**: 계획 사업의 개략적 검토로 본 심사 여부 결정하는 과정
③ **본 심사**: 경영 능력과 기술 우수성, 시장 매력, 제품 차별화, 경영 성과(매출 추세) 등을 검토하여 투자 여부를 심사(투자심사위원회)
④ **투자 예비 검토**: 투자 계약 조건 협의 및 계약 체결
⑤ **투자**: 계약 내용에 따른 투자
⑥ **경영 기술 지원**: 투자 후 기업의 성장을 위한 금융 및 경영 기술상의 지원

투자 유치 전략, 투자 협상을 위한 도구, 투자 유치 시 유의사항, 투자 경향, 투자 심사 기준, 벤처 기업 공개, 투자 유치 시 재무 비용 등은 교육자료를 참고하여 의사 결정을 한다.

투자 제안서

- **회사명**: 사업 목적(사업명)
- **회사 내력**
- **회사 조직**: 개발 인력 현황
- **제품 개발의 필요성**: 시장에서 필연적 수요, 왜 제품 개발이 필요한가? 소비자 기대효과
- **제품 소개**: 제품명, 주요 특징, 기능, 우수성
- **차별적 우수성**: 경쟁 제품 비교 분석(3~5개 제품, 5~7개 기능 항목)
- **마케팅 전략**: 주요 수요처, 수요량, 수요 시기 등을 마케팅 전략과 병행 작성
- **재무 현황**: 매출 성장액(추정), 수익 증가율(추정), 상환 시점 등
- **자금 소요 계획서**: 투자 금액, 투자금 사용처, 투자금 사용 시기
- **끝맺는 인사말**

투자 제안서는 보통 15~20페이지 정도로 간결하게 주요 요점을 중심으로 회사 소개서와 사업 계획서에서 발췌하여 투자 유치 목적에 맞게 수정하여 작성한다.

자금 소요 계획서 작성

자금 소요 계획서 (단위: 백만 원)

구분	항목	금액
개발비(R&D)	신제품 개발비	000
	임상 시험비	000
시설 투자비	공장 매입	000
	생산 설비 구축	000
	생산, 기기 구매	000
재료비	원재료 매입비	000
마케팅	국내 홍보비	000
	해외 시장 개척비	000
	특허 및 허가 취득	000
기타	일반 운영비	000
자금 사용처	영업, 연구 인력 확보	(000)
	연구소 시설 확보	(000)
	제품 생산 시설 확보	(000)
	생산 관련 직·간접 비용	(000)

• **교육자료** **12-2** 투자 절차 및 투자 관련 정보

▶ 창업 기업 성과관리

창업자는 창업 기업을 성장시킬 의무가 있다. 창업 기업의 경영 활동을 측정하고 관리할 수 있어야 한다. 경영 활동 결과를 관리하기 위해서는 핵심 성과 지표(Key Performance Indicator)를 설정하고 주기적으로 측정하고 관리한다. 창업 기업이 핵심 성과 지표를 관리하는 것이 중요한 이유는 여러 가지이다.

- 지속 가능한 창업이란 반복 가능하고 확장할 수 있는 비즈니스 모델을 검증하고 발전시키는 것을 의미한다.
- 핵심 성과 지표 결과를 분석하고 변화의 의미를 앎으로써 창업 제품을 더 고도화시킬 수 있는 요인을 찾을 수 있다.
- 제품에 대한 고객의 반응을 실시간 반영하고 개선할 수 있다.

[성과관리의 네 가지 관점]

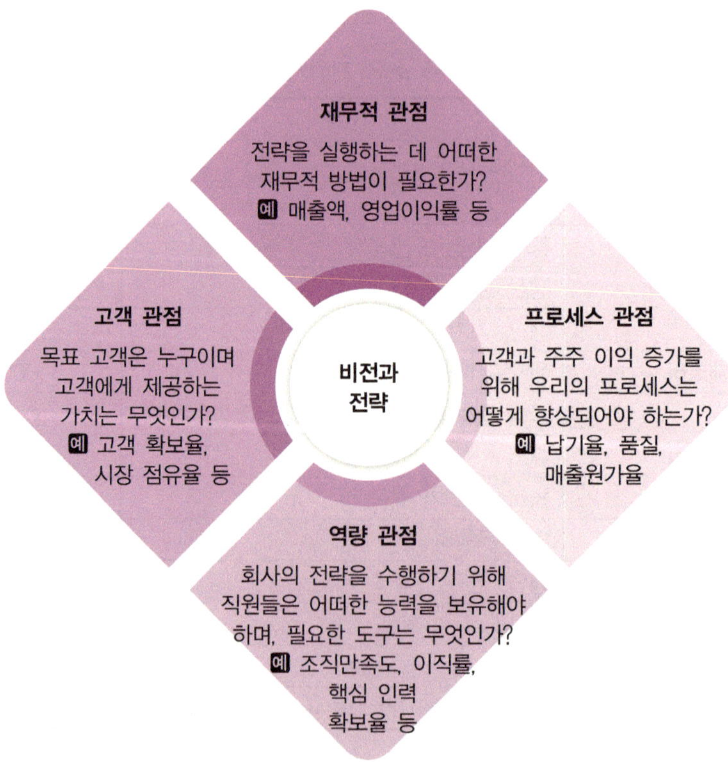

- 모든 고객의 요구를 반영하기보다 핵심 고객의 피드백을 최우선으로 반영하고 신속히 대응할 수 있다.
- 창업 조직의 내부 프로세스 및 관리 시스템을 구축하고 안정화하는 데 많은 도움을 받을 수 있다.

• 교육자료 | **12-3** 창업 기업 성과관리 사례

▶ 창업 기업의 경영 전략

경영 전략이란 전통적으로 생각하고 있는 기업의 3요소인 사람(Man), 기계(Machine), 돈(Money)을 수단으로 기업의 장기적인 목표의 결정과 그 목표를 달성하기 위한 행동을 결정하고 경영 자원을 배분하는 것이라고 할 수 있다. 그러나 현대 기업 경영에서는 경영 역량, 마케팅 역량, 고객관계관리, 정보관리, 경영관리 시스템, 경쟁관계, 투자 위험관리 등 매우 복잡하고 서로 연관된 자원을 가지고 종합적이며 전사적으로 경영 전략을 수행하고 있다.

결국 경영 전략이란 경영자가 전사적으로 전략 기획(구매관리, 생산관리, 판매관리, 재무관리, 인사관리, 고객 서비스관리, 마케팅관리, 정보관리 등)을 계획, 조직, 관리, 조정, 통제하는 모든 경영 활동을 의미한다고 할 수 있다.

(1) 경영 전략 수립의 단계별 절차

경영 전략의 수립 절차 및 세부 구성은 각 회사의 경영 환경과 내부 역량, 경영자 의지 등에 따라 달라진다.

경영 전략 수립 절차는 ① 창업자가 자신이 처한 경영 환경을 관찰하고(현황 분석), ② 거시적 방향을 설정한 후(전략 방향 수립), ③ 세부적 경영 전략을 수립하고(경영 전략 수립), ④ 실천적 이행 방안을 도출하여 실행한 후(실행 계획), ⑤ 경영 성과를 관리하고(성과 분석), 제반 장애 요소를 적절히 관리하고 순방향으로 유도하는 프로젝트관리와 변화관리의 단계별 절차를 따른다는 것을 의미한다.

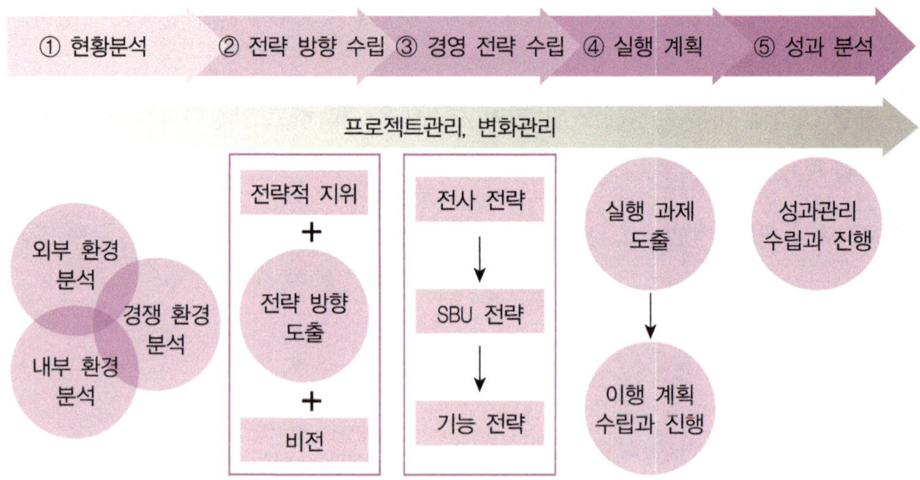

(2) 창업 기업의 경영 전략

창업 기업의 경영자는 제품, 고객, 시장에서의 지위, 사업 역량, 시장 및 사업 환경을 알고 ① 경쟁우위 획득 방안과 ② 미래 사업 기회 포착에 대한 경영 전략을 수립하고 수행하여 그 결과를 분석할 줄 알아야 한다.

1) 현황 분석

① 외부 환경 분석

외부 환경은 기업을 둘러싸고 있는 직접적이고 간접적인 영향을 미치는 모든 요인의 정태적이거나 동태적인 외부 상황을 분석한다.

- 거시 환경 분석: 기업의 거시 환경을 분석하여 변화와 추세를 파악
  - PEST 분석
- 산업 구조 분석: 산업의 구조적 특징 분석을 통해 시장 매력도를 파악
  - 5 Force 모델, CSF 분석, Value Chain 분석
- 경쟁 환경 분석: 경쟁 시장 내 경쟁자의 경쟁력 원천과 우위를 파악
  - Competitor 분석, 경쟁우위 분석, SWOT 분석
- 산업 진화 분석: 산업 구조 생성과 소멸 분석을 통해 미래 방향을 예측
  - Product Life Cycle 분석, Scenario 분석
- 외부환경 분석 시사점 도출: 창업 기업의 의사결정과 경영 성과에 영향을 주

는 외부적 요인을 파악

– Opportunity Threat 분석, Market Requirement 분석, 산업 매력도 분석

② **내부 환경 분석**

창업 기업의 사업 및 재무적 성과를 파악하고 이에 대한 원인을 제품, 서비스 및 고객에게서 그 원인을 찾아 내부 역량인 인프라, 프로세스, 인력 등에 대해 열위 및 경쟁우위를 파악한 후에 미래 사업 환경에 요구되는 전략 및 요구 역량에 대한 시사점을 도출하는 분석이다.

• 사업 및 재무성과 분석: 창업 기업의 재무성과에 대해 종합적인 분석을 통해 수익성의 원천과 수익의 규모, 수익의 특징을 파악

– EVA, ROIC, Accounting Based 측정, Cash Value Added 분석

• 제품 고객 분석: 제품 서비스의 적정성 및 고객에 대한 분석을 통해 목표 시장을 이해

– 제품 · 서비스 평가 모델, Market Map 작성, 제품 품질 평가, 고객만족도 평가, 고객 세분화 분석, Financial Contribution 분석

• 내부 역량 분석: 고객에게 제공하는 가치를 수행하는 주요 활동의 내부 보유 역량의 파악

– 비즈니스 모델 분석, Business Flow 분석, 핵심 경쟁우위 분석, 조직 측정 7-S 모델, 내부 능력 분석

• 내부 환경 분석의 시사점 도출: 회사의 성과 및 보유 역량의 핵심 이슈를 발견하고 성과 향상을 위한 전략적 시사점을 도출

– 장점 · 약점(Strengths · Weakness) 분석, 경쟁우위 분석

2) 전략 방향 도출

① **경영 전략적 지위 및 핵심 이슈 분석**: 산업 내 경쟁적 지위 평가

• Strategic Position 분석, 핵심 이슈 도출, 이슈 중요도 · 연관도 분석

② **전사적 전략 방향 대안 도출**: 전사적 전략 방향에 대안 평가를 통한 미래 전략 방향의 결정

• Frameworks for Option Generation

③ **전사적 전략 방향 대안 평가 및 선정**: 전략 방향 대안 평가를 통한 미래 전략

방향 결정

- Life Cycle 분석, Core Competency Fit 분석, Scenario Risk 분석

④ 비전: 미래 전략 방향의 비전 확립

- Vision Diagnosis, Vision/Mission Bench Marking, Vision Documentation

3) 경영 전략 수립

① 목표 설정: 경영 전략 수립의 목적에 맞게 측정 가능한 구체적 목표를 도출하여 경영 성과 달성에 대해 목표를 설정

- Vision KPI, BSC 목표 설정, Gap 분석

② 전사 전략 수립: 전사 사업에 대해 포트폴리오 전략 수립과 전사적인 재무 전략을 수립

- BCG 매트릭스 분석, GE 매트릭스 분석, Customer Needs 매트릭스, 성장 전략, 신규 사업 전략, 포트폴리오 Roadmap, 전사 전략 Roadmap

③ SBU 전략 수립: 사업 부문별 달성할 세부 경영 전략 수립

- 전략 요구사항 분석, 원가우위 경쟁 요소 분석, 목표 성취도 분석, 과제 정의서, 일정계획

④ 기능 전략 수립: 사업 기능별 달성할 세부 경영 전략 수립

- 전략 요구사항 분석, Value Chain CSFs, 개선 기회 도출, 프로세스 설계, Business Case, Gantt Chart, 변화관리 계획

4) 실행 계획

① 실행 과제 도출: 장·단기 실행 과제 도출(전사 전략, SBU 전략, 기능 전략)

- 추진 과제 도출 흐름, Strategy Tree

② 실행 과제 우선순위화: 실행과제 우선순위화 설정

- 선·후행 관계 분석, 우선순위화 매트릭스, 전략 중요도 평가, 추진 과제 Roadmap

③ 실행 과제 정의: 과제 정의서 작성

- 과제 정의서

④ 이행 계획: 모니터링 계획(일정, 추진 조직, 변화관리)

• Gantt Chart

5) 성과분석

경영 전략 성과에 대해 성과관리 수립과 진행, 결과 분석을 한다.

• KPI 분석, BSC 성과관리 분석

• **교육자료** 경영 전략 수립 방법론(김동철, 서영우, 시그마인사이트컴, 2008)

창업 기업의 마케팅 전략

창업 기업은 시장 진입 후 창업 2차 연도가 생존의 최대 고비이다. 약 40%의 창업 기업만 창업 후 생존 기간이 3년 이내에 불과하다. 그러므로 창업 기업이 시장 진입 후 3차 연도까지 견딜 수 있으면 시장에서 퇴출 위험이 현저히 줄어들고 새롭게 다음 단계로 성장할 수 있는 기반을 다질 수 있다.

업종별, 기업 규모별, 지역별로 경쟁 상황에 따라 창업 기업의 생존과 성장 단계는 다르겠지만, 성공적인 창업 기업은 성장 단계에 진입하는 데 일반적으로 약 4년이 소요된다. 창업 기업의 규모가 작을수록 성장 단계에 진입하는 속도는 빠른 편이나 아주 영세한 창업 기업은 시장에 진입하기도 전에 소멸하는 경향이 있다.

소규모의 창업 기업이 직면하고 있는 마케팅 전략의 문제점은 ① 경쟁 제품과의 차별화, ② 매출 증가를 위한 고비용 서비스, ③ 경쟁 제품과의 가격 차별성, ④ 매출과 연계한 고비용 저효율의 광고 전략, ⑤ 판매 촉진에 드는 과도한 비용, ⑥ 판매 인력 확보와 무한으로 들어가고 있는 직 · 간접 비용 증가 등이다.

창업 기업은 이러한 마케팅 전략의 문제점과 자원의 한계를 파악하고 아래와 같이 효율적인 마케팅 활동을 전개할 수 있도록 노력해야 한다.

• 경쟁 제품과 경쟁하는 마케팅 전략보다는 자신의 잠재 고객에게 차별화 마케팅 전략을 수행하여야 한다.

• 시장 점유율보다는 고객 점유율을 증가하는 마케팅 전략을 수행하여야 한다.

• 목표 고객 집단을 대상으로 하는 대중 마케팅 전략보다는 일대일 마케팅 전략을 수행하여야 한다.

창업 기업의 마케팅 전략 프로세스

창업 기업의 마케팅 전략 프로세스는 고객의 수요(Need & Want))를 충족시킬 수 있는 제품과 서비스를 창출하는 데 목표를 두고 마케팅 전략을 수행한다.
다시 말하면 마케팅 전략 프로세스란 ① 기능·가치를 제공할 수 있는 제품(Product)을 ② 어느 시장(Market)에서 ③ 누구(Customer)에게 ④ 어떤 방법(Promotion)으로 ⑤ 어떻게 팔리게(Sale) 할 것인가를 결정(Strategy)하는 것이다.

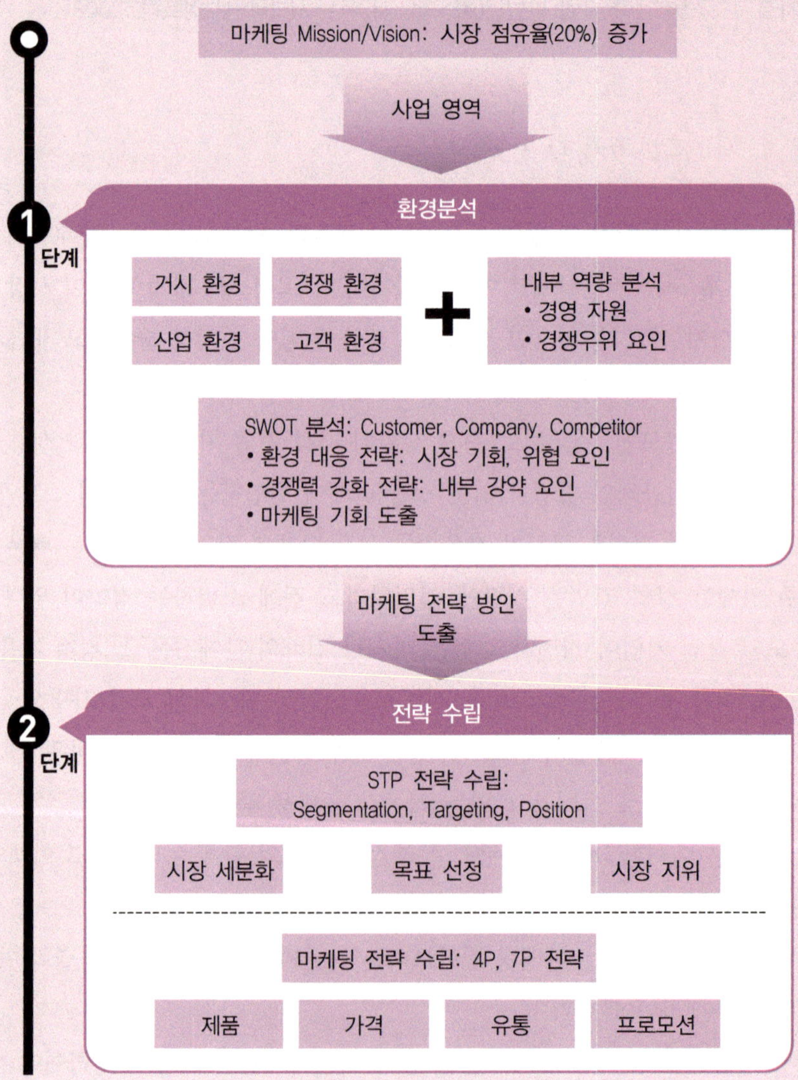

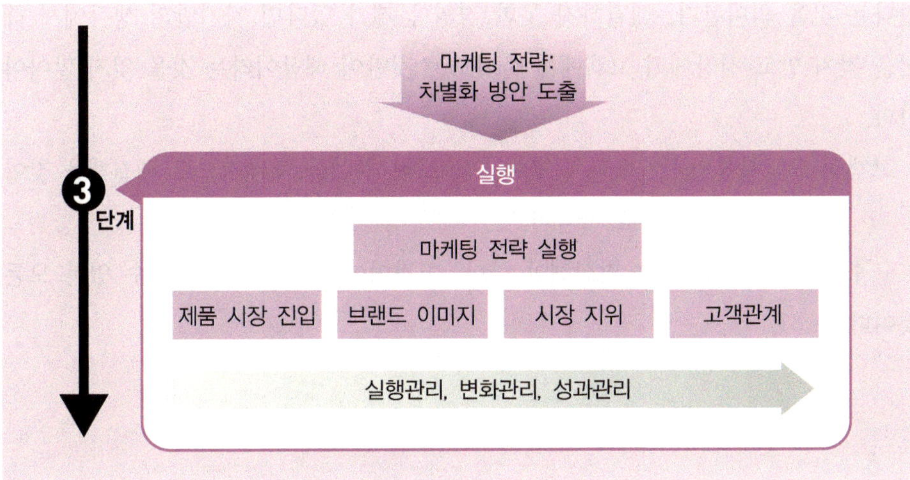

- 매출 증가에 직접 영향을 가질 수 있는 관계 마케팅 전략을 수행하여야 한다.
- 목표 고객에게 단방향 커뮤니케이션 채널보다는 양방향 커뮤니케이션 채널을 사용하여야 한다.

▶ 창업자의 영원한 여정

창업자는 '자기만의 편협된 시각'을 갖고 실행에 옮기는 일은 절대로 있어서는 안 된다. 특히 고객과 관련된 정보인 시장 조사와 제품에 관한 자료에 대해 주관적인 견해를 가져서는 절대로 안 된다.

"꾸준함을 이길 그 어떤 재주도 없다"라는 말처럼 사업가는 꾸준한 학습과 수정을 통하여 반복적으로 문제를 해결하는 과정에 순응하여야 한다. 이것이야말로 창업자가 지녀야 할 덕목이고, 실천하여야 할 방향이고, 갖춰야 할 지성이고, 생존 상황에 맞는 행동 윤리 강령이다.

창업자는 이제 '창업자 정신'에서 '기업가 정신'으로 경영철학의 방향을 바꿔서, 고객을 생각하면서 끊임없이 자신의 아이디어와 제품을 테스트하고 자신의 경영철학을 생각하고 과감하게 앞으로 나갈 때 창업 기업을 성공적으로 이끌 수 있다.

기업가 정신이란 미래를 읽는 기술을 익히고 혁신의 변화에 앞장서서 나아가야 한다는 것을 의미한다. 해결하지 못한 경영 문제가 있다면 자기만의 생각에서 해답을 찾지 말고 시장에서 고객에게 물어보는 것만이 해답이라는 것을 잊지 말아야 한다.

고객의 요구사항인 '원하는 것(Want)'을 포착해 이를 체계적으로 해결책을 찾아 '필요한 것(Required)'으로 만들어 '고객에게 제공'하는 것만이 '지속적인 성장을 추구'할 수 있다는 사실을 명심해야 한다. 이것이야말로 이 책이 줄 수 있는 모든 것이다.

Appendix

부록

● 교육자료

교육자료 1-1 창업 기업 실패 원인

각국 벤처 기업 3년 생존율(%)

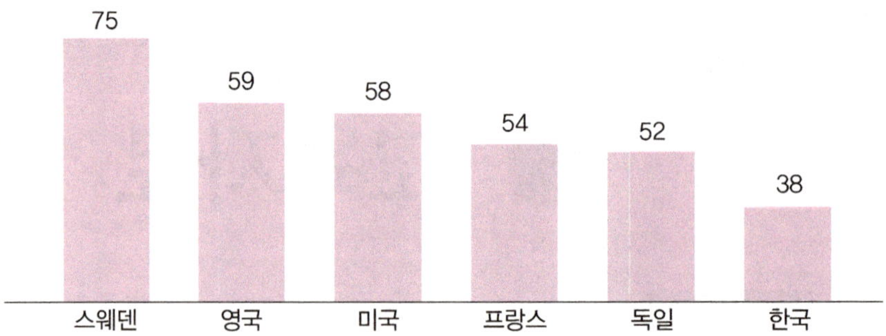

출처: 2016년 국세통계연보, OECD 기업가정신 보고서(OECD Entrepreneurship at a glance 2015)

- 우리나라 창업 기업의 3년 생존율은 38%이다.
- 창업 기업의 5년 생존율은 30% 수준이다.

[사례]

전 세계에서 가장 큰 도시락 회사로 자리매김한 스노우폭스사의 CEO 김승호 대표는 저서 『생각의 비밀』에서 다음과 같이 회고한다.

"미국에 와서 처음 연 것은 이불 가게였다. 미국의 조각이불(퀼트) 가격은 한국보다 열 배 이상 비쌌다, 이를 이용한 차액을 노려 본 것이다. 그러나 미국 소비자들은 이불 색깔과 커튼, 침대보, 베개까지 세트로 구매하는 사람이 많았고, 당시 한국은 '세트'라는 개념이 없었다. 소비자 문화를 이해하지 못하는 바람에 손님이 들어와도 살 수 있는 물건이 없었다. 기초적인 시장 조사도 없이 시작한 사업은 그렇게 문을 닫았다. 시장이 먼저라는 교훈을 얻었다."

스타트업이 실패한 원인 20가지(Top 20 Reasons Startup Fail)

• 미국의 벤처캐피털 전문 조사기관인 'CB Insights'의 실패한 스타트업 101개사 분석 보고서 현황

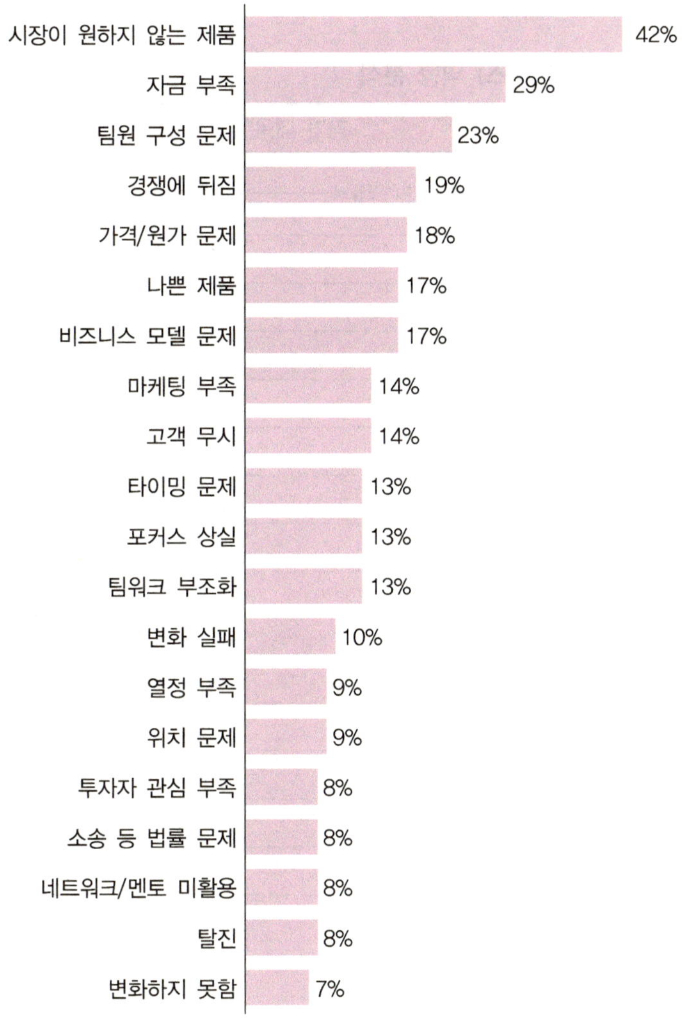

출처: CB Insights

교육자료 1-2 IoT 칫솔 제품 창업자의 역량 분석 사례

제품(칫솔 부착 IoT 디바이스) 역량 분석

진단 항목		평가 내용	개선할 점
기술 역량	제품/기술의 발전성과 파급효과	• 매우 미흡(1점) ←——→ 매우 양호(7점)	
	제품의 컨셉		
	제품의 디자인		
	가격		
	시장 매력도		
마케팅 역량	판매력/판매 채널		
	고객 확보/유지 능력		
	신규 고객 창출 능력		
	판매 촉진/서비스 전략		
	시장 Position 전략		
생산 역량	제품 개발 능력		
	생산 설비		
	품질 관리		
	생산 인력		

아이템명: 창업자 역량 분석

<table>
<tr><th colspan="2">진단 항목</th><th>주요 내용</th><th>개선할 점</th></tr>
<tr><td rowspan="3">1.
창업
목표</td><td>경제적 목표</td><td>• 제품 출시 후 10만 개 판매(순수익 2억 5천)</td><td rowspan="3">→영업 이익률 개선(개당 순수익을 높이기 위한 전략 필요)</td></tr>
<tr><td>개인적 목표</td><td>• 뷰티 & 헬스 서비스 및 제품 제공</td></tr>
<tr><td>사회적 목표</td><td>• 아름다워질 수 있는 습관 주는 회사</td></tr>
<tr><td rowspan="5">2.
창업
아이템</td><td>시장성</td><td>• 사용자 그룹 확보: 30만 명/년</td><td rowspan="5">→원가 절감을 위한 디바이스 개발 계획
→게임 캐릭터를 활용한 추가 비즈니스 모델</td></tr>
<tr><td>기술성</td><td>• 특허 출원</td></tr>
<tr><td>수익성</td><td>• 합리적 가격의 보급형 디바이스
• 원가 절감 및 수익성 개선 가능</td></tr>
<tr><td>독창성</td><td>• 게임 콘텐츠의 독창성(캐릭터)</td></tr>
<tr><td>사회적 기여도</td><td>• 습관 개선을 통해 아이들의 건강 증진</td></tr>
<tr><td rowspan="4">3.
창업자
역량</td><td>전문성
(기술, 영업)</td><td>• 디바이스 영업, 마케팅에 대한 높은 이해도</td><td rowspan="4">→디바이스 및 게임 SW 개발 프로세스 필요</td></tr>
<tr><td>관련 지식</td><td>• 경영 전반에 대한 지식</td></tr>
<tr><td>관련 경험</td><td>• 마케팅 경력</td></tr>
<tr><td>기업가 정신</td><td>• 애플리케이션 론칭, 스타트업 업무 경험을 통해 기업가 정신을 경험해 봄</td></tr>
<tr><td rowspan="2">4.
창업
자금</td><td>필요 자금</td><td>• 1억 5천만 원</td><td rowspan="2">→추가적으로 필요한 1억 원의 자금 확보</td></tr>
<tr><td>확보 자금</td><td>• 5천만 원</td></tr>
<tr><td rowspan="2">5.
창업 팀</td><td>필요 업무 및 인원</td><td>• 디자이너(1명), 게임 개발자(1명)</td><td rowspan="2">→현금 흐름이 원활</td></tr>
<tr><td>추가 확보 인원</td><td>• 1년 이내 디자이너, 게임 개발자(각각 1명씩) 고용</td></tr>
</table>

제품(칫솔 부착 IoT 디바이스) 개발 계획서

구분	항목	추진 사항	추진 일정											비고 (확인)
			2월	3월	4월	5월	6월	7월	8월	9월	10월	11월	12월	
개발 계획	제품 구조 설정	• 어린이(6세~8세) 손 사이즈에 맞춘 디자인 • 안정성을 고려한 비충전형 사용 • 방수 기능을 갖춘 외관 구조	→	→	→									
	개발 방안 결정	• 저렴한 가격으로 양산이 가능한 업체와 외주 제작 계약		→	→									
	원가/ 투자비 검토	• PCB 원가 0천 원, 외형 0천 원, 약 00천 원 대 원가 설정 • 개발 투입비용은 000천만 원 이내			→	→								
	상세 개발 계획	• 1차 PCB 제작 후 3D 프린팅 목업으로 테스트 • 기구 설계 후 2차 PCB 제작 → 시제품 제작				→								
개발	제품 구조 설정	• PCB: 약 000mm 이내의 사이즈 • 비충전형 방식의 비분리형 제품 외관 • 생활 방수 기능을 갖춘 외관				→								
	구현 및 제작	• 1차 PCB 개발(하드웨어, 펌웨어) • 3D 프린팅을 통한 프로토타입 개발 • 기구 설계 후 2차 PCB 개발				→	→							
	시험	• 배티리 지속성 시험 • 안전성 시험(방수, 열)					→	→						
	시제품 제작	• 시험 시 문제점 보완 후 시제품 제작 • 매뉴얼, 패키지 개발 • 크라우드펀딩 준비, 영업망 구축					→	→						
양산 및 판매	양산 시제품 시험	• 전파 인증, KC 인증 • 일반 소비자 대상 테스트 • 크라우드펀딩 시작							→	→				
	생산 준비	• 자재 납품 일정 확인, 품질 테스트 , 패키지 & 매뉴얼 준비								→	→			
	생산	• PCB 양산, 사출 진행 • 패키지, 매뉴얼 생산 • 조립									→	→		
	출하	• 공급처, 자사 사무실에 제품 출하										→	→	
	판매 및 고객관리	• 온라인 판매, 홈페이지 판매 • 오프라인 판매: 대리점, 직판점										→	→	

제품 개발 이슈 분석(칫솔 부착 IoT 디바이스)

구분	이슈 사항(예상)	대책 방안
1. 제품(서비스) 품질 (구조, 기능, 재료, 디자인, 독창성 등)	• 비충전형 배터리 사용으로 인한 내구성 이슈의 발생 가능성 존재	→저전력 블루투스 사용, 동작 인식 센싱 속도 조절, 탭식의 전원 버튼 사용 등의 제품 구조 개선을 통해 배터리 시간을 충분히 확보하는 전략 필요
2. 개발(생산) 능력 (H/W, S/W, 생산 및 제조 기술)	• PCB 양산 시 불량률, 품질관리에 대한 이슈 발생	→불량률이 가장 많이 발생하는 부분인 리튬이온 배터리를 비충전식 코인형 배터리로 바꾸는 것을 통해 생산 시 불량률을 최대한 낮출 수 있음 →자체 SMT 라인을 갖추고 있으며 양산 경험이 풍부한 업체와 계약
3. 제조 원가 (개발 비용, 경제성)	• 일정 판매 수량을 확보 못할 시 제조 원가가 올라갈 수 있는 리스크 존재	→시제품 제작 후 크라우드펀딩을 통해 일정 수량에 대한 주문을 확보한 뒤 제작에 들어가는 방안
4. 개발 기간 (H/W, S/W, 콘텐츠 등)	• PCB 제작 후 디버깅 과정이 길어져 개발 기간이 길어질 수 있음 • 인증 가격, 시간 등의 이슈 존재	→비충전 배터리 사용, 인증을 끝낸 부품을 사용하는 것 등의 방법을 통해 인증에 대한 부분 최소화
5. 기타 (외주업체, 팀워크, 리더십 등)	• 외주업체와의 커뮤니케이션 문제로 인해 생각하던 결과물을 얻는 것이 어려울 수 있음	→외주업체에게 일을 줄 때 디테일한 부분을 모두 문서화하여 전달

교육자료 1-3 창업자 행동 유형 분석 양식

[DISC 행동 유형 진단(약식) 안내]

순번별로 자신의 행동 유형을 가장 잘 묘사하는 단어를 골라 점수를 부여한다.

번호	A	점수	B	점수	C	점수	D	점수
1	자기 주장이 강한		즐거운		배려하는		신중한	
2	단호한		열정적인		너그러운		객관적인	
3	자신감 있는		낙천적인		인내심 있는		분석적인	
4	빠른 결정		말솜씨가 있는		잘 들어주는		완벽 추구적인	
5	대담한		유연성이 있는		양보하는		계획적인	
6	적극적인		호감을 주는		협조하는		자제하는	
7	경쟁적인		친화력이 좋은		일관성 있는		논리적인	
8	감정에 둔감한		말이 많은		변화를 꺼리는		위험을 회피하는	
9	독선적인		충동적인		우유부단한		냉정한	
10	잘 듣지 못하는		사후 관리가 약한		감정에 치우치는		비판적인	
합계								

- 해석 요령: A, B, C, D 각 열별로 점수를 합산해 점수가 가장 높게 나온 열이 자신을 나타내는 유형이다.
- A열 점수가 가장 많으면 D(Dominance)형, B열이 가장 많으면 I(Influence)형, C열이 가장 많으면 S(Steadiness)형, D열이 가장 많으면 C(Conscientiousness)형의 행동 유형의 특성을 나타낸다.

교육자료 1-4 코칭 일지 양식

코칭 일지

코칭 멘토자:	일자: 연락처:
코칭 주제: 참고자료:	적용:

교육자료 2-1 아이디어 혁신적 제품 사례

[경험 설계가 곧 비즈니스]

나의 경험 속에서 특별한 무언인가를 끄집어내 보자.

경험을 통한 경험 설계들

경험		경험 설계 가능성	비즈니스 모델 디자인	
경험 리스트	경험 시기(환경)		경험 설계	상품 출시
무거운 짐을 갖고 계단을 오른 일	1950년 여름	불편, 힘듦, 고통을 감소할 운반 기구	엘리베이터, 에스컬레이터	1930년 겨울, 1980년 겨울
의미 있는 경험 제공		풍성한 사용자 경험 제공	아이폰 출시	2007년
부엌칼에 손을 자주 다침	부인이 부엌에서 음식 조리 중	스스로 붙일 수 있는 밴드 개발	일회용 밴드 역사상 가장 성공한 제품	1920년 초
고약 때문에 피부 염증	1890년	활석(탈크)이 들어 있는 작은 통을 사용	베이비파우더	1890년
(나의 경험 1)				
(나의 경험 2)				

위의 사례에서 볼 수 있듯이 경험은 매우 다양하고 여러 생활환경 속에서 순간적으로 일어나고 있다.

어떤 고객은 단지 불편함을 감수하고 지나칠 수도 있고, 어떤 고객은 불편함 속에서 의미를 준 경험을 좀 더 구체적이고 체계적인 비즈니스 모델(경험 설계)로 디자인하여 사업화한다. 고객에게 전에 없던 새로운 상품을 개발하여, 정말 의미 있는 경험(진실의 순간: Moment of Truth)을 제공할 수 있다.

경험을 통한 '경험 설계의 가능성'은 항상 열려 있다. 우리가 나의 경험에서 그 특별한 그 무엇을 발견하여 고객에게 의미 있는 경험을 제공하고자 하는 의지만 있다면 ….

[냅킨 스케치 모델]

냅킨을 활용한 '냅킨 스케치 모델링'을 하면 좀 더 명확한 비즈니스 모델을 가질 수 있다.

- 사우스웨스트 항공사에 대해 냅킨 스케치 모델은 텍사스내의 가장 큰 도시 세 곳의 고객이 항공사를 지금 이용하고 있는 '불편함을 파악'할까?
- 고객이 '원하고 필요한 항공에 대해 사용자 경험'은 무엇일까?
- 항공 운송 사용자의 경험으로부터 어떻게 '새로운 고객 가치를 발견'할까?
- 이를 실현할 수 있는 새로운 텍사스 내의 로컬 항공 운영에 대해 '비즈니스 모델'을 끌어낼 수 있을까?

[참여자] 대형 항공사	[관계성] 서브앤스포크 기능: 인구 분포 중심 지역에 화물 및 승객 집결지를 만들고 미국 전역에 다시 분류하는 운송 시스템	[참여자] 운송 노조
[관계성] 여러 스포크로 승객들을 실어 나름으로써 항공사는 도시 간의 직항 노선을 운영할 경우 갖가지 어려움을 피할 수 있다.	[핵심 생각이나 느낌] • 텍사스주 내에서만 운송 서비스 • 댈러스, 샌안토니오, 휴스턴 • 연간 000만 명 이용객 수 예상 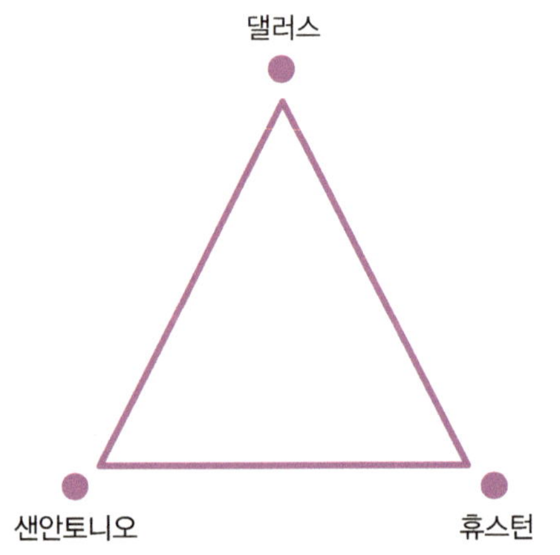	[관계성] 고객의 온라인 직접 구매 거래로 값싸게 비행기표를 판매 가능
[참여자] 러브필드 공항	[관계성] 버려져 있는 땅이므로 운영 비용이 매우 저렴(?)	[참여자] • 정기 이용자 • 여행객

교육자료 2-2 고객 공감 기교 교육

[공감(Empathy)]

- 공감의 어원적인 의미는 "~ 속으로 들어가서 느낀다"이다.
- 상대방의 느낌과 생각을 이해하고 공감하는 기술이다.
- 자기 자신의 시각이 아닌 타인의 시각으로 그들의 삶을 생각하고 느끼는 처지가 되어 그들의 감정과 관점을 이해하고 그 이해를 활용해 우리의 행동을 인도하는 과정이다.
- 고객인 사용자의 처지에서 느끼고, 무엇을 필요로 하는지를 이해하는 능력이다.
- 세밀하고 심층적인 관찰, 경험 공유를 통하여 고객 요구 인식을 의미한다.
- 관점을 수용한다. 상상력으로 다른 사람들은 자기와 다른 취향・경험・세계관을 갖고 있음을 인정하는 것이다.
- 모방한다. 아기에게 밥을 먹일 때 엄마가 입을 벌리면 아기도 입을 벌리는 것과 같다.
- '타인(고객)'을 인간화하는 창의적이고 공감적인 행동의 본질이라고 할 수 있다.
- 고객의 삶을 직접 체험해 보는 것으로 해석할 수 있다.
- 자신이 원하는 대우 그대로 고객에게 해주는 것으로 볼 수 있다.

[동정(Sympathy)]

- 동정심, 연민의 감정이다.
- 공유되지 않은 감정 반응이다.
- 어떤 사람에 대한 연민이나 측은하다는 마음의 상태가 동정이다.
- 객관적인 것이 아닌 주관적인 영감이다.

'공감(Empathy)'과 '동정(Sympathy)'이란 의미는 철학적으로 많은 차이가 있다. 이 책에서는 단지 고객과 기업 간의 관계에서의 차별적 의미만을 생각하고자 한다.

공감(Empathy)은 고객의 처지가 되어 그들의 느낌과 생각을 이해하며 행동이나 경험을 공유하는 기술 능력이다. 또한 공감은 인류 공통의 특성이자 어릴 때부터 개발되는 능력으로, 각자 가지고 있는 공감 능력을 발달시켜 편견과 문화, 맥락의 차이를 극복하여 고객에게 공감할 수 있는 제품을 제공할 수 있다.

그러나 동정(Sympathy)은 고객에 대하여 상호 교감을 위한 적극적인 노력과 행동은 취하지 않고 갖게 되는 연민이나 측은함 등 마음의 상태가 변하는 것으로 제품 개발 및 제공과는 다소 거리가 있다.

서비스 제공에 있어 좋은 고객 경험을 설계하기 위해서는 우선 고객의 마음을 볼 줄 알고 고객의 마음과 같아지도록 노력해야 한다. 즉 나의 눈으로 고객을 바라보는 것이 아니라 고객의 입장에서 설계하고자 하는 제품과 서비스를 바라보아야 한다. 고객만이 나의 경험 설계인 제품이나 서비스를 선택할 수 있기 때문이다.

고객의 본질에서 고객이 원하고 의미 있는 고객 경험은 항상 고객 내부에 존재하고 있다. 대부분의 고객은 자신이 무엇을 어떻게 원하고 있는지를 명확하게 알지 못하고 대답할 수도 있으므로 공감하고 알려고 노력하지 않으면 고객이 일부러 나타내려 하지 않은 채로 남아 있을 수 있다. 그러나 고객과 공감할 경우 창조적인 사고를 할 수 있어서 공감하지 않을 때 보이지 않던 문제점과 시각을 볼 수 있다.

그렇다면 고객과 공감할 수 있는 능력을 어떻게 키워 경험 설계를 잘할 수 있을까? 이런 질문은 매우 추상적이다. 그러나 분명히 고객과 공감을 잘한 경험 설계와 그렇지 못한 경험 설계는 확실히 차이가 있다. '공감의 체험' 또는 '공감이 없는 체험'에 의한 설계는 고객 측면에서 어느 설계가 자신들의 처지를 잘 이해하고 자신들이 원하고 바라는 것을 잘 표현하고 있는지를 본능적으로 알아볼 수 있다.

여기서 중요한 점은 고객의 선택이나 고객의 행동을 단지 눈으로만 보려 하지 말고, 그 이면에 잠재적으로 숨어 있는 고객 경험이 어떻게 만들어지고, 왜 기억으로 남아있는 고객 경험의 결과로부터 오는 고객 행동인가를 알 수 있도록 노력해야 한다.

브랜드나 제품에 대한 시장 조사를 할 때 대부분의 조사에서 "고객이 명확하게 무엇을 어떻게 원하는지 모르겠다"는 조사 결과에 직면하게 된다. 왜냐하면 시장 조사자가 고객의 선택이나 행동을 보고 조사자의 눈으로 시장 조사 결과를 평가하기 때문이다.

눈으로만 보지 않고 잠재적인 고객의 관점에서 성공한 사업으로 이끈 대표적인 사례는 경영학 서적에서 자주 인용되고 있는 미국의 포드 자동차 회사를 창업한 헨리 포드의 말이 매우 유용한 사례일 것이다. 우리가 고객에게 무엇을 원하느냐고 물었다면 아마 고객은 보다 더 빠른 말이 끄는 마차라고 대답했을 것이다. 헨리 포드는 눈에 보이는 대로 그리지 않고 고객의 입장에서 마부가 끄는 마차를 보고 마부 없이 스스로 더 빠르고 편리하게 갈 수 있는 장치를 생각한 대로 설계할 수 있음으로써 자동차를 개발할 수 있지 않았을까?

고객이 원하는 것(빠르고 안전하고 비용이 저렴하고 언제든지 필요할 때 타고 다닐 수 있고 가족이 함께 탈 수 있고 많은 짐을 실을 수 있는 것: 현대의 자동차 기능)을 다른 사람의 관점인 미래 고객의 관점에서 바라볼 수 있는 능력을 갖지 않았을까? 눈에 보이는 것에서 생각하는 시각으로 바라볼 수 있어, 자동차 산업이라는 새로운 기회를 발견하게 되었다.

단순히 고객에 대한 동정만 가지고 시장 조사를 할 경우는 현실과 달라 너무 크고 돌이킬 수 없는 괴리감을 가질 수 있다. 특히 아직 시장에 나오지 않은 새로운 비즈니스 모델에 관한 것은 더욱 그렇다.

1950년경 미국의 유니박 컴퓨터 회사는 그 당시에 최첨단 신제품인 컴퓨터 수요에 대해 시장 조사를 하였다. 시장 조사 결과는 2,000년대까지 약 1,000여 대의 컴퓨터가 팔릴 것으로 예측하였다. 그러나 1984년까지 실제로 팔린 컴퓨터는 100만 대 이상이었다. 유니박 컴퓨터사는 그때까지 하였던 시장 조사 방법 중에 가장 과학적이고 가장 정확하고 또한 가장 정밀하게 시장 조사를 하지 않았을까?

파블로 피카소가 말한 명언을 다시 한번 생각해 볼 수 있다.

"나는 보이는 대로 그리지 않는다. 내가 생각한 대로 그린다."

이 명언을 약간 수정하면 앞으로 시장 조사를 할 때나 고객 경험 설계를 할 때 매우 유용한 출발점으로 활용할 수 있을 것이다.

"나는 보이는 대로 그리지 않는다. 고객이 생각한 대로 그린다."

비즈니스 설계 디자인의 중심은 내가 아니라 고객이기 때문이다. 고객의 소중한 경험을 비즈니스로 만들기 위해서는 고객 입장에서의 '피카소의 통찰력'이 필요하다.

나의 눈에 보이는 대로 생각하고 그리지 말고, 보이는 것, 내가 볼 수 있는 것 뒤에 숨겨진 고객의 생각과 감정들을 느끼면서 나의 생각인 나의 경험을 고객의 생각인 고객의 경험화하여, 고객이 생각한 대로 그림을 그릴 경우 그런 그림(비즈니스 모델 디자인)은 명화로 남을 것이다.

고객을 잘 볼 수 있는 방법의 하나는 고객을 유심히 관찰하는 것이다. 피카소가 그림을 그릴 대상을 관찰하듯이, 단지 눈에 보이는 대상물 이면에 있는 숨어있는 '내 생각'을 그릴 수 있을 때까지 관찰한다. 대상물의 면, 선, 색채, 추상적 이미지, 감정, 추억 등 그 대상물을 통해 느낄 수 있는 나의 모든 생각을 그려낼 수 있을 때까지 대상물을 관찰하고 또 관찰한다.

피카소가 만약 시장 조사처럼 묻고 관찰하여 눈에 보이는 대로 그림을 그렸다면, 지금과 같은 많은 불후의 명작을 남길 수 없었을 것이다. 위대한 사업가는 주변의 사람들을 관찰하면서 고객의 행동과 필요성을 이해하고 미래를 예측하면서, 고객의 필요성을 한꺼번에 해결할 수 있는 제품을 개발할 통찰력이 있다. 그리고 자신의 고객에게 의미 있는 고객 경험을 지속해서 제공할 수 있도록 모든 자원을 투자하고 노력한다.

고객의 생각인 '관심'을 여는 열쇠는 시장 조사를 하거나 고객에게 질문하여 의사를 주고받는 것이 아니라 고객이 하는 행동을 '관찰'하고 '연구'하는 것이다. 애플은 이런 접근 방법을 잘하는 기업이다.

애플은 소비자와 친밀하게 상호작용의 관계를 유지하면서 소비자의 감동적인 공감을 들어야 할 필요성과 이를 실제로 실행하는 법을 알고 또한 실천하고 있다.

만약 애플사가 유능한 전문적인 시장 조사자들을 고용하여 당시의 휴대폰 제품에 대한 시장 조사를 하였다면, 고객이 원하는 가볍고 값싸고 디자인이 우수한 휴대폰으로 개발하였을 것이며 스마트폰이라는 기존의 휴대폰과 전혀 다른 새로운 기능으로 고객 경험을 제공할 수 있는 제품을 개발할 수 없었을 것이다. 애플사는 단순한 시장 조사를 택하기보다는 여러 고객으로부터 새로운 영감을 얻고자 세심하게 그들의 입장에서 고객의 행동을 관찰하였던 것이다.

애플사는 고객 참여를 통하여 자신들이 흥미진진하다고 생각하는 제품과 서비스를 개발한 다음 개발한 제품들에 대한 확신과 열성을 갖고 시장에 출시한다. 소비자에게는 바람과 희망을 주면서 신제품을 내놓고 있다.

애플이 아이패드 에어를 출시할 때 고객의 입장에서 고객에게 감정이입(Empathy)한 상태로 핵심적인 경험 설계를 하였다. 고객이 아이패드 상자를 열었을 때 무슨 제품을 그 상자 안에 넣을 것인가보다는 고객이 그 상자에서 무엇을 꺼낼지를 생각하면서 경험 여정 설계를 하였다. 애플은 '고객들의 꿈'에 '희망'이라는 힘을 주고 고객을 감정이입으로 '포용'하였다. 고객에게 아이패드에 대해 어떻게 생각하라고 강요하는 대신, 우리와 비슷한 사람들끼리 자연스럽게 이야기하도록, 그들만의 이야기로 공유하도록 하였다.

사이트의 모든 요소가 모든 과정이 수월하게 진행되고 영업을 당하고 있다는 느낌이 들지 않는 방식으로 디자인되어 있다. 또한 고객이 어느 화면에서도 꿈을 갖고 쉽게 여정을 따라 할 수 있도록 단순하고 유용하게 디자인되어 있으며, 어느 순간에도 직원과 이야기할 수 있게 되어 있다.

고객이 높은 수준의 자존심을 가질 수 있도록 어려운 기술 실현을 하였다는 것을 감추고 단순하고 우아하고 인간 중심적이고 활동적으로 표현하고 있다. 또한 다른 고객들의 이야기를 듣고 싶으면 단지 클릭 한 번으로 사용자 커뮤니티로 갈 수 있다. 모든 것이 고객 중심적이고 고객을 위해 만들어 놓은 여정이다.

아타리 게임, 애플 I, II 개인용 컴퓨터, 매킨토시 시스템, 디지털 뮤직 플레이어 디바이스, 태블릿 PC, 그리고 스마트폰도 그런 고객의 입장에서 고객을 관찰한 결과물이지 않았을까 생각된다.

[공감 기교를 익히다]

(1) 공감 능력 향상 기술

"그 사람을 비판하려면 그 사람이 입는 옷과 신발을 입고 신어야 한다"는 말이 있듯이, 고객을 알려면 고객과 고객이 속한 환경을 이해하고 동일한 환경에서 직접 경험해 보아야 한다.

그러면 고객이 무엇 때문에 움직이는지를 훨씬 더 잘 이해할 수 있으며, 고객이 움직이는 이유를 잘 알 수 있으며 그에 따라 경험 설계도 잘할 수 있다.

공감 능력을 향상할 수 있는 기술 훈련이나 교육적인 내용을 체계적으로 제시할 수는 없지만 공감 능력 기술 수준이 높은 사람들에게 나타나는 몇 가지의 특징들이 있다. 이러한 특징을 가질 수 있도록 생각과 인식의 패턴을 습관화할 필요가 있다.

▪ 자기 생각과 인식 패턴의 방식을 바꿔서 고객과 상호 교감을 하려고 한다.

자신의 기업이나 제품을 먼저 생각하지 않고 사용자인 고객의 입장에서 본인이 제품과 서비스를 이용하면 불편한 점이 무엇이며, 원하고 바라는 점이 무엇인가를 먼저 생각한다. 제품을 사기 위해 고객은 얼마를 지급하며 어떻게 사용하는가 등일 것이다.

▪ 고객의 입장에서 고객의 개성, 관점, 생활 양식을 상상한다.

고객이 느끼고 생각하는 것에 대해 상상력을 발휘한다. 왜 그런 행동을 할까? 그들의 개성은 무엇이며, 신념은 무엇인가? 고객의 관점에서 고객을 이해하려는 노력을 한다. 고객의 '적'은 누구이며 왜 그런 생각을 가졌을까? 타인의 마음에 초점을 맞추려고 의식적으로 노력함으로써 공감 능력을 끌어낼 수 있다.

▪ 고객의 체험에 직접 뛰어든다.

고객의 삶과 문화, 생활에 직접 체험, 경험 공유, 공감 여행, 협력, 동조 등을 통해 직접 고객의 세계에 들어가서 고객이 되어 생활한다. 고객의 사고방식이 어디에서 왔는지도 알 수 있을 것이다.

▪ 의사소통 능력을 연마한다.

고객에 대한 호기심을 갖고 철저하게 듣는 습관을 훈련한다. 고객이 감정 변화를 가질 수 없도록 고객과 같은 언어를 사용한다.

▪ '고객 여행자'가 되어 본다.

고객이 속한 세상의 예술과 문화, 고객이 사용하고 있는 소셜 네트워크 시스템인 SNS, 생활 양식 등을 통해 고객과 같은 여행자가 되어 본다. 겉으로 드러나지 않은 행동의 동기, 갈망 같은 것들이 어떤 것인지도 알 수 있도록 노력한다. 고객의 마음을 개념적 추론이나 분석이 아니라 직접적인 시뮬레이션을 통해 파악할 수 있다.

■ **고객 주변에 있는 여러 대상을 관찰한다.**

고객에게 영향을 미치는 여러 자연적인 또한 사회 문화적인 대상이 무엇이며, 언제, 어떻게 고객과 상호관계를 맺고 있는가 등 고객 주변에서 일어나고 있는 여러 대상을 세심하게 관찰하여 이해한다. 고객의 시각에서 바라볼 수 있는 능력과 감정을 공유한 상태에서 공통점을 확인하는 것이 고객과 공감하는 최고의 선이다.

공감 능력이 높은 사람일수록 단순히 자신이 타인과 무엇을 공유하는지 아는 데 그치지 않고 오히려 공유하지 않는 것이 무엇인지를 알려고 적극적으로 노력하는 경향이 높다. 그러한 사람들은 일반적으로 자신의 경험과 견해를 타인들에게 투사하지 않고 그저 있는 그대로 타인을 이해하고 타인의 입장에서 행동하고 타인의 심리 속으로 들어간다.

공감 능력을 배우는 것은 낯선 언어를 배우는 것과 비슷하지 않을까? 단지 교재를 읽고 언어 구절을 공부할 수는 있다. 반복 학습을 통하여 언어를 구사할 수도 있지만 진정으로 사용하는 자의 의도까지는 이해할 수 없다. 하지만 그 언어를 사용하는 사람들과 어울리면서 날마다 그 언어로 말할 때 언어의 진정한 의미와 사용자의 생각과 느낌까지 알 수 있을 것이다. 처음에는 아는 단어가 적어 더듬거리겠지만 몰입과 탐사를 통해 언어 사용자의 경험 세계로 걸어 들어가 그들의 생각과 느낌을 이해하는 능력이 크게 발전될 것이다. 공감 능력 향상도 이와 같이 고객의 세계에 한 걸음씩 들어감으로써 가능하다.

(2) 고객 소통 대화

고객과 어떻게 잘 이야기할 수 있을까? 그들의 감정을 상하지 않고 진실한 마음을 알 수 있는 방법은 무엇일까? 고객과의 원활한 소통이 고객의 비밀코드를 읽을 수 있는 가장 손쉽고 자연스러운 방법일 것이다.

대화를 통한 소통은 타인의 내면의 감정적 삶과 생각을 이해할 수 있는 통로가 된다. 대화와 공감은 서로 밀접하게 연결되어 있다. 고객의 관점을 이해하려는 노력은 대화를 통하여 생명을 불어넣을 뿐만 아니라 공감에 토대를 둔 연결 다리가 될 것이다.

고객과 대화를 함으로써 공감 형성의 선 순환 고리를 만든다. 서로의 감정을 알아가고 서로의 감정관계를 보강해 준다. 또한 공감 결핍을 자연스럽게 해소하게 해 준다. 공감 결핍이 해소되면 고객의 생각과 감정과 세계관에 대한 통찰과 영감을 얻고 고객과 정서적 교감을 가질 수 있다.

고객의 공감을 이끌려면 대화를 단순한 기술로 보지 말고 예술적인 기술이 필요한 기교로 보아야 한다. 기교는 기술적인 숙련도도 필요할 뿐만 아니라 많은 연습이 필요하고 창조성과 적극적인 자발성도 필요하기 때문이다.

소통 대화의 기교를 습득하려면 어떻게 시작해야 할까? 공감 능력이 뛰어난 사람들의 태도를 관찰하고 많은 연습을 통해 습관화할 수 있다.

■ 고객에 대한 끊임 없는 관심과 흥미와 호기심을 가진다.

우리는 고객의 삶에 대해 모르는 것이 많다. 즉 고객의 세계와는 다른 낯선 세계에서 살고 있다. 관심과 흥미는 그들이 누구이며 또 그들이 세계를 어떻게 바라보는지를 알아내는 방법이자 통로이다.

공감적 관심과 흥미와 호기심을 갖는 연습을 한다. 고객과 강한 연결을 맺고 고객의 솔직한 이야기를 듣는 능력을 가져야 한다. 공감하는 사람이 되고 싶으면 "강요자나 판단자가 되지 말고 관심과 흥미와 호기심을 가진 따뜻한 질문자가 돼라." 관심과 흥미와 호기심을 갖고 고객의 말을 듣고 또 듣고 그리고 또 들어라.

우리가 들어주면 고객은 말을 할 것이다. 바로 우리가 알고자 하는 모든 것을 말할 것이다. 그리고 자신들의 생각과 경험을 기꺼이 우리와 공유하고 자신들의 세계에 우리를 동료로 넣어줄 것이다.

■ 듣고 또 듣는 것만이 소통의 통로이다.

공감적 대화를 막는 장애물은 여러 가지가 있다. 직접적인 것은 고객과 토론을 하는 것이다. 언쟁은 전투적이 되기 싫고 심지어는 고객에게 죄책감을 줄 수도 있다. 자신도 모르게 다른 사람 탓을 해 문제를 일으키기도 한다. 이런 장애물을 넘을 수 있는 가장 좋은 방법은 듣기 기술이다.

듣기 기술은 내가 '말하기'에 들인 두 배의 시간과 노력을 들여서 호기심을 갖고 상대방의 말을 경청한다. 즉 내가 한마디 말을 하려면 상대방이 말하는 말을 최소한 두 마디 이상을 들어야 한다. 즉 말하는 사람의 감정과 일치시키려고 의식적으로 집중하는 것이다. 들으면서 그들에게 필요한 것이 무엇인지 이해하기 위해 적극적으로 노력하는 것이다. 절대로 그들에게 문제점이 무엇인지를 따지지 말아야 한다.

■ 자신을 솔직하게 드러내 놓고 고객과의 연결점을 찾을 수 있도록 한다.

공감적 관계로 발전하려면 자신을 솔직하게 드러내 놓고 고객과의 연결점을 찾도록 하여야 한다. 공감은 상호 교감 속에서 이루어진다. 우리가 자신을 솔직하게 드러내 놓고 이야기를 하면 상대방도 자연스럽게 그들의 마음을 드러내 놓고 우리에게 자신을 개방할 것이다.

공감과 이해심으로 반응해 주는 누군가에게 자신이 진정으로 원하고 바라는 것이 무엇인지를 솔직하고 자연스럽게 모두 털어놓을 것이다.

■ 고객에 대한 배려의 마음을 표현한다.

고객과의 솔직한 대화에서도 고객에 대한 배려하는 마음이 없이 개인적 이해관계를 앞세우는 자기중심적인 접근을 하면 안 된다. 고객은 이미 그러한 낌새를 본능적으로 알아챌 수 있다.

고객과 소통할 때 우리는 언제나 자신의 의도를 경계해야 한다. 고객의 공감을 끌어내기 위해 대화를 지배하고 조작하고 자기 방식을 관철하기 위한 수단으로 사용하여서는 안 된다. 고객을 배려하면서 모든 대화를 이끌어 나간다면, 우리의 공감에는 진실함이 깃들 것이다.

그러나 이러한 진실된 공감이 포함된 대화는 마케팅에서 언급하는 '공감 마케팅'의 개념과는 다른 것이다. 공감 마케팅에서의 공감은 소비자들의 처지에서 얻은 통찰을 활용해 상품을 판매하는 것이다. 공감을 상술에 활용하려는 목적이 있는 것이다.

대부분의 공감적 소통 기법을 고객들의 행복 증진보다는 자신들의 이익을 극대화하기 위해서 이용했다. 진정한 의미에서 고객과의 공감의 의미가 회사의 이윤 추구를 위한 마케팅 수단으로 전락해 그 의미가 훼손되어 버렸다.

■ 대화를 통하여 새로운 그 어떤 것을 찾아야 한다.

고객과의 대화는 새롭고 낯선 세계를 함께 여행하는 일종의 모험 여정으로 서로 다른 관점과 경험을 가진 두 사람이 대화를 나누다 보면 예상치 못한 새로운 그 어떤 것을 만들 수 있다.

서로 만나서 대화를 나누면서 사실을 변형시키고 재형성하고 서로 다른 점을 합쳐 새로운 것을 만들어 가는 것이다. 이런 창조적 정신을 가지고 대화를 하려면 서로의 경험을 공유할 수 있어야 한다. 이때 공감적 통찰을 갖게 된다.

대화를 시작하는 방식은 대화의 진행을 결정하는 방향키이다. 그러므로 대화의 시작을 좀 모험적인 방식으로 할 수 있다. 일상적인 안부를 묻는 인사말을 주고받는 방식을 버리고 좀 특이한 방식으로 대화를 시작할 수 있다.

고객이 일상적으로 경험하는 것에 구체적인 질문을 하는 방식으로 고객의 세계에 직접 뛰어들어 가는 방식이다. 가령 "오늘 입고 온 옷이 매우 잘 어울리는데 그 옷은 어디에서 샀어요?"라고 직접 물어보는 것이다. 이런 대화는 상대방에게 활력을 주고 기억에 남을 만한 공감을 발견하게 해줄 수 있다.

우선 칭찬으로 상대방의 탁월한 선택을 추켜세워 주고 상대의 존재에 대해 내가 호기심을 갖고 있다는 것을 표시한다. 상대방이 그런 질문을 자신에게 해주어 오히려 고맙게 여길 수 있도록 한다.

■ **용기를 가진다.**

고객의 마음속에 공감의 통로를 만들기 위해 꼭 필요한 것은 용기를 갖고 대화하는 태도이다. 고객의 관심사를 우선시하고 나를 솔직하게 드러내 놓고 고객의 느낌과 생각, 분위기에 세심하게 귀를 기울이고 고객에 대하여 관심과 흥미와 호기심을 가지려는 많은 용기가 필요하다.

누구나 이런 용기를 쉽게 가질 수는 없다. 용기는 우리가 피하고 싶은 대화, 불편한 대화를 공감에서 비롯된 믿음과 신뢰를 굳힐 수 있도록 대화로 나눌 수 있도록 해준다. 용기를 가진 대화만이 두려움을 극복하고 공감의 통로를 건널 수 있다.

[공감 지도(The Empathy Map)]

고객의 공감을 어떻게 이끌어낼 수 있는지 알 수 있는 좋은 방법은 공감 지도를 작성해 보는 것이다. 공감 지도는 엑스플레인(XPLANE)사 개발한 비주얼 씽킹(Visual Thinking) 기법을 통해 그릴 수 있다. 이 도구를 사용하면 고객 세그먼트가 어떻게 구성되어 있는지 구체화해 볼 수 있고, 단순한 인구 통계적 특징을 넘어 고객의 환경, 행위, 관심사, 영향력 관계 등을 이해할 수 있다.

공감 지도 작성을 통해 고객 가치 제안을 설계할 수 있으며, 고객에게 어떻게 접근하는 것이 좋은지, 고객관계를 어떻게 설정하고 유지해야 하는 것인지 등 고객 관점에서의 비즈니스 모델을 디자인할 수 있다.

공감 지도의 작성 요령

- 먼저 브레인스토밍 등을 통해 제품 서비스를 제공하고자 하는 비즈니스 모델상의 모든 고객에 대해 세그먼트를 한다.
- 고객 세그먼트 그룹 중에 우선 진입하고자 하는 목표 시장에 속해 있는 고객을 중심으로 페르소나를 선정한다.
- 페르소나에 이름을 붙이고 페르소나의 실제 생활 양식과 수입, 결혼 여부 같은 인구 통계적 특징을 간략하게 부여한다.
- 마지막으로 플립차트나 화이트보드를 사용해 여섯 가지 질문을 하고 답하면서 페르소나의 공감 지도를 작성한다.

엑스플레인사의 공감 지도

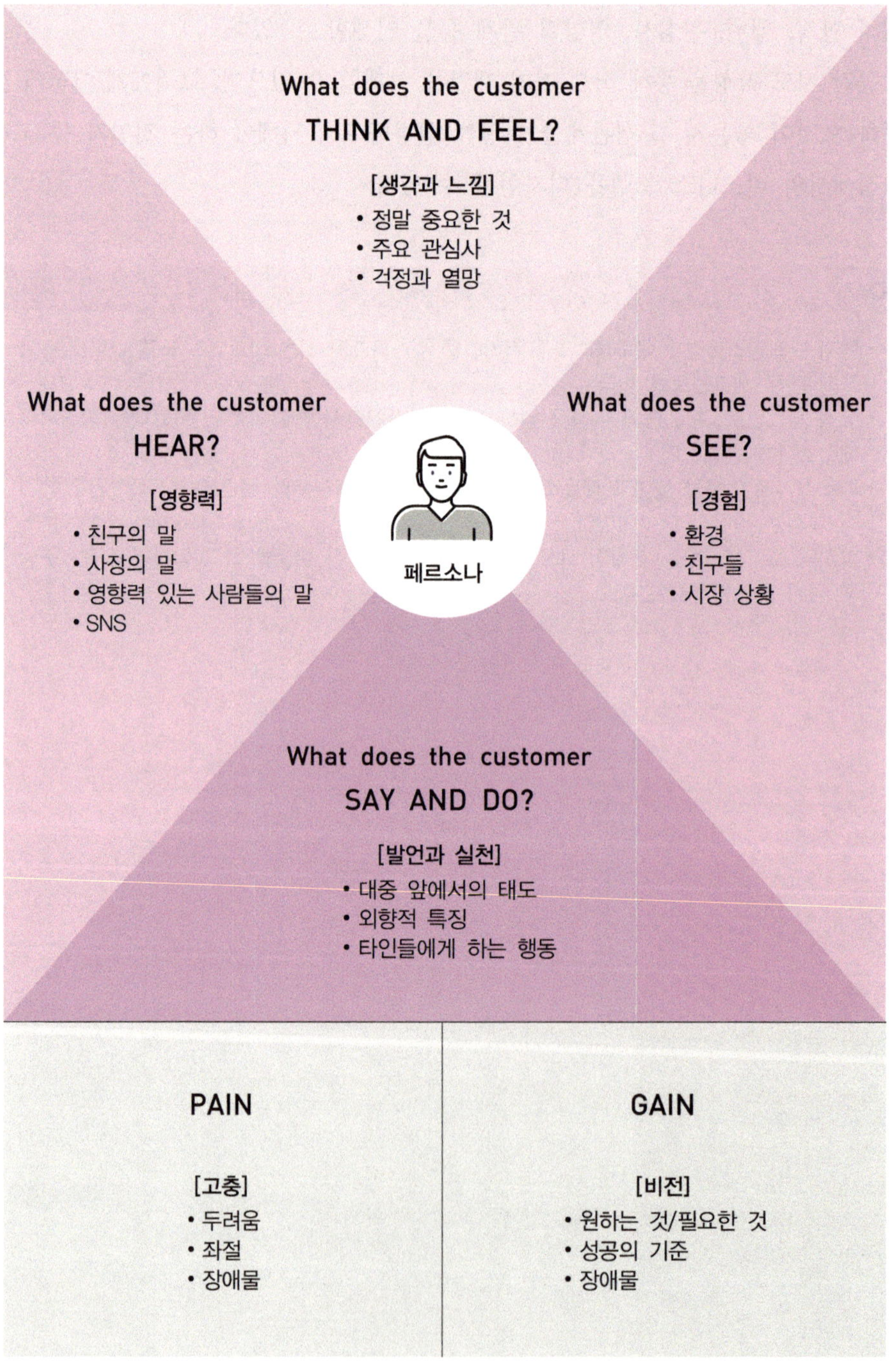

▪ **What does the customer SEE?: [경험]**

고객이 처한 환경 속에서 무엇을 보는지 설명하라.

- 페르소나가 보는 것이 무엇 같은가?
- 페르소나 주위에 누가 있는가?
- 페르소나의 친구는 누구인가?
- 페르소나는 매일 어떤 제안들에 노출되는가?
- 페르소나는 어떤 문제에 부딪히는가?

▪ **What does the customer HEAR?: [영향력]**

환경이 고객에게 어떤 영향을 미치는지 설명하라.

- 페르소나의 친구나 배우자는 무슨 말을 하는가?
- 누가 페르소나에게 영향을 미치고 어떻게 그것이 가능한가?
- 어떤 미디어 채널이 영향력이 큰가?

▪ **What does the customer really THINK AND FEEL?: [생각과 느낌]**

고객의 마음속에 무엇이 있는지 묘사하라.

- 진정으로 중요한 것(남에게 말하기는 꺼리지만)은 무엇인가?
- 페르소나의 감정을 상상해 보라. 무엇이 고객의 마음을 움직이는가?
- 페르소나는 무엇 때문에 밤잠을 설치는가?
- 페르소나의 꿈과 소망을 표현해 보라.

▪ **What does the customer SAY AND DO?: [발언과 실천]**

페르소나가 무슨 말을 하는지, 대중 앞에서 어떻게 행동하는지 상상하라.

- 페르소나의 사고방식은 어떠한가?
- 페르소나가 다른 사람들에게 어떤 말을 하는가?
- 페르소나가 말하는 것과 실제로 생각하고 느끼는 것 사이의 갈등에 특별히 주목하라.

▪ **What does the customer's PAIN?: [고충]**

- 페르소나의 가장 큰 불만은 무엇인가?

- 페르소나가 원하거나 필요로 하는 것을 얻는 데 어떤 장애물이 있는가?
- 페르소나가 어떤 위험성을 두려워하는가?

■ What does the customer's GAIN?: [비전]

- 페르소나는 진정으로 무엇을 원하고 필요로 하는가?
- 페르소나는 성공을 어떻게 평가하는가?
- 페르소나가 목표를 달성하기 위해 사용할 수 있는 전략에 대해 생각해 보라.

출처: 비즈니스 모델의 탄생, 알렉산더 오스터왈더, 예스 피그누어, 타임비즈, 2010, pp.136-137.

교육자료 2-3 고객 관점에서 비즈니스 모델 디자인

[고개 관점에서 비즈니스 모델 디자인]

비즈니스 모델을 디자인할 때는 고객관계를 명확히 이해해야 한다. 제품 서비스를 실제로 구매하고 사용하는 사람은 고객이기 때문이다.

따라서 비즈니스 모델 디자인에 있어서 고객 관점에서 접근하는 것이 매우 중요하고 가장 기본적인 원칙이다. 고객 관점에 의하여 생산하는 제품, 유통 채널 고객관계, 경영 활동, 수익원의 구조 등 모든 것이 달라진다.

어떤 고객 관점을 중요시할 것인가? 현재 확실한 수익원인 고객 관점뿐만 아니라 수익원의 변방에서 조그만 존재로 위치하고 있는 고객 관점, 미래의 성장 세그먼트가 존재하나 지금은 볼 수는 없지만 희미한 안개 같은 고객 관점도 중요하게 볼 줄 알아야 한다.

고객의 충족되지 않았던 요구를 새롭게 만족시킴으로써 큰 성공을 거두고 있는 비즈니스 모델 사례들이 많다. 예를 들면 저렴한 가격에 고객들의 항공여행을 자유롭게 할 수 있도록 한 '이지제트 항공', 도시 거주자들이 고비용이 드는 자동차를 소유하지 않고도 시간 단위로 자동차를 공유할 수 있는 '카쉐어링 비즈니스' 등은 변방에 있던 새로운 고객 세그먼트를 기반으로 한 새롭고 혁신적인 비즈니스 모델이다.

기업 중심의 비즈니스 모델 디자인과 고객 관점에서 바라보는 비즈니스 모델 디자인은 여러 가지 차이점을 보여준다. 기업 중심의 비즈니스 모델 디자인은 기업 중심에서 고객에게 접근하고 제품을 개발하는 편이 강하나, 고객 관점 중심의 비즈니스 모델 디자인은 고객과의 감정이입을 통해 고객을 위한 제품으로 개발한다.

■ **기업 중심의 비즈니스 모델**

- 고객에게 어떤 제품 서비스를 팔까?
- 고객에게 어떻게 효율적으로 접근할 수 있을까?
- 고객에게 어떤 고객관계를 형성하고 유지하는 것이 기업의 이익을 극대화할 수 있을까?

- 고객을 상대로 어떻게 돈을 벌까?
- 어떻게 하면 비용을 최소화할 수 있을까?

■ 고객 관점에서의 비즈니스 모델

- 고객들이 원하는 것이 무엇이며 우리가 고객이 원하는 것을 어떻게 제공할 수 있을까?
- 고객은 우리에게 어떤 대접을 받고 싶어 할까?
- 고객의 일상에 우리는 무엇을 어떻게 맞춰 줘야 할까?
- 고객은 우리 브랜드와 어떤 관계를 맺고 시간이 지나면서 그런 관계가 어떻게 변하기를 원할까?
- 고객은 무엇을 위해 기꺼이 돈을 내놓을까?
- 고객은 자신의 욕구를 충족시켜 주는 대상을 선택하는 것이지 제품을 선택하기 위해 경쟁하지 않는다.

교육자료 2-4 비즈니스 모델 사례

비즈니스 모델은 비즈니스의 여러 모습을 표현할 수 있어야 하며 또한 비즈니스의 실체를 형상화할 수 있어야 한다. 즉 비즈니스 모델이란 가치를 창출할 수 있는 비즈니스 프레임을 구성하고 이를 운영 서비스하는 방법을 구조적으로 설명할 수 있어야 한다.

비즈니스 모델을 개발하는 의도는 새로운 비즈니스를 창출하여 성장시키고자 하는 데 있다. 그러므로 비즈니스 모델에는 창업자의 의지인 '창업자 정신'과 현실의 비즈니스를 어떻게 경영할 것인가에 대한 '창업자 경영철학'을 포함해야 한다.

1. 사과나무 성장 모델

비즈니스 모델이란 비즈니스를 운영하는 주체가 고객, 사회, 기업 또는 자신에게 어떤 가치를 창출할 수 있는지 프레임을 구성하고 이를 운영 서비스하는 방법을 구조적으로 설명하는 것이다.

비즈니스 모델을 창출할 수 있는 기법은 많이 있다. 대부분의 비즈니스 모델 창출 기법은 구조적이고 분석적인 과정을 거치면서 현실에 맞게 세련되게 변화되어 왔다. 따라서 처음으로 비즈니스 모델을 접하는 비즈니스 개발자나 비즈니스를 디자인하는 사람이 모델 개발 과정을 한꺼번에 이해하기는 쉽지 않을 것이다.

모델 개발 과정에 대한 이해를 쉽게 하기 위해 우리에게 친숙한 사과로 대신하여 설명할 수 있으면 얼마나 좋을까? 그러면 모델 개발에 익숙하지 않은 초보자도 쉽게 적응할 수 있을 것이다.

사과나무는 하나의 생명체이다. 생명체는 탄생, 성장, 성숙, 소멸의 주기를 가진다. 기업도 생명을 가진 사회 유기체 조직이다. 그러므로 새로운 비즈니스 모델 개발에 사과나무를 키워 사과를 판매하는 과정으로 바꿔서 설명할 수 있다.

비즈니스 모델은 비즈니스 창업 플랜을 위한 출발점이 되고 비즈니스 창업 플랜은 비즈니스 프로세스로 전환하는 기본 방향이 된다. 비즈니스 모델 개발은 새로운 비즈니스를 개발하여 성장시키고자 하는 의도를 가졌다고 할 수 있다. 그러므로 비즈니스 모델에는 창업자의 의지인 '창업자 정신'과 창업 기업, 즉 비즈니스를 어떻게 경영할 것인가에 대한 '창업자 경영철학'을 포함시킬 수밖에 없다.

창업자 정신이나 창업자 경영철학을 담을 수 있는 비즈니스 모델 개발이야말로 창업자가 처음 가졌던 느낌, 생각과 열정을 지닌 비즈니스로 개발하여 창업할 수 있을뿐더러 기업이 성장할 때까지 경영 지침으로도 활용될 수 있다.

사과나무 성장 모델에서는 이러한 창업자 정신을 실현하고자 '차별화 방향'을 별도로 두어 기록할 수 있도록 하였다. 시장에서의 고객, 제품, 서비스, 경영의 차별화만이 창업자 정신을 잘 나타낼 수 있다. 사과나무 성장 모델을 만들 때 각각의 세부 사항에 대하여 '차별화 방향'을 두어 이런 창업자 정신을 앞으로 어떻게 실현하면 좋은지에 대한 가이드로 삼을 수 있다.

- 왜 사과나무를 키워야 하는가? ➜ 비즈니스의 목적(Vision)
- 왜 고객은 사과를 살까? ➜ 소비자(또는 고객) 가치 실현, 비즈니스 모델의 적합성
- 사과나무를 어떻게 키울까? ➜ 경영관리의 목표(경영 전략)
- 사과나무가 성장하는 데에 필요한 자원은 무엇일까? ➜ 성장 자원의 효율적 배분
- 사과나무를 키우는 환경은 무엇일까? ➜ 환경 요인에 대한 적응력
- 사과를 통해 얻을 수 있는 나의 기대 이익은 얼마일까? ➜ 수익성 극대화

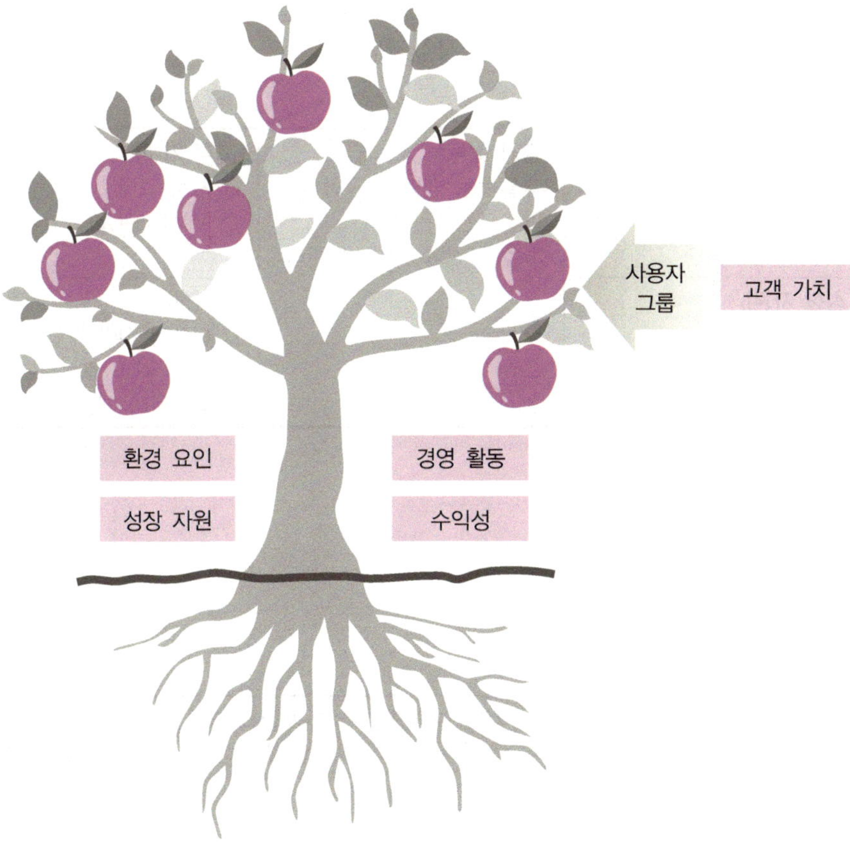

■ **핵심 경영 활동 디자인**

상세한 사과나무 성장 비즈니스 모델을 디자인하려면 우선 창업하고자 하는 비즈니스에 대한 개념적인 구성이 필요하다. 어떤 특성의 비즈니스이며 무엇을 가지고 누구를 대상으로 하는 비즈니스인가에 대한 비즈니스 경영 활동 영역을 명확히 하여야 한다.

경영 활동이 명확한 비즈니스는 어떤 핵심적인 경영 활동이 필요한가를 개략적으로 구상할 수 있다. 또한 비즈니스 모델을 상세하게 분석하기 전에 핵심적인 주요 몇 가지 경영 활동으로 디자인할 수 있다. 대부분 기업에서는 핵심적인 경영 활동을 네 가지 형태로 구분할 수 있다.

- 제품 서비스 생산 혁신 프로세스 경영 활동
- 제품 서비스 전달 혁신 프로세스 경영 활동

- 경영관리 혁신 프로세스 경영 활동
- 고객 가치 창출 혁신 프로세스 경영 활동

<table>
<tr><td>[환경 요인]
☆ 산업 환경 분석
⇔ 협업 관계망 개발 & 운영</td><td rowspan="2">[경영 활동]
▭ 플랫폼 개발 & 관리
☆ 고객관계관리
⇔ 수주, 발주 개발 & 관리</td><td>[고객 가치]
☆ 시장 조사
☆ 사용자 관찰</td></tr>
<tr><td>[성장 자원]

◇ R&D</td><td>[수익성]
☆ 마케팅 전략 수립
☆ 제품 홍보
☆ 영업관리 개발 & 운영</td></tr>
</table>

⇔ 제품 서비스 전달 혁신 프로세스
◇ 제품 서비스 생산 혁신 프로세스
▭ 경영관리 혁신 프로세스
☆ 고객 가치 창출 혁신 프로세스

(1) 고객 가치

최종 가치 (고객)	수단 가치 (사용자)	고객(또는 사용자) 가치 특성	차별화 방향 (창업자 정신)	사용자 가치 적합성

▪ 고객 선택 가치: 왜 고객은 사과를 살까?

고객은 사과를 구매함으로써 그들이 추구하는 가치를 실현할 수 있다. 고객은 그들의 가치 실현을 위하여 여러 사과 중의 하나를 선택한다. 나는 고객이 나의 사과를 선택해서 구매할 수 있도록 해야 한다. 내가 사과나무를 키우는 여러 이유 중의 하나이다. 따라서 고객 가치와 제품 서비스가 제공하는 가치가 일치되는 '사용자 가치 적합성'이야말로 가장 중요하며 또한 실제로 비즈니스 모델이 좋고 나쁨을 결정하는 핵심적 요인이라고 말할 수 있다.

구매를 끌어낸다는 것은 고객의 구매 가치인 고객 만족을 위한 경영 활동을 영위한다는 것을 의미한다. 제품과 서비스가 고객의 구매 가치이자 고객만족에 맞는 어떤 가치를 창출해 줄 수 있느냐에 달려 있다. 가치 제안(Value Proposition)은 비즈니스 모델이 고객에게 무엇을 제공해 줄 수 있는지를 보여줄 수 있는 실체이다. 그러므로 고객 가치를 실현할 수 있도록 고객 경험을 비즈니스 모델로 개발해야 한다.

고객 가치를 한마디로 이것이라고 말할 수는 없다. 모든 고객이 각각 필요로 하는 욕구가 다르고 또한 어떤 면에서는 고객 자신들의 욕구가 명확하지 않고 수시로 변할 수 있기 때문이다. 그러나 비즈니스 모델 개발 시에 몇 가지 일반적으로 받아들일 수 있는 고객 가치가 있어야 새로운 비즈니스 모델을 개발할 수 있다. 고객 가치를 아래와 같이 몇 가지로 구분할 수 있다.

■ 고객 가치 구분

- 편의성
- 접근성
- 위험 감소
- 디자인
- 비용 절감
- 저렴한 가격이나 무료 제공
- 기술적 혁신성
- 새로움
- 제품, 서비스에 특화된 고객 가치(구매력에 영향을 미치는 요인)

이렇게 고객 가치를 구분하는 이유는 고객을 시장별로 구분할 필요가 있을 뿐만 아니라 같은 목표 시장 내에서도 고객 자신의 고유 가치를 추구하는 방향이 다르고 어떨 때는 수시로 변할 수 있기 때문이다.

고객을 다른 여러 요인으로 분류해 보면 고객을 명확히 구분할 수 있다. 이때 다른 제품 서비스를 해야 하는가, 유통 채널은 다른가, 다른 유형의 고객관계를 해야 하는가, 다른 형태의 제품으로 전환에 어려움은 없는가 등 고객 구분 요인은 매우 많기 때문에 어느 것이라고 단정하기는 쉽지 않다.

그러므로 비즈니스 모델은 이러한 다양한 고객의 가치 선택을 만족시키기 위해 그들의 요구나 행동상의 특징, 특성에 따라 될 수 있는 대로 세세하게 분류해 적절히 대응하고 접근해야 한다. 즉 비즈니스 모델이 무엇이냐에 따라 고객 구분은 하나도 될 수 있고 몇 개로 나뉠 수도 있다.

고객의 차별화된 요구를 파악하고 고객을 더욱더 세세하게 구분할 수 있으면 비즈니스 모델을 더욱 신중하고 세밀하게 설계할 수 있어 고객의 선택을 쉽게 끌어낼 수 있다.

(2) 사과 가치 창출

사과나무를 키워 사과를 판매하고자 하는 비즈니스 모델에 있어 고객 가치를 어떻게 파악할 수 있는가를 예를 들어 살펴보고자 한다. 비즈니스 모델을 개발하려는 사람은 자신이 심고 키운 사과를 고객에게 판매하려 한다. 이를 위해 고객이 필요로 하고 구매하고자 하는 사과를 생산하고자 한다. 그러나 하나의 동일한 시장에서도 고객 가치는 어느 정도 차별을 지닌 채 다르게 나타난다.

최종 가치 (고객)	수단 가치 (사용자)	고객(또는 사용자) 가치 특성	차별화 방향 (창업자 정신)	고객 가치 적합성 (정량목표, 시기)
안락함	편의성	낱개 단위 판매, 연중 판매	주부에게 특화	시장 조사 12개월 후 1,000개 판매
	접근성	온라인 구매	주문을 단순하게: 3단계	시스템 개발 후 사용자 편의성 12개월 후 5,000명 사용
가족 안전	위험 감소	유기농 재배 인증	소비자 건강 우선	환경 분석 6개월, 500명 만족
아름다움	디자인	네모, 원형, 타원형		관찰, 3개 디자인, 만족 100%
기쁨	비용 절감 무료 제공	30% 이상	가장 싸게	유통 채널 분석 1,000원 절감
	저렴한 가격	1,000원/한 개	필요한 만큼만 판매: 반쪽 판매?	비교/대조 2,000원 판매

행복	기술적 혁신성	비타민 C, 오메가3, 엽산, 아연 성분 1일 표준섭취량	연구 개발을 통해 새로운 제품 서비스를 시장에 신속하게 진입	시장 조사 성분 구성 달성: 100%
	새로움	노란색, 빨간색, 파란색		시장 조사, 관찰 사용자 중 60% 목표
사회적 인정	광고	전문 잡지, 인터넷 방송	유용한 정보, 조언 제공	비교/대조, 예측 광고 구매율: 10%
	고객 경험		소비자에 대한 이해와 봉사, 강력한 고객관계	
	고객 참여			
	개별화			
세계 평화	윤리적 제품		윤리적 생산	
	?			

(3) 성장 자원

핵심 자원	확보 전략 (조달방안)	차별화 방향 (창업자 정신)	사용자 가치 적합성

▪ 성장에 필요한 핵심 성장 자원

비즈니스 모델에 의하여 새로운 비즈니스를 창업·성장하는 데 필요한 핵심 자원으로 핵심 성장 자원은 비즈니스 모델에 따라 종류와 크기가 달라진다. 자본 집약적 비즈니스와 인력 집약적 비즈니스, 정보 집약적 비즈니스 등으로 나눌 수 있다.

- 물적 자원(생산시설, 건물, 기계, 판매 시스템, 물류 네트워크, IT 정보 기술 등)
- 지적 자산(지식, 특허, 저작권, 고객 데이터, 고객관계, 브랜드 이미지, 소프트웨어 개발 기술 등)
- 인적자원(과학기술자, 엔지니어링 기술자, 생산인력 등)
- 재무자산(자본금, 투자금, 신용 수준, 차입금 조달 방안 등)으로 기업의 창업과

성장 시에 절대적으로 필요한 핵심 성장 자원

■ **교육 훈련 계획 및 성장 플랜**

차별화 방향(창업자 정신)은 창의적인 인재를 확보하기 위해 고비용이 소요된다.

(4) 환경 요인

환경 요인	환경적 특성	차별화(대응) 방안 (창업자 정신)	사용자 가치 적합성

■ **외부 환경 요인**

- 산업 환경
- 문화 환경
- 사회 환경
- 경제 환경
- 시장 분석과 주요 트렌드

■ **내부 환경 요인**

- 경쟁관계: 경쟁 제품 서비스를 생산 공급하는 기업 및 영향력 분석
- 협업관계: 핵심적인 파트너인 구매, 공급자 확보 및 관계성

(5) 경영관리

핵심 자원	확보 전략 (조달 방안)	차별화 방향 (창업자 정신)	사용자 가치 적합성

■ **데이터 수집, 분석, 비교/대조, 예측 시뮬레이션을 할 수 있는 경영관리 능력**

- 경영 활동에 필요한 핵심 자원: 비즈니스 창업 · 성장 시에 필요한 최소한의

핵심 자원에 대한 인식과 관리 능력

- 핵심 자원 효율적인 관리 능력: 생산, 판매, 연구 개발, 경영 활동 성과 분석 등
- 시장 분석 능력: 시장 세분화
- 제품 서비스 분석 능력: 차별화
- 커뮤니케이션 채널: 미디어 커뮤니케이션, 물류, 정보

■ 비즈니스 모델이 제공하는 고객 가치에 대해 고객의 이해를 높일 수 있는 커뮤니케이션 채널에 대한 구조 및 운영

■ 사후관리 서비스 등 서비스 수준을 결정하는 경영관리 방침과 그것을 달성할 수 있는 프로세스 구조를 고객에게 어떻게 제공할 것인가?

■ **고객 경험과 수익성을 향상할 수 있도록 하는 채널 구조와 운영 규정**

- 판매 서비스 관계: 세일즈 채널

  고객이 제품 서비스를 구매하고 사용할 수 있도록 도와줄 수 있는 커뮤니케이션 채널 운영 규정과 판매 구조
- 고객관계: 고객관계관리 시스템
  - 고객 창출, 유지, 확대 방안 및 이를 통한 판매 촉진 전략과 연계 방안
  - 고객관계관리 시스템의 데이터 수집, 분석, 비교/대조 및 예측 시뮬레이션 능력
- 고객 경험 아이디어 생산 능력
  - 참여형 소비자(Prosumer)와 협업을 통해 고객의 혁신적인 아이디어를 내부화시킨 신제품의 개발 전략 능력
  - 공동 개발하여 생산함으로써 신제품의 시장 진입을 성공적으로 할 수 있음
  - 제품 · 서비스의 맞춤화와 개인화할 수 있어 고객의 가치 제안 성공률을 높일 수 있는 전략

(6) 수익성

비용 구조 (항목)	발생원	발생 시기	금액(합계)	차별화 방향 (창업자 정신)

■ 제품 서비스의 비용 구조

- 고정비(생산설비, 초기 생산비, 인적자원, 운영비, 임대료 등)
- 변동비(판매 구조, 판매 비용, 수수료, 재고 비용, 교육 훈련비 등)
- 최소 고객 확보 시까지 들어가는 초기 시장 도입 비용
- 판매 채널 초기 시설비

■ 수익 발생원

수익이 발생하는 원천으로서 고객, 고객 이외의 제삼자, 소비자 사용률에 따른 비용 제공자, 플랫폼 사용 수익, 가입비, 이용료, 대여료/임대료, 수수료, 특허사용 계약 기업에 직접, 간접으로 수익을 제공하는 대상

■ 수익 지속 가능 전략

고객 가치 제공이나 구매 후 고객을 후속적으로 지원함에 따른 지속적인 수익 가능 전략

■ 비용 발생원

제품 서비스 판매 비용, 서비스 부담 비용, 판매 수수료, 광고 홍보 등 판매 촉진 비용 직접 또는 간접으로 발생하는 비용

■ 비용 절감 방안

- 고정비 및 변동비에 대한 절감 방안
- 생산비 절감 전략(평균 제품당 생산비 관리)

2. 냅킨 스케치 모델

[참여자] 과수업자	[관계성] • 당도만 낮은 사과를 재배할 수 없을까? • 주문 맞춤형 재배업자는 없을까?	[참여자] 유통 채널
[관계성] 사과를 대신하는 과일?	[핵심 생각이나 느낌] • 사과가 너무 달다. • 당도 함량이 나에게는 너무 높다. • 나는 당뇨가 조금 있다.	[관계성] 오프라인, 온라인 직접 거래
[참여자] 당뇨환자	[관계성] • 당도가 낮은 과일을 먹어야 하는 사람: 500만 명? • 의사가 추천하는 과일?	[참여자] 의사

3. 비즈니스 모델 캔버스(The 9 Building Blocks)

'비즈니스 모델 캔버스'는 혁신적인 비즈니스 모델 개발 방법으로 가장 많이 애용되고 있는 모델이다. 비즈니스 모델의 원천에 대한 통찰적인 영감을 주고, 변화하는 경쟁 환경에 탄력적으로 활용이 가능한 모델이다. 또한 새로운 가치를 창출할 수 있는 고객 경영 중심의 비즈니스 모델이다.

비즈니스 모델 캔버스는 기업이 어떻게 수익을 창출하는지에 대한 원리를 명쾌하게 설명해 주는 아홉 개의 빌딩 블록 모형으로 구성되어 있다. 이 아홉 개의 빌딩 블록을 통해 기업의 주요 4대 비즈니스의 핵심 영역인 고객, 주문, 인프라, 사업 타당성 분석을 잘 창출해 내도록 하고 있다.

비즈니스 모델 캔버스의 아홉 개의 빌딩 블록 구성에 대한 설명과 의미의 중요성, 고객 가치 창출, 전달, 가치 문제점, 실체를 파악하는 기술적인 기법들, 비즈니스 모델 캔버스를 적용한 다양한 훌륭한 사례 등은 『비즈니스 모델의 탄생』(알렉산더 오스터왈더, 예스 피그누어 지음)을 통하여 많은 배움을 얻을 수 있을 것이다.

■ 비즈니스 모델 캔버스

비즈니스 모델 캔버스는 고객이 원하는 제품 서비스를 창출하는 모델로 보편적으로 가장 많이 사용되고 있는 비즈니스 모델 개발 방법이다. 고객 가치 제안 설계를 위주로 만들어져 있으며, 설계의 핵심은 고객이 원하는 가치 제안을 찾고자 하고 고객이 원하는 것을 반복 조사하면서 훌륭한 가치 제안으로 설계할 수 있고, 테스트

하는 데 가치 제안 캔버스를 어떻게 활용하면 좋을지 알려준다. 즉 고객에 대하여 끝없이 이어지는 가치 제안 활동을 통해 가치 제안이 고객에게 중요한 의미를 가질 수 있도록 개발시켜 준다.

비즈니스 모델 캔버스는 가치 제안을 시각적으로 표현하고 구체화함으로써 논의와 관리 활동이 용이하게 해준다.

비즈니스 모델 캔버스(Business Model Canvas)

<table>
<tr><td colspan="2" rowspan="2">핵심 파트너십
KP
[Key Partners]</td><td colspan="2">핵심 활동
KA
[Key Activities]</td><td colspan="2" rowspan="2">가치 제안
VP
[Value Proposition]</td><td colspan="2">고객관계
CR
[Customer Relationships]</td><td colspan="2" rowspan="2">고객 세그먼트
CS
[Customer Segments]</td></tr>
<tr><td colspan="2">핵심 자원
KR
[Key Resources]</td><td colspan="2">채널
CH
[Channels]</td></tr>
<tr><td colspan="5">비용 구조
CS
[Cost Structure]</td><td colspan="5">수익원
RS
[Revenue Streams]</td></tr>
</table>

- **CS**: Customer Segments(**고객 세그먼트**) 기업은 하나 이상의 고객에게 상품이나 서비스를 제공한다.
- **VP**: Value Propositions(**가치 제안**) 기업은 고객이 처한 문제를 해결해 주고 욕구를 충족시켜 주는 특정한 가치를 제공한다.
- **CH**: Channels(**채널**) 기업이 제공하는 가치는 커뮤니케이션, 물류, 세일즈 채널 등을 통해 고객에게 도달한다.
- **CR**: Customer Relationships(**고객관계**) 고객과의 관계는 각각의 고객 세그먼트별로 특징적으로 확립되고 유지된다.
- **RS**: Revenue Streams(**수익원**) 기업은 고객들에게 전달하고자 하는 가치를 성공적으로 제공했을 때 수익을 얻는다.

- **KR**: Key Resources(**핵심 자원**) 앞의 다섯 가지를 실현하려면 핵심 자원이 필요하다.
- **KA**: Key Activities(**핵심 활동**) 앞의 다섯 가지를 실현하려면 기업은 여러 유형의 핵심 활동을 수행해야 한다.
- **KP**: Key Partnerships(**핵심 파트너십**) 특정한 활동들은 외부의 파트너를 통해 수행하며(아웃소싱), 일부 자원 역시 조직 외부에서 얻는다.
- **CS**: Cost Structure(**비용 구조**) 비즈니스 모델의 여러 요소를 수행하려면 여러 가지 비용이 든다.

출처: 비즈니스 모델의 탄생, 알렉산더 오스터왈더, 예스 피그누어, 타임비즈, 2011, pp.22-25.

4. 가치 제안 캔버스

가치 제안 캔버스(Value Proposition Design)

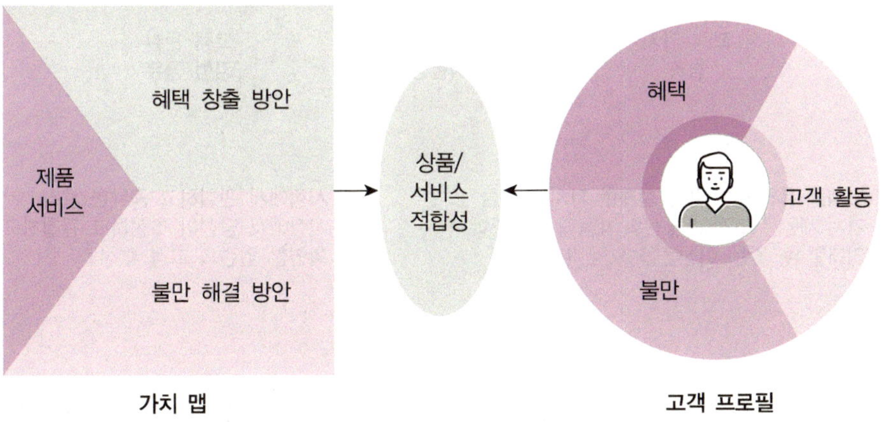

고객이 원하는 제품과 서비스를 만든다는 것은 가치 제안 설계로부터 출발하는 것이다. 가치 제안 캔버스는 끝없이 이어지는 가치 제안 활동을 통해 제안하는 가치가 고객에게 중요한 의미를 가질 수 있는 많은 아이디어를 구상하고 발전시키는 데 도움이 되는 도구이다.

가치 제안 캔버스는 한정된 자원으로 아이디어를 비즈니스화하는 데 필요한 정보를 추출할 수 있는 좋은 방법이다. 또한 효과적인 가치 제안과 비즈니스 모델을 창조하기 위한 활동에 적합한 고객 가치 제안을 설계할 수 있는 분석 도구로 활용할 수 있다.

'가치 제안 설계 맵핑' 과정을 통하여 비즈니스 모델을 개선하거나 기존의 비즈니스 모델을 구체화시킬 수 있으며 신속한 의사결정을 지원할 수 있고 시장과 고객의 가치 제안을 쉽게 파악하여 새로운 비즈니스에 대한 동기부여를 가질 수 있는 데 많은 도움을 준다.

가치 제안 캔버스는 '고객 프로필'과 '가치 맵'으로 구성되었다. 고객 프로필은 고객에 대해 명확하게 이해하고 분석하는 과정이다. 가치 맵은 목표 고객에게 맞는 고객 가치를 어떻게 창조할 것인가를 분석하는 과정이다.

기업이 제공하는 제품과 서비스를 매개로 고객 접점을 가질 수 있으므로 이 두 부분이 교차하는 지점에서 '상품/서비스 적합성'에 도달됨을 설명하고 있다.

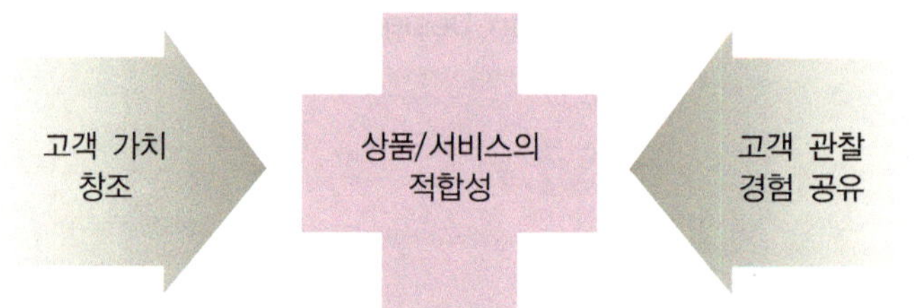

고객을 유인하기 위해 설계한 가치 제안들
가치 제안은 고객이 당신의 제품과 서비스에서 기대할 수 있는 이점들을 요약 기술한 것

시장에서 관찰하고 공유한 특성
시장에서 당신이 추정하고 관찰하고 확인한 일련의 고객 특성들

▪ 가치 맵

가치 맵은 비즈니스 모델 속에 있는 가치 제안을 더욱 체계적이고 구체적으로 설명한다. 가치 제안은 제품과 서비스 불만 해결 방안, 혜택 창출 방안으로 세분된다.

▪ 고객 프로필

고객(세그먼트) 프로필은 비즈니스 모델상 특정 목표 고객층에 대한 분석을 통하여 '고객 활동', '고객 불만', '고객 혜택'으로 나누어 설명한다.

▪ 상품/서비스의 적합성

가치 맵과 고객 프로필이 교차할 때 상품/서비스의 적합성에 도달할 수 있다. 즉 당신의 제품과 서비스가 고객이 중요시 여기는 활동, 불만, 혜택 중 한 가지 이상에 부합되는 해결책과 추가 혜택을 제공할 때에만 적합성을 가질 수 있다.

출처: 밸류 프로포지션 디자인, 알렉스 오스터왈더, 예스 피그누어, 그렉 버나다, 앨런 스미스, 아르고나인 미디어그룹, 2016, pp.6-9.

5. 린 스타트업 모델

린 스타트업(Lean Startup) 비즈니스 모델 개발은 가용 자원이 적은 스타트업 기업의 비즈니스 모델 개발에 적합하다. 대다수 스타트업 기업의 초기 비즈니스 모델은 기업이 성장함에 따라 바뀌게 된다. 성공한 스타트업 기업은 자신들이 운영할 수 있는 자원이 소진되기 전에 초기 비즈니스 모델을 시장과 고객 가치에 적합한 비즈니스 모델로 바꾸어 비즈니스를 성공시키고 있다.

린 스타트업 모델 개발 방법은 스타트업 비즈니스를 성공적으로 이끌 수 있는 좋은 모델 개발 방법론이다. 고객 개발, 소프트웨어 개발 방법론, 린 기법 등을 종합한 개념으로 초기 스타트업 기업에 소중한 '시간의 사용'을 최적화할 수 있는 모델이다.

린 캔버스를 작성하는 데 핵심은 머릿속에 있는 느낌과 생각을 바로 끄집어 내어 정리하고, 비즈니스를 운영하는 데 관여하는 여러 참여자를 식별하고, 그들과의 관계를 언급하면서, 가장 위험한 부분을 식별한 다음 다른 사람에게 자신의 비즈니스 모델을 평가받는 것이다. 린 스타트업 모델은 단위 시간당 학습 능력을 극대화하고 빠른 반복 개선 작업을 통해 창업자의 비전을 검증할 수 있는 개념의 모델이다. 린 스타트업 모델은 초기 창업자의 가설을 체계적으로 검증할 수 있고 개선할 수 있도록 도와준다.

린 스타트업 모델은 여러 가지 장점이 있다.

- 빠르다: 한 페이지로 새로운 비즈니스 모델을 신속하게 만들 수 있다. 빠르게 여러 개의 비즈니스 모델을 작성하여 분석, 비교할 수 있다. 여러 가지 변형된 비즈니스 모델로 작성할 수 있으며 어떤 모델부터 시작할지 우선순위를 정할 수 있다.
- 간결하다: 린 캠퍼스를 이용하여 경험 요점만 핵심적으로 요약하여 간결하게 표현할 수 있다.
- 간편하다: 한 페이지로 구성된 비즈니스 모델이므로 다른 사람과 공유하기가 쉽고 서로 의견을 주고받는 데 어려움이 없으며 자주 수정할 수 있다.

■ 린 캔버스

린 캔버스는 여러 산업에 속하는 비즈니스 모델을 브레인스토밍하고, 어떤 사업에 대한 비즈니스 모델을 개발할지에 대한 우선순위를 결정하며 비즈니스의 성장에 필요한 여러 경영관리 자원들에 대한 지속적인 학습 내용을 추적하기에 적합한 좋은 양식이다.

<table>
<tr><td colspan="2" rowspan="2">[문제]
가장 중요한
세 가지 문제

1</td><td colspan="2">[솔루션]
가장 중요한
세 가지 기능

4</td><td colspan="2" rowspan="2">[고유의 가치 제안]
제품을 사야 하는 이유와 다른 제품과의 차이점을 설명하는 알기 쉽고 설득력 있는 단일 메시지

3</td><td colspan="2">[경쟁우위]
다른 제품이 쉽게 흉내 낼 수 없는 특징

5</td><td colspan="2" rowspan="2">[고객군]
목표 고객

2</td></tr>
<tr><td colspan="2">[핵심 지표]
측정해야 하는
핵심 활동

8</td><td colspan="2">[채널]
고객 도달 경로

9</td></tr>
<tr><td colspan="5">[비용 구조]
고객 획득 비용, 유통 비용, 호스팅, 인건비 등

7</td><td colspan="5">[수익원]
매출 모델, 생애 가치, 매출총이익

6</td></tr>
<tr><td colspan="5">[제품]</td><td colspan="5">[시장]</td></tr>
</table>

출처: 린 스타트업 실리콘밸리를 뒤흔든 IT 창업 가이드, 애시 모리아, 한빛미디어, 2017, p.60.

린 캠퍼스 구성 요소인 '1. 문제, 2. 고객군, 3. 고유의 가치 제안, 4. 솔루션, 5. 경쟁우위, 6. 수익원, 7. 비용 구조, 8. 핵심 지표, 9. 채널'에 대한 상세한 설명과 훌륭한 예시는 『린 스타트업 실리콘밸리를 뒤흔든 IT 창업 가이드』(애시 모리아 지음)에 충분하게 잘 기술되었으니 참고하면 좋은 비즈니스 모델 작성에 많은 도움을 받을 수 있다.

6. 성과관리 모델

성과관리 모델(Balanced Scored Card: BSC)인 BSC는 1992년 하버드 대학교의 캐플란(R. Kaplan) 교수와 노튼(D. Norton) 박사에 의해 창안되어 다양한 조직체의 성과 중심 경영관리 모델로 널리 사용되고 있다.

BSC는 기업의 네 가지 주요 성과인 재무, 고객, 프로세스 그리고 혁신에 영향을 줄 수 있는 활동들을 볼 수 있도록 고안한 방식이다.

기업의 단기적 재무적 목표 가치가 기업의 장기적 가치를 창출케 하는 나머지 목표들과 어떻게 조화를 이룰 수 있는가를 파악할 수 있는 종합적인 전략 경영관리 모델로 가치 중심의 성과관리 기법이다.

성과관리적 측면에서 비즈니스 모델을 개발하는 성과관리 모델은 기업의 비전과 전략을 제시하고 전략적으로 목표를 달성하기 위한 틀로써 역할과 업무 수행, 그리고 그 결과에 대한 원인을 조기에 파악하여 관리함으로써 여러 경영 자원을 효율적으로 활용할 수 있어 미래 지향적인 경영 자원관리에 활용할 수 있다.

성과관리 모델은 기업의 균형적인 발전을 도모하기 위하여 네 가지 관점에서 비즈니스 운영의 효율성을 극대화하고자 한다. 네 가지 관점은 고객 관점, 재무 관점, 내부 프로세스 관점, 학습과 성장 관점으로 구분한다.

■ 고객 관점

비전을 달성하기 위해 우리는 고객 만족을 어떻게 보아야 하나?

- 우월한 리드 타임
- 적시 배달 능력
- 신속한 고객 대응 지수
- 가격/원가 비용 우위
- 고객 가치 실현 능력
- 브랜드 이미지 인지도

■ 재무 관점

재무적으로 성공하기 위해 우리는 주주 만족을 위해 어떻게 하여야 하나?

- 시장 선도력 지수

- 매출 증가율
- 수익성 원천

■ 내부 프로세스 관점

주주와 고객 만족을 시키기 위해 우리는 프로세스와 서비스의 질을 높이기 위하여 어떻게 하여야 하나?

- 제품 출시 소요 기간
- 제조 사이클 시간
- 품질향상
- 생산성 지수
- 서비스 품질(Level of Service)

■ 학습과 성장 관점

우리는 비전을 달성하기 위하여 우리의 조직 역량을 어떻게 변화시키고 개선시킬 수 있나?

- 신제품 높은 판매 점유율
- 낮은 이직률
- 내부 고객만족 지수
- 내부 고객 윤리 수준
- 직원의 역량 강화

BSC는 전략 경영의 핵심 성공요인(Critical Success Factor: CSF)을 파악하고 핵심 성과지표(Key Performance Indicator: KPI)를 계량화함으로써 경영자와 조직 구성원이 중요한 핵심 성과 달성지표에 맞춘 경영 활동을 수행하도록 한다.

■ 전략 및 성과 목표 도출

업무 현황, 시장 및 제품에 관한 자료 조사 및 고객과의 인터뷰 결과, 고객 경험, 소비자 관찰 등을 통해 전략의 방향성과 이슈를 파악한다. 제품 개발과 소비자를 상대하는 모든 관련자가 모여 워크숍, 간담회 등을 통하여 새로운 전략 목표를 도출할 수 있다. 전략 목표를 도출한 후 전략적 타당성을 평가하여 결정한다.

전략 경영관리 모델 구성

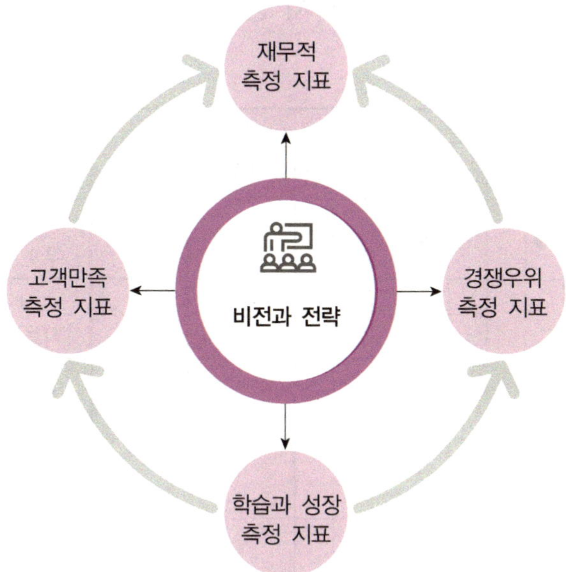

▪ 전략 맵(Strategy Map) 설계

전략 맵은 전략 목표 간의 인과관계를 나타낸 것으로 전략 목표가 업무 성과에 어떻게 기여하는지와 기업 구성원들이 자신들의 업무와 조직의 전략 목표에 어떻게 기여하는지를 보여줄 수 있다.

전략 맵 작성을 통해 각각의 성과 목표들이 어떻게 상호작용을 하면서 성과를 창출하게 되는지를 파악한다. 향후 최종 제품 개발을 완료한 후 성과 목표별로 성과지표를 선정할 때 미리 설정한 BSC 관점을 고려하여 균형 잡힌 성과지표로 도출하고자 한다.

출처: 경험으로 스타트업하라, 오점술, 손인배, 박유찬, 박병연, 다산글방, 2018, pp.225-268.

교육자료 3-1 예비 고객 조사서 양식

예비 고객 이름	원하는 기능								필요한 기능	조사 대상	구매조건	구매 가능성
	1	2	3	4	5	6	7	8				
	◎	●	○	△	◑						디자인 우수 희망	적극 ◎
											크기 작을 경우	보통 △
											추가 기능 필요	관심 없음
											저렴한 가격	모름
												구매 ●

기호 표시 설명

◎ 적극적으로 구매 가능성 있음
○ 우선적으로 먼저 구매 가능성 있음
△ 보통 구매 가능성 있음
◑ 반신반의한 상태
● 구매 관심 없음

교육자료 4-1 목표 시장 분석서 및 고객 요구사항 분석서 양식

목표 시장 분석서

제품명: ○○○ 브랜드　　　　　　　　　　　　　일자: ○○○○년 ○○월 ○○일

구분	세분 시장(1)	세분 시장(2)	세분 시장(3)
제품이 제공하는 핵심 기능			
시장 규모			
시장 지배우위 요인			
제품 수명주기 단계			
시장 진입장벽 원인			
경쟁우위			
가격			
품질			
디자인			
유통 채널			
경쟁 전략 유무			
환경 요인 유무			
사회 경제 요인			
시장 매력도			

고객 요구사항 분석서

제품명: ○○○ 브랜드　　　　일자: ○○○○년 ○○월 ○○일

고객 유형	세분 시장 (1)~(3)	고객 요구사항 (현재 Want)/ 핵심 구매 요인 (우선순위)	유효 구매 수요량: 구매 가능 고객수 * 구매 횟수(년)	3~5년 수요 변화 (예측 수요량)	고객 필요사항 (Need)/ 미래 핵심 구매 요인	고객 특성
총 유효 고객		1. 2. 3.				
고정 고객		1. 2. 3.				
유동 고객		1. 2. 3.				
인접 시장 고객		1. 2. 3.				
파생 고객		1. 2. 3.				
신규 수요 창출 가능 고객		1. 2. 3.				

교육자료 4-2 시장 조사 방법 및 시장 조사 계획

시장 조사의 목적은 시장 기회를 정확히 파악하고 평가하는 데 있다. 시장 조사를 통해 시장 기회를 발견하고 고객 수요를 확인한다. 시장 조사는 창업 성공을 위한 필수 단계이다. 기업은 제품, 시장, 고객 가치의 정보와 지식을 정확히 확보할수록 성공으로 한 발자국씩 다가갈 수 있다.

시장 조사는 항상 최종 사용자를 직접 만나서 하는 편이 좋다. 자료 조사는 이미 알려진 숫자와 현황을 참조한다.

그러나 시장 조사는 항상 문제점을 안고 있다. 고객과 시장의 변화를 놓치기 쉬울 뿐더러 자료의 왜곡이 발생하기 쉽다. 창업자는 마케팅 재원의 부족으로 간단하게 한 번의 시장 조사로 끝나기를 원한다. 그러나 시장 조사의 취약점인 자료의 변화 추세를 세심하게 살펴보기 위해서는 시장 조사를 같은 방식으로 3, 4차례 진행하면서 고객과 시장의 변화를 읽어 내야 한다.

시장 조사를 할 때 반드시 고려할 사항을 먼저 기록하고 시장 조사를 한다.

- 시장 조사의 결과는 정답이 없다.
  고객 현황, 고객 의견, 고객 숫자, 고객 변화, 마케팅 정보, 시장 크기, 시장 변화, 시장 특성
- 시장 조사는 어떻게 하느냐에 따라 결과가 크게 좌우될 수 있다.
  시장 조사 시기, 방법, 장소, 대상, 시장 조사자
- 시장 조사는 조사 목적으로만 한다.
  - 시장 조사할 때 고객과의 대화는 '질문' 형식으로 이루어져야 하며 주장, 판매 가능성, 구매 종용, 편견, 추측, 예상 등의 조사를 해서는 안 된다.
  - 조사 상대자의 이야기에 귀를 기울이고 관찰을 하고 특이사항을 별도로 기록한다.
- 시장 조사 계획서를 작성한다.

[시장 조사 계획]

시장 조사에서 무엇을, 누구를, 언제, 어떤 방식으로 진행할 것인가에 대한 계획서를 작성한다.

▪ 고객 정보

- 최종 사용자: 제품을 사용할 사람은 누구인가? 시장 조사 후 최종 사용자를 더욱 세분화할 필요성이 있을 수 있다.
- 선도 고객: 구매에 가장 큰 영향력을 미치는 고객은 누구인가, '얼리어답터(early adopter)'가 어떤 역할을 하는가?
- 목표 고객
- 잠재 고객
- 구매자
- 구매 의사결정 영향력: 실제 구매 시 영향력이 있는가, SNS 등

▪ 용도

- 구매 용도: 최종 사용자, 구매자는 어떤 목적으로 제품을 살까? 제품의 어떤 기능을 혁신적으로 개선할 수 있을까?
- 사용 용도: 구매 용도와 실제 사용 용도가 일치하는가?

▪ 고객 가치

- 최종 사용자, 구매자가 얻는 가치는 무엇일까?
- 제품이나 서비스가 제공하는 가치는 무엇인가?
- 가치 적합성: 제품이 제공하는 가치와 최종 사용자가 찾고자 하는 가치가 어떻게 조화를 이루고 있는가?

▪ 시장

- 시장의 특성: 초기 시장, 성숙 시장, 경쟁 시장
- 시장 진입의 장애 원인
- 시장의 크기, 성격, 변화

■ 시장 참여자

- 시장 참여자 현황: 선도 기업, 선도 제품, 경쟁 기업
- 파트너, 참가자 현황

■ 시장 참여 제품

- 경쟁 제품, 보완 제품, 대체 제품 현황
- 필수 보완재 필요성 유무, 필요시기, 가격

교육자료 4-3 시장 조사서: 세분 시장 조사표

IoT 칫솔에 대한 시장 조사서: 세분 시장 조사표

<table>
<tr><th colspan="2">잠재 시장</th><th>유아가정</th><th>유치원</th><th>어린이집</th><th>초등학교</th><th>치과병원</th><th>성인</th><th>기타</th></tr>
<tr><td rowspan="2">고객 유형</td><td>사용자</td><td></td><td></td><td></td><td></td><td></td><td></td><td></td></tr>
<tr><td>구매자</td><td></td><td></td><td></td><td></td><td></td><td></td><td></td></tr>
<tr><td rowspan="3">고객 가치</td><td>가격</td><td></td><td></td><td></td><td></td><td></td><td></td><td></td></tr>
<tr><td>디자인</td><td></td><td></td><td></td><td></td><td></td><td></td><td></td></tr>
<tr><td>기능</td><td></td><td></td><td></td><td></td><td></td><td></td><td></td></tr>
<tr><td colspan="2"></td><td></td><td></td><td></td><td></td><td></td><td></td><td></td></tr>
<tr><td colspan="2"></td><td></td><td></td><td></td><td></td><td></td><td></td><td></td></tr>
<tr><td colspan="2">플랫폼</td><td></td><td></td><td></td><td></td><td></td><td></td><td></td></tr>
</table>

교육자료 5-1 페르소나 모델 작성 양식

■ **페르소나 캐릭터:**

이미지

■ 최종 목적:

■ 개인 정보(직업/생활/행동):

■ 기술 및 능력(경력):

■ 성명:

■ 나이:

■ 직업:

주요 행동	세부 목표	상호작용(영향요인)	불만사항

교육자료 5-2 페르소나 모델링: 페르소나 모델과 사용자 디자인 사례

[고객 경험 흐름 맵에 맞는 페르소나 모델]

고객 경험 흐름 맵 설계의 목적은 고객 경험의 미래 상태를 설계하는 데 있다. 즉 경험 흐름 설계는 고객 상황을 분석하고 현재 고객의 경험 맵의 상태에서 창업자가 만들고 싶은 고객의 미래 경험을 가장 효과적으로 그려내는 것이다.

여정상 고객이 고객 접점에서 어떻게 생각하고 행동하고 서로 무슨 영향을 주고받고 있는 것인가를 고려하면서 이상적인 고객 경험 흐름에 대한 광범위하고 통합적인 시각적 표현으로 만드는 것이다.

또한 고객의 감정과 상황, 포부까지도 고려한다. 경험 흐름의 최종 목적은 고객이 제품이나 서비스를 발견하고 탐색 과정을 거친 후 구매하고 사용하여 아름다운 기억으로 남기도록 만드는 데 있다.

경험 흐름 맵을 통하여 기업은 현재의 고객 경험과 기업이 만들 미래 상태의 고객 경험이 어떤 것이며 그러한 고객 경험이 속한 상황은 어떤 것인가를 쉽게 이해할 수 있다. 그러므로 경험 흐름 맵은 기업의 모든 부서와 직원이 경험 흐름을 이해하고 쉽게 파악할 수 있도록 세심하면서도 구조적인 도식적 설계가 필요하다.

(1) 페르소나 모델링

경험 흐름의 중심은 고객의 삶에 대한 구체적인 바람과 희망, 생각과 행동이 묻어 있는 경험이다. 이러한 고객 삶인 경험에 대하여 구체적이고 상세한 초상을 그려볼 수 있다. 고객의 생각과 행동을 담은 일상적인 삶을 만들어 가는 것을 '페르소나 모델링'이라고 할 수 있다.

페르소나 모델링은 인간 중심적인 디자인이어야 한다. 페르소나 모델링을 함으로써 당신이 가진 고객 경험 데이터와 고객 여정 맵에서 실시했던 관찰과 상황 분석, 추론의 내용을 가지고 기업에서 제공하고 있는 경험과 앞으로 디자인할 새로운 경험에 관해 이야기한다.

여태껏 지나치거나 무시하였던 새로운 사실을 알려줄 수 있는 아름다운 이야기를 만들 수 있다. 인간 삶에 대한 아름다운 경험은 경험 흐름 설계도를 그릴 수 있는 출발점이 된다. 페르소나 모델링에서는 현재 상품을 구매하는 사람들뿐만 아니라 세분 시장에서 목표 고객으로 삼고 있는, 아직 상품을 구매하지 않은 사람들에 대하여서도 페르소나 모델링을 한다.

현재 고객과 잠재 고객들의 관심, 행동, 삶의 여정, 목표를 정확하게 그리기 위해서는 인구통계학적 특징과 심리적인 영향력 요인, 문화, 라이프 스타일과 연관 지어 연구해야 한다. 최대한 면담과 관찰로 고객의 삶을 풍부하고 아름답게 그려낼 수 있도록 한다. 설계자는 고객의 삶을 절대로 추정하려고 노력해서는 안 된다. 고객의 삶은 고객 자신의 것이다.

그러나 페르소나 모델링을 할 때는 상당수가 고객에 대한 추정을 바탕으로 작성하고 있다. 페르소나 모델링을 할 때는 기업이 현실 세계에서 실제로 생활하고 있는 사람들에게 상품을 팔아야 한다는 사실을 잊어서는 안 된다. 그러므로 페르소나의 삶은 구체적이고 실제적인 고객 정보에 일치되는 생활을 하고 있어야 한다. 고객에 대한 추정을 바탕으로 하는 페르소나를 그릴 경우에는 고객에 대해 갖고 있던 잘못된 추측을 강화하거나 편견을 갖게 되는 위험을 초래할 수 있다.

페르소나 모델링의 첫 번째 작업은 고객의 데이터를 수집하고 분석하는 것이다. 데이터 수집의 기준은 세분 시장 내에 목표 고객층뿐만 아니라 장래 고객이 될 가능성이 높은 잠재 고객층의 구매 행위와 관련되는 정보이다. 고객층의 분류 기준은 구매 행태와 사용자 행동이다. 기호와 생활 방식, 라이프 스타일, 구매 행태, 차별적인 사용자 행동 등으로 그룹을 나눈다. 차별적인 삶을 지닌 그룹에 속하는 개개인이 각 고객 그룹을 대표하는 페르소나 모델이 된다.

페르소나 모델은 그 그룹의 고객 유형을 대표하여 묘사하는 것이다. 이 묘사를 뼈대로 시각적 요소와 인물의 행동과 목적 등 살을 붙여나가면서 그 그룹을 대표할 수 있는 유형의 페르소나 삶을 그린다. 페르소나 모델을 그려가면서 고객과 잠재 고객에 대한 삶을 이해하고 그들을 인간적인 관점에서 생각하고 바라볼 수 있어 훨씬 더 친밀한 이웃으로 느낄 수 있다. 결국 그들에게 '감정이입(Empathy)'을 할 수 있어 고객과 공감할 수 있는 좋은 계기가 된다.

고객과 공감을 가질 경우 페르소나 모델에게는 각각 그 자신이 영향력이 미치는 커뮤니티 생태계가 있다는 사실도 알게 된다. 그들 생태계의 경험을 가질 경우 그들 생태계를 이해할 수 있고 그 생태계의 일부가 될 수 있다. 그러면 우리의 경험 흐름 설계도 그들 생태계의 일부가 될 수 있다.

■ 페르소나 모델

'나만의 볶음 콩 원두커피' 제품에 대해 각자 특징적인 속성을 지닌 네 가지 유형의 페르소나를 그려보고자 한다. 이 페르소나는 각각의 특징적인 라이프 스타일을 지니고 있으며 소비자로서 그들이 원두커피 상품군에서 무엇을 원하고 사용자로서 어떻게 행동하는지를 실제로 보여주고자 한다.

- 김새봄: 23살. 여자. 커피숍 아르바이트. 똑똑하다. 열심히 일한다. 시사 정보에 민감하다. 꽃을 좋아한다. 오디오 애호가로 매일 음악을 듣고 지낸다. 향기로운 커피를 즐겨 먹는다. 상냥하다. 독신이다. 여행을 즐기고 있다. 감성적인 편이다.
- 이여름: 35살. 남자. 사무실 직원. 결혼 5년 차로 남자아이 3살, 여자아이 1살을 두고 있다. 작은 아파트에서 생활한다. 외식을 일주일에 2~3회씩 자주 하는 편이다. 소형 자가용차를 운전한다. 맞벌이 부부이다. 생활은 풍족한 편이다. 문화생활은 거의 하지 못하고 지낸다. 담배는 가끔 피우는 편이다. 스포츠에 관심이 많다.
- 박가을: 41살. 여자. 가정주부. 고등학교 학생과 중학교 학생이 있는 학부모이다. 중형 아파트에 주거하고 있다. 감성적이다. 요리를 잘한다. 향기로운 커피를 매우 즐긴다. 영화 감상을 즐긴다.
- 정겨울: 55살. 남자. 기업체 임원. 지적이다. 약간 뚱뚱하다. 열심히 일한다. 중형 승용차와 소형 승용차를 갖고 있다. 직장 1년 차인 자녀, 대학생, 고등학생의 3명의 자녀가 있다. 등산을 좋아한다. 축구 경기 열광 팬이다.

■ 소비자 페르소나 모델

'나만의 볶음 콩 원두커피' 제품에 대한 소비자 페르소나 모델링을 한다. 소비자 페르소나 모델링에서는 소비자가 사용하는 커피 머신 종류와 경험 설계자의 추론을 포함해 구성한다.

관찰	추론

김새봄

• 향기로운 커피 애호가 • 감성적인 삶을 즐긴다.	향기로운 커피를 즐기면서 감성적이지만 열심히 삶을 살고 있다.

- **사용하는 기기**
  - 스마트폰: A사 제품 최신형
  - A사 고급 에스프레소 원두커피 머신
  - 모바일 사용
- **차별적 핵심적인 상황**
  - 기술 능력: 전문가
  - 구매 행태: 꼼꼼함
  - 구매 동기: 자발적, 적극적
- **추구하는 상품 가치**
  - 완벽하게 조화되고 향기로운 커피를 추출하는 원두커피 머신

이여름

• 스포츠 관람 열광 팬 • 매우 활동적인 삶을 살고 있다.	원두커피 향에 관심이 없으나 거의 매일 자주 먹으면서 열성적인 삶을 즐긴다.

- **사용하는 기기**
  - 스마트폰: B사 제품 최신형
  - B사 원두커피 머신
  - 인터넷, 모바일 사용
- **차별적 핵심적인 상황**
  - 기술 능력: 전문가
  - 구매 행태: 최고 품질
  - 구매 동기: 필요하면 충동구매
- **추구하는 상품 가치**
  - 편리하게 사용할 수 있는 원두커피 머신

박가을

• 영화감상 등 여유로운 삶 • 가정에 충실한 삶을 살고 있다.	원두커피 향에 관심이 높으며 거의 매일 자주 향기로운 커피를 즐기면서 감성적인 삶을 즐긴다.

- **사용하는 기기**
  - 스마트폰: B사 제품
  - C사 드롭 원두커피 머신
  - 인터넷 사용
- **차별적 핵심적인 상황**
  - 기술 능력: 자세한 설명 필요
  - 구매 행태: 사용 편의성
  - 구매 동기: 계획 구매
- **추구하는 상품 가치**
  - 편리하게 사용할 수 있어야 하며 향기로운 커피를 추출하는 원두커피 머신

정겨울

- 축구 경기 관람 열광 팬
- 조용히 여유로운 삶을 살고 있다.

원두커피 향에 관심이 없으나 거의 매일 자주 먹으면서 열성적인 삶을 즐긴다.

- **사용하는 기기**
  - 스마트폰: A사 제품
  - A, B사 원두커피 머신
  - 인터넷, 모바일 사용
- **추구하는 상품 가치**
  - 편리하게 사용할 수 있는 원두커피 머신
- **차별적 핵심적인 상황**
  - 기술 능력: 전문가
  - 구매 행태: 최고 품질
  - 구매 동기: 필요하면 충동구매

■ 사용자 시나리오 구성

소비자 고객에 대한 페르소나 모델링이 끝나면 경험 설계자는 고객과의 모든 접점에서 발생할 수 있는 모든 상황을 시나리오인 비즈니스 케이스로 만들어 볼 수 있다. 비즈니스 케이스 시나리오에는 고객이 제품에 대한 관심, 구매, 사용, 경험, 폐기, 제품에 대한 추억까지 전 과정을 상세하게 묘사해야 한다.

고객에게 필요한 것, 고객의 목표, 포부, 바라는 것, 얻고자 하는 결과 등을 묘사해야 한다. 이러한 상세한 사용자 시나리오는 새로운 고객 여정 맵이나 경험 맵을 설계하는 데 있어 매우 중요하다.

① 사용자 시나리오 구성에 필요한 고객 속성과 행태

- 이름
- 나이
- 라이프 스타일
- 일하는 방식
- 페르소나 모델을 특징적으로 묘사할 수 있는 그림, 글, 이미지
- 사용자 경험에 미칠 수 있는 영향력 요인
- 사용하는 기술 및 실현 정도: 미디어 커뮤니케이션 채널, 사용하는 기기, 사용자 기술 도입 정도, 기기의 제품 포지션, 기대하는 기술 실현
- 준거 그룹 및 정보 제공원
- 제품 디자인, 설계 시 고려 요인

- 제품에 대해 고객이 추구하는 가치
- 제품 사용 전 사용자 시나리오 구성
- 제품 사용 후 사용자 시나리오 구성
- 제품 사용 시 가장 이상적인 사용자 시나리오 구성: 광고, 홍보 제작 시 사용이 가능하도록 섬세하게 구성

② 사용자 시나리오 구성: 이여름

- 이름: 이여름
- 나이: 35살 남자
- 라이프 스타일: 결혼, 2명의 아이 아버지, 아파트 생활자, 스포츠 관람 팬인 자유분방한 도시형 직장인
- 일하는 방식: 사무직원으로 월요일부터 금요일 저녁까지 지하철로 출퇴근
- 페르소나 모델을 특징적으로 묘사할 수 있는 그림, 글, 이미지: 도시형 직장인
- 사용자 경험에 미칠 수 있는 영향력 요인: 직장 근무(월요일~금요일) 중 원두커피 3~5잔 매일 먹고 있음
- 사용하는 기술 및 실현 정도: 미디어 커뮤니케이션 채널, 사용하는 기기, 사용자 기술 도입 정도, 기기의 제품 포지션, 기대하는 기술 실현
- 준거 그룹 및 정보 제공원: 직장 동료, 친구, 인터넷 탐색
- 제품 디자인, 설계 시 고려 요인: 특별히 고려하는 점은 없음
- 제품에 대해 고객이 추구하는 가치: 내구성, 편의성
- 제품 사용 전 사용자 시나리오 구성: 사무실에서 제공하는 한 가지 맛의 원두커피 애용, 자기 취향의 원두커피 맛을 추구하고 있음
- 제품 사용 후 사용자 시나리오 구성: 약간 단맛(70%), 신맛(10%), 쓴맛(20%)의 맛을 지닌 원두커피를 여유롭게 즐기고 있음
- 제품 사용 시 가장 이상적인 사용자 시나리오 구성: 광고, 홍보 제작 시 사용이 가능하도록 섬세하게 구성

사용자 시나리오 구성은 제품을 구매하도록 돕는 단계까지 진행할 수 있다. 제품

에 관심을 두고 제품을 이용하고 있다는 것을 상상할 수 있다. 사용자 페르소나 모델과 시나리오 구성은 2~3회 작성하면 고객의 삶에 가깝게 들어갈 수 있을 것이다. 고객 삶에 접근할수록 그들에게 손을 내미는 방법도 쉽게 찾을 수 있고 나아가 제품 서비스 디자인 등 제품 개발에도 도움을 얻을 수 있다. 결국 고객이 원하는 제품을 생산할 수 있고 서비스도 가능하므로 마케팅 측면에서 많은 도움을 얻을 수 있다.

(2) 사용자 경험 모델링

사용자 경험 모델링을 수행할 때에는 제품 사용자에 대한 면담과 세심한 관찰을 통해 목표와 동기, 상황에 따른 영향력과 전형적인 사용자 스토리를 밝혀가면서 구성해 간다.

사용자 경험 모델링은 두 가지 측면에서 구성되어 전개된다. 첫 번째 측면은 사용자의 구매 의사결정 과정인 '프로세스 모델링' 측면이다. 또 다른 측면은 각각의 프로세스 단계에서 관련성 또는 영향력이 있는 요인인 '데이터 콘텐츠 모델링'이다. 각각의 모델링에 속하는 요인들을 우선 파악해야 하는데 그 모델 요인들은 아래와 같다.

■ 사용자 경험 프로세스 모델 요인

- 사용자가 달성하려고 하는 활동은 무엇인가?
- 사용자에게 익숙한 것은 무엇인가?
- 사용자는 이 상황에서 어떻게 생각하고 있는가?
- 사용자, 고객, 구매자가 할 만한 일은 무엇인가?
- 관련 있는 기술, 기술 실현, 사용하는 기기는 무엇인가?
- 사용자의 기술 환경은 무엇인가?

■ 사용자 경험 데이터 콘텐츠 모델 요인

- 디자인하고자 하는 사용자는 누구인가?
- 사용자는 어떤 상관성 속에서 그 일을 시도하는가?
- 사용자의 필요와 요구는 무엇인가?

- 사용자의 목표는 무엇인가?
- 사용자가 움직이는 동기는 무엇인가?
- 우리가 고려할 문화적인 사항은 무엇인가?
- 유사한 경쟁 경험은 무엇인가?

사용자인 고객이 어떤 상황에서 제품을 접하는지를 생각하면서 사용자 경험 모델링을 수행한다. 고객 경험 디자인의 최종 목적은 사용자 경험과 사용자의 '활동 프로세스', 그 활동 프로세스에 상관성 또는 영향력을 지니고 있는 '데이터 콘텐츠'에 관한 일이라고 말할 수 있다.

■ 사용자 경험 디자인 구조

사용자 경험 디자인의 구성 요소는 사용자 '활동 프로세스'와 사용자 '데이터 콘텐츠', 그 둘의 관계성 또는 영향력으로 이루어졌다. 활동 프로세스는 사용자가 어떤 활동을 할 것인가에 대한 동기 요인에 관한 것이다. 또한 데이터 콘텐츠는 사용자가 각각의 활동 단계에서 심층적으로 고려하는 요인에 관한 것이다.

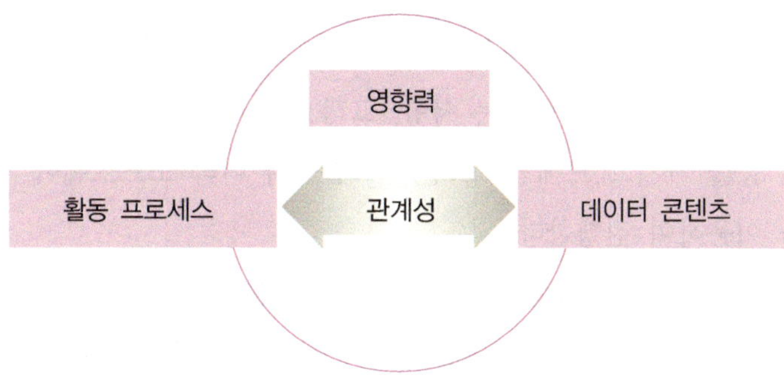

[영향력 요인]

- **과제(목적)**: 나만의 원두 향과 커피 머신 구매와 로스팅 원두 서비스
- **환경적 요인**: 사회적, 커뮤니티적, 감정적, 정서적, 문화적 동기

[관계성 요인]

- **사용자 목표**: 모든 사용자가 즐길 수 있는 원두커피 머신 및 로스팅 원두 공급 서비스
- **편의성**
- **사업목표**: 원두커피 머신 10대 구매, 총 구매 가격 설정
- **기술 실현**: 기기, 플랫폼 맥락
- 제품, **서비스 속성**

[활동 프로세스 요인]

- **동기**: 활동을 충동하는 동기, 구매 요청
- **행동**: 원두커피 종류 탐색
- **과제**: 사용자, 커피 머신
- **재무적 요인**: 금전적 능력
- **기술 환경**: 기기, 기술 사용 환경

[데이터 콘텐츠 요인]

- **통찰**: 다양한 향과 맛을 추출할 수 있는 원두커피 머신 상상
- **사용자 가치**: 고객 가치
- **경험**: 고급 브랜딩 원두커피
- **사용자 요구**: 희망, 바라는 것, 구매하고 싶은 원두커피 머신
- **세분 시장**: 커피 머신 제품 세분화
- **인구 통계적 요인**: 사무실 직원 구성, 사용자 수
- **지식과 기술사항**: 원두커피 머신 제품, 향과 맛 추출 기술사항
- **신념, 태도**
- **성격**: 사용자
- **상대적, 역사적, 감정적 사항**

▪ 활동 프로세스와 데이터 콘텐츠 모델링

사용자의 문제를 해결하거나 사용자가 원하고 바라는 점을 개선하여 새로운 경험으로 창출할 수 있는 기회를 인식하는 과정이며 또한 구매 활동 프로세스와 각각의 프로세스에 상응하는 데이터 콘텐츠를 분석하는 과정이다.

그동안 진행한 페르소나, 페르소나 모델, 페르소나 모델링, 사용자 경험 설계, 사용자 경험 모델을 모두 종합하여 분석하는 것이다. 고객 경험과 고객 행동에 관해 알아낸 사실, 고객이 바라고 원하는 사항, 고객 경험 개선, 고객 여정 맵, 경험 맵, 상황분석 맵 등을 가지고 브레인스토밍 워크숍이나 여타 소프트웨어 시스템 분석 설계 기법을 이용하여 진행한다.

페르소나별로 고객이 여정의 모든 단계에서, 즉 경험 이전과 경험 도중, 경험 이후의 모든 단계에서 어떤 경험을 가질 수 있는지 자세히 분석하고 설계한다. 모든 단계에서 고객이 어떤 내용을 다른 사람과 공유하고 있는지도 파악하여 설계에 포함시킨다. 또한 고객이 각 단계에서 사용하는 미디어 커뮤니케이션 채널과 디지털 기기, 기술 실현 상태까지도 분석하고 설계한다.

분석 설계의 초점과 방향은 현재 제공하고 있는 경험과 앞으로 제공하고 싶은 경험, 브랜드의 약속과 현실, 제품의 약속과 현실, 고객 지원과 고객 서비스의 약속과 현실, 커뮤니티 공감도와 기대, 고객 공유 네트워크, 충성도 등의 관점에서 출발한다.

[구매 여정상의 사용자 경험: 브랜드]

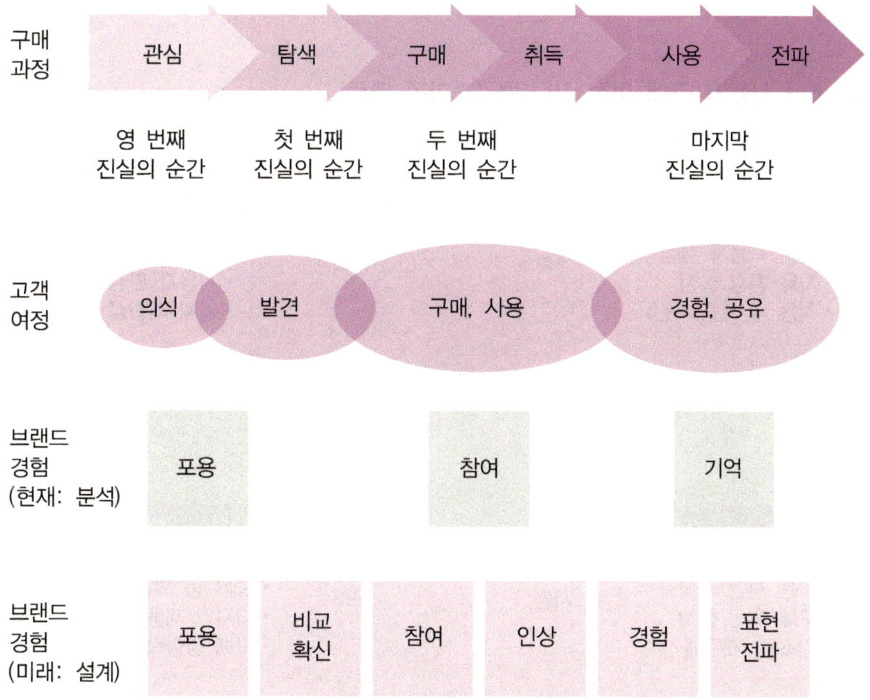

■ **설계 방향**

브랜드에 대한 고객 가치, 브랜드 약속, 핵심 사항들, 메시지, 미디어 커뮤니케이션 채널, 기술 실현, 관계를 구축하는 수단, 제공하고 있는 경험과 제공해야 하는 경험

최소한 다음의 여섯 가지 기본적인 고객 참여 형태에 대해서 평가해 보고 분석과 설계를 한다.

- 관심
- 고려 & 영향력
- 행위
- 소유
- 경험
- 충성도 & 전파

출처: 경험으로 스타트업하라, 오점술, 손인배, 박유찬, 박병연, 다산글방, 2018, pp.363-379.

교육자료 5-3 페르소나 모델과 사용자 구매 여정 시나리오: 스마트 벨트 사례

페르소나 사용자 구매 여정 시나리오(스마트 벨트)

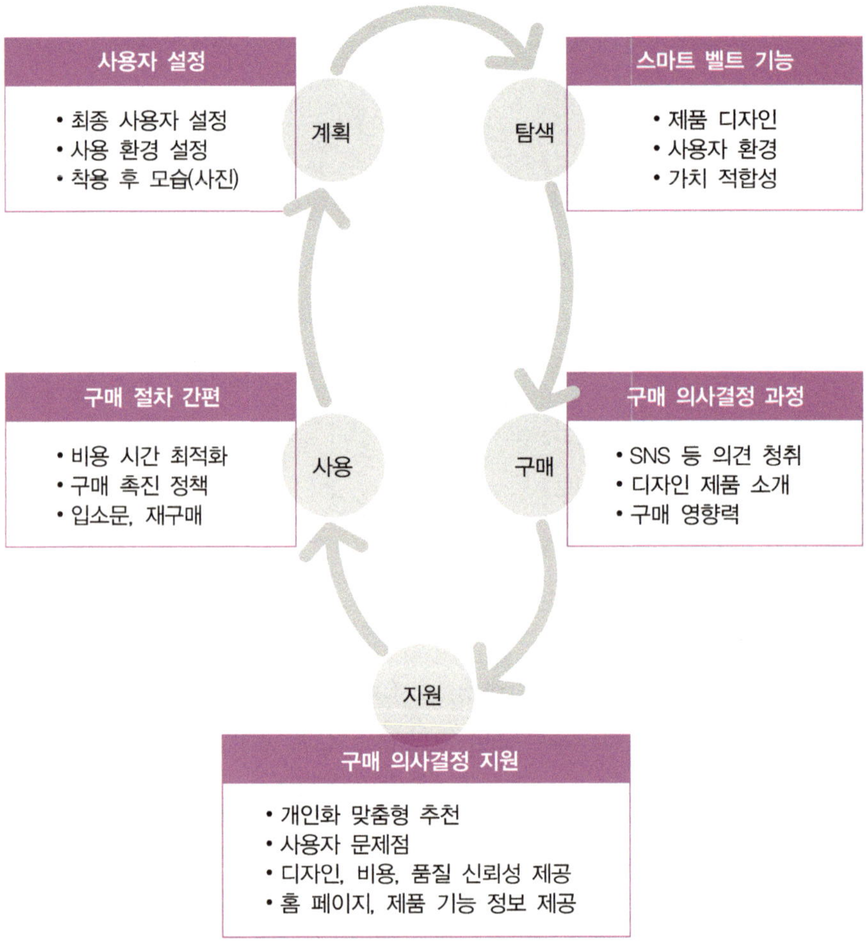

사용자 구매 여정 시나리오

- 그림, 도표, 기호, 숫자를 이용한 시각적 표현의 사용자 구매 여정 시나리오
- 박○○, 38세 가정주부, 8세(남자), 6세(여자) 아동의 엄마, 호신용 경보기 구매가 필요함

Stage 1	Stage 2	Stage 3
정보 검색: 키워드 – 호신 경보기, 호신 아동용품	의견 청취: 남편, 사용자, SNS	제품 탐색: 홈 페이지, 오프라인 숍
Stage 4	**Stage 5**	**Stage 6**
비교 검토: 가격, 디자인, 기능	구매: 저가, 수량 – 2개 지불 수단	전달: 포장 박스, 사용자 설명서
Stage 7	**Stage 8**	
사용: 사용 경험, 사용 환경	사용 후: 사용 경험 후기, 입소문, SNS	

교육자료 6-1 신제품 개발과 제품 수명주기

◉ 신제품 개발

1. 신제품의 유형

- 새로운 제품군: 지금까지 존재하지 않던 전혀 새로운 제품을 개발하여 새로운 제품 시장(product market)을 창출하는 것
- 기존 제품의 혁신적 발전
- 기존 제품의 응용
- 기존 제품의 약간의 변화
- 타 기업 성공 제품의 모방

새로움의 정도에 따라 도시하면 다음과 같다.

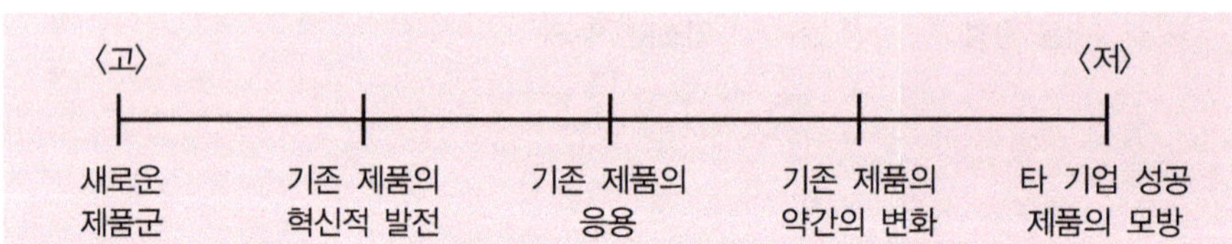

2. 신제품의 성공과 실패

▪ 신제품 실패 원인

- 시장 조사를 하지 않았거나 하였더라도 그 결과를 무시하고 선호하는 아이디어를 무리하게 진행시켰다.
- 제품 아이디어는 좋으나 시장 규모가 너무 작았다.
- 제품 아이디어대로 제품이 제대로 설계되지도 기능하지도 못했다.
- 제품이 시장에서 광고나 가격 등의 이유로 팔리지 않았다.
- 개발비가 예상보다 너무 많이 들었다.
- 경쟁자의 반격이 예상보다 강했다.

■ **신제품 성공 요인**

- 고객의 니즈를 충족시키며 높은 고객 가치를 실현시켰다.
- 혁신적인 제품이다.
- 기술적 및 차별적 우위를 가졌다.
- 성장 가능성에 대한 세밀한 분석이 있었다.
- 경쟁이 그다지 치열하지 않다.
- 기업의 역량에 잘 부합하였다.

3. 신제품 개발 전략의 유형

■ **선제 전략(Proactive Strategy)**

- 고객의 현재 니즈(Current Needs)를 토대로 하는 전략이다.
- R&D 전략: 잠재적 니즈, 표현되지 않은 니즈 등 미래의 니즈를 예측하여 신제품을 개발 → 잠재 고객들에게 니즈를 불러일으킨다.

■ **대응 전략(Reactive Strategy)**

- 모방 전략: 다른 기업의 성공 제품을 모방한다. 'me too' 전략이다.
- 보다 나은 두 번째 전략: 경쟁 신제품보다 더 우수한 제품을 개발한다.
- 방어 전략: 경쟁자의 신제품 출시로 매출이 하락할 자사의 기존 제품을 보호한다.

4. 신제품 개발 절차

신제품 개발 절차

아이디어 개발
- 아이디어 창출
- 아이디어 선별

진행 → 중단

제품 컨셉의 개발과 테스트
- 제품 컨셉의 개발
- 제품 컨셉의 테스트

진행 → 중단

사업성 분석과 제품 개발
- 사업성 분석
- 제품 설계
- 제품 개발

진행 → 중단

시험 마케팅
- 표준시험 시장법
- 통제시험 시장법
- 모의시험 시장법

진행 → 중단

도입
- 출시 계획 수립
- 출시 과정 추적

출처: Glen L, Urban and John R. Hauser, *Design and Marketing of New Products*, 2nd ed., Prentice-Hall, 1993, p.38; Philip Kotler and Kevin Lane Keller, *Marketing Management*, 14th ed., Prentice-Hall, 2012, p.573.

(1) 아이디어 개발: 아이디어 창출과 선별

■ 신제품 아이디어의 원천

- 기업 내부
- 고객
- 경쟁자와 타 기업들
- 유통업자, 납품업자, 기타
- 기업 환경변화

■ 아이디어 창출기법

- 속성열거법(Attribute Listing): 기존 제품의 속성들을 일부 변경시켜 재결합하여 신제품을 개발한다.
- 강제적 결합법(Forced Relationships): 두 개 이상의 제품들을 강제적으로 결합한다.
- 형태적 분석법(Morphological Analysis): 제품의 여러 속성들을 파악하여 각 속성별로 가능한 수준을 찾아낸다.
  → 각 수준끼리 조합하여 다수의 신제품 대안들을 결정
  → 다수의 신제품 대안들을 비교하여 최적의 대안 선택
- 브레인 스토밍(Brain Storming)

■ 아이디어 선별 방법

- 오류의 종류
  - Drop Error: 좋은 아이디어가 잘못된 판단으로 기각되는 것
  - Go Error: 좋지 못한 아이디어가 잘못 선정되어 개발 과정이 진행되는 것

제품 아이디어 평가과정

신제품 성공 요인	(A) 상대적 중요도	(B) 각 요인별 평가	(A×B) 중요도×평가
제품의 우수성	.40	.8	.32
비용 대비 가치	.30	.6	.18
마케팅 지원	.20	.7	.14
경쟁력	.10	.5	.05
합계	1.00		.69

평가 척도: .00 ~.30 빈약함; .31~.60 보통임; .61~ 90 좋음. 최저수용점수: .61.

(2) 제품 컨셉의 개발과 테스트

■ **제품 컨셉**

제품의 아이디어를 소비자 입장에서 구체적으로 표현한다.

■ **제품 컨셉 테스트**

표적 시장 소비자들을 대상으로 제품의 컨셉을 평가하도록 한다.

(3) 사업성 분석과 제품 개발

■ **사업성 분석**

가격, 유통, 촉진 등의 마케팅 노력 투입 시 예상되는 매출과 이익 등을 추정한다.

■ **제품 개발**

제품 컨셉 기술서로부터 실체적 제품을 만든다.

※ 시제품 개발 단계에서부터 제품을 엄격하게 테스트할 필요가 있다.

예 위니아 만도의 딤채 HUT(Home Usage Test)

(4) 테스트 마케팅

테스트 시장을 결정하여 마케팅과 함께 제품을 도입한다.

■ 표준시험 시장법

어느 정도 대표성을 갖는 도시에서 연관 마케팅 시행과 함께 신제품을 도입하여 성과를 측정한다.

- 실제 상황에 가장 근접한 효과적인 방법이나 아래와 같은 문제점이 있다.
- 문제점
  - 첫째, 비용과 시간이 가장 많이 든다.
  - 둘째, 신제품 개발과 도입 전략에 대한 정보 노출 우려가 있다.
  - 셋째, 경쟁자들의 방해로 인하여 결과 해석에 오류가 발생한다.

■ 통제시험 시장법

- 일정 수의 점포를 선택하여 신제품을 시험적으로 판매하는 방법이다.
- 선반의 위치와 수, 전시, POP 촉진, 가격 등을 사전 계획에 따라 통제한다.
- 장점: 비용과 시간이 적게 든다.
- 한계점: 대표성 결여, 정보 누설 우려가 있다.

■ 모의시험 시장법

- 모의 쇼핑 환경에서 신제품을 테스트한다.
- 장점: 비용과 시간이 가장 적게 든다.
- 한계점: 추정 결과에 대한 신뢰도가 가장 낮다.

(5) 도입(출시)

제품 수명주기

1. 제품 수명주기의 개요

전형적인 제품 수명주기(Product Life Cycle: PLC)

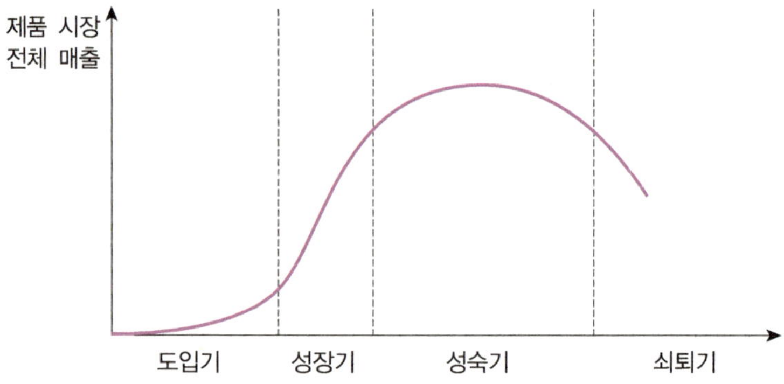

(1) 도입기(Introduction Stage)

- 매출성장률이 낮다.
- 손실을 보거나 이익이 매우 낮다.

(2) 성장기(Growth Stage)

- 시장에서 제품이 성공적으로 수용되어 수요가 확산되는 기간이다.
- 제품 시장을 창조한 기업의 경우 매출 성장률이 높고 이익이 증가한다.

(3) 성숙기(Maturity Stage)

- 매출 성장률이 낮거나 혹은 매출이 감퇴하기 시작하는 기간이다.
- 각 경쟁 기업은 높은 마케팅 비용 지출로 인하여 이익이 줄어든다.

(4) 쇠퇴기(Decline Stage)

- 제품 시장 전체의 매출과 이익이 완전히 하향하는 기간이다.

제품 수명주기는 제품 수준 각각의 경우에서 분석 가능하다. 그러나 마케팅 전략 수립과 관련해서는 대체성이 높은 제품은 한 가지 제품으로 보아 분석하는 것이 바람직하다.

2. 도입기(Introduction Stage)

(1) 도입기의 특징

- 많은 비용이 들 수 있다.
- 매출이 매우 낮으므로 손실을 보거나 이익이 매우 낮다.

(2) 도입기의 마케팅 전략

■ 제품

기본 기능을 갖는 제품(Basic Version)만을 출시한다.

■ 가격

- 고가격(Skimming Pricing): 단위당 높은 마진(Margin) 실현
- 저가격(침투가격; Penetration Pricing): 신속한 시장침투 시 시행
  - 시장이 비교적 크며, 구매자의 가격민감도가 높고, 경쟁자가 쉽게 진입할 수 있는 경우에 적합하다.
  - 경험곡선 효과가 클수록 적합하다.

■ 유통

유통업자들이 신제품을 어떻게 받아들이는가에 따라 유통경로 개발 비용이 다를 수 있다. → 강력한 브랜드 확장과 좋은 이미지를 가진 기업이 신제품 개발에 유리하다(낮은 유통 비용).

■ 촉진

인지도 제고에 초점을 맞춘다.

(3) 제품시장 창조 기업의 이점과 위험

- 이점: 대표 브랜드로 인식된다. 제품군 내 표준이 될 수 있다.
- 위험: 낮은 품질 수준, 부적절한 포지셔닝, 적은 수요, 추가 자원 투입 불가, 자원부족 등의 경우로 실패할 수 있다.

3. 성장기(Growth Stage)

(1) 성장기의 특징

- 수요가 급성장하는 시점에서 성장률이 체감하기 시작하는 시점까지의 기간이다.
- 도입기에 고가격인 경우 경험곡선 효과와 경쟁으로 가격이 점차 하락한다.
- 매출이 크게 늘어나고 경쟁률은 낮아 산업 내 총이익은 상당히 증가한다.

(2) 성장기의 마케팅 전략

- 제품: 제품 차별화와 제품 기능 및 품질 향상을 모색한다.
- 가격
  - 선발 기업: 경쟁에 대처하고 가격민감도가 높은 소비자 계층 유인 위해 가격을 인하한다.
  - 후발 기업: 선발 기업의 가격을 고려하여 경쟁력 있는 가격을 설정한다.
- 유통: 유통망을 넓히고 새로운 유통경로를 개척한다.
- 촉진: 상표선호도 향상 전환에 초점을 둔다.

4. 성숙기(Maturity Stage)

(1) 성숙기의 특징

- 대개의 경우 성숙기는 도입기나 성장기에 비해 길다.
- 산업 전체의 총이익은 성숙기 초기나 중기까지 증가하다가 치열한 경쟁으로 점차 하락한다.

(2) 성숙기의 마케팅 전략

- 제품: 첫째, 기존 제품으로써 수요를 증대한다. 둘째, 기존 소비자들의 소비 · 사

용량이 증대된다. 셋째, 새로운 용도를 개발한다. 넷째, 기존 제품 품질 향상과 신규 브랜드를 개발한다. 다섯째, 제품을 철수한다.

- 가격: 매출 증대를 위해 가격을 인하하며 경쟁자도 가격을 인하할 수 있다.
- 유통: 새로운 유통경로 혹은 유통기관을 이용한다.
- 촉진: 촉진 노력을 강화한다.

성숙기의 제품 전략

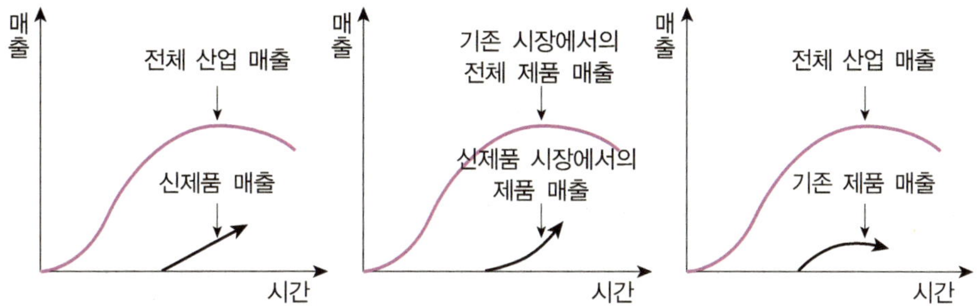

a. 품질이 향상된 신제품의 도입　b. 기존 제품을 새로운 시장에 도입　c. 철수

5. 쇠퇴기(Decline Stage)

(1) 쇠퇴기의 특징

- 경쟁력이 약한 기업들은 철수한다.
- 경쟁력이 약한 브랜드 생산을 중단한다.

(2) 쇠퇴기의 마케팅 전략

- 첫째, 철수(Divest) 전략
- 둘째, 수확(Harvest) 전략
- 셋째, 재활성화 전략 → 재마케팅(Remarketing)

6. 제품 수명주기를 이용한 전략 수립 시 고려해야 할 사항

(1) 제품 시장의 정의

제품 수명주기를 토대로 전략을 수립하기 위해서는 제품 시장 정의가 선행되어야 한다.

(2) 제품 수명주기의 진행 속도

- 진행 속도는 제품의 특성에 따라 다르다.
- 신제품 확산 속도에 대한 영향 요인은 다음과 같다.
  - 상대적 이점
  - 단순성
  - 커뮤니케이션 가능성
  - 부합성
  - 시용 가능성

(3) 제품 수명주기의 단계와 전략 간의 관계

제품 수명주기는 경우에 따라서는 통제 가능한 대상으로 생각해야 한다.

교육자료 7-1 제품 개발 계획서

[개발 목표 및 일정 계획]

항목		기간				진행(%)
		1주	2주	…	M주	
하드웨어 개발						
Working Sample	HW 설계					
	PCB 설계					
	PCB 제작					
	테스트					
엔지니어링 샘플	설계					
	PCB 설계					
	PCB 제작					
	테스트					
Pre-Product	설계					
	PCB 설계					
	PCB 제작					
	테스트					
금형	설계					
	금형 제작					
	금형 수정					
기구 개발	기구 제작					
소프트웨어 개발						
제품 소프트웨어	SW 설계					
	SW 개발					
	테스트					
스마트폰 연동	앱 설계					
	앱 개발					
	연동 테스트					

[개발 제품 테스트 보고서]

개발 제품 테스트 보고서는 중간 점검 테스트 보고서와 완료 테스트 보고서를 작성하는 것이 좋다. 테스트 보고서 양식은 제품 개발 의뢰 시 외주 용역 개발 계약서에 첨부하여 작성한다.

<table>
<tr><th>분야</th><th>개발 업무</th><th>개발 목표
(수치, 정밀도, 상태표시)</th><th>개발 결과</th><th>보완점</th></tr>
<tr><td rowspan="2">하드웨어</td><td>HW 설계 및 개발</td><td></td><td></td><td></td></tr>
<tr><td>개발 지원</td><td></td><td></td><td></td></tr>
<tr><td rowspan="4">소프트웨어</td><td>설계 및 개발</td><td></td><td></td><td></td></tr>
<tr><td>개발 지원</td><td></td><td></td><td></td></tr>
<tr><td>스마트폰 앱 개발</td><td></td><td></td><td></td></tr>
<tr><td>서버 개발</td><td></td><td></td><td></td></tr>
<tr><td>기구</td><td>기구 설계 및 개발</td><td></td><td></td><td></td></tr>
<tr><td>연동 설계</td><td>HW & SW 연동성</td><td></td><td></td><td></td></tr>
<tr><td>PCB</td><td>PCB 설계 및 개발</td><td></td><td></td><td></td></tr>
<tr><td>비고</td><td colspan="4">1) 개발 실적 계획 대비 실적 분석 필요
2) 중간 점검 개발 테스트 문제점 보완</td></tr>
</table>

[개발 소요 비용]

<table>
<tr><th>분야</th><th>개발 업무</th><th>개발 인력</th><th>개발비</th><th>참여율(%)</th><th>개발 비용(월)
(개발비*참여율)</th></tr>
<tr><td rowspan="2">하드웨어</td><td>HW 설계 및 개발</td><td></td><td></td><td></td><td></td></tr>
<tr><td>개발 지원</td><td></td><td></td><td></td><td></td></tr>
<tr><td rowspan="4">소프트웨어</td><td>설계 및 개발</td><td></td><td></td><td></td><td></td></tr>
<tr><td>개발 지원</td><td></td><td></td><td></td><td></td></tr>
<tr><td>스마트폰 앱 개발</td><td></td><td></td><td></td><td></td></tr>
<tr><td>서버 개발</td><td></td><td></td><td></td><td></td></tr>
<tr><td>기구</td><td>기구 설계 및 개발</td><td></td><td></td><td></td><td></td></tr>
<tr><td>소계</td><td></td><td></td><td></td><td></td><td></td></tr>
<tr><td>PCB</td><td>PCB 설계 및 개발</td><td>외주 개발</td><td>외주 비용</td><td></td><td></td></tr>
<tr><td>비고</td><td colspan="5">1) 외주 개발업체 ○○○
2) 개발 기간에 따른 연구 인력 효율적 투입: 50% 이내</td></tr>
</table>

[개발 소요 실비용]

분야	개발 세부 업무	개발비(천 원)
하드웨어	HW 설계 및 개발	
	개발 지원	
소계		
소프트웨어	설계 및 개발	
	개발 지원	
	스마트폰 앱 개발	
	서버 개발	
소계		
기구	기구 설계 및 개발	
Pre-Product		
소계		
PCB	PCB 설계 및 개발	외주 비용
소계		
총개발비		

[개발 검토사항 및 개발 진행 계획]

■ 검토사항

- 정확한 요구사항 정의 및 사양 정리
- 제품 단가 검토: 개발 설계 제작 단계
- 측정 장치 평가 필요: 정확도, 신뢰성 검토
- 인증 시험 준비
- 사업화 관련 개발 구체화
- 특허, 실용신안 신청
- 개발 비용 및 일정은 개발 요구사항 확정 후 산정

■ 개발 진행 및 향후 계획

- 실제 제품 양산 시 요구사항 정리

- 선행 기술 상세 검토: 특허, 논문, 상용 제품 기능
- Working Sample 진행: 사전 기능, 양산 가능

[외주 용역 개발업체 평가서]

외주 용역 개발업체는 관련 제품을 전문적으로 개발 서비스를 제공하고 있는 업체 3개사 정도를 선택하여 절차에 따라 평가를 거친 후 개발 용역 의뢰업체를 선정한다.

외주 용역 개발업체 선정은 1차 평가는 절대 평가로 개발 성공 여부를 평가하고, 2차 평가는 상대 평가로 외주 용역업체 선정 평가를 한다.

평가 항목	A업체	B업체	C업체	검토 의견
개발 인력(명)				
개발 실적(건)				
기술력 수준				
개발 비용				
회사 연혁				
경영 상태				
회사 위치				
장애 요인				
기타 사항				

[외주 용역 개발 계약서]

외주 용역 개발 의뢰는 반드시 계약서를 작성하여 진행한다. 주요 제품을 구매할 시에도 구매에 대해 세부 계약서를 반드시 작성하여 구매를 한다.

- 계약명
- 개발 목표(목적)
- 개발비
- 개발 내용(개발 범위): 상세 명세서 작성
- 개발 기간

- 개발 일정: 상세 개발사항별 일정
- 개발 인력(투입 인력)
- 최종 결과물 보관 및 관리(개발 완료 후 산출물 인도와 검수)
- 테스트 및 시험 검사 성적서
- 계약 이행상의 관리 감독
- 대금 및 지불 방법(계약금, 중도금, 잔금)
- 무상 보증 및 유지 보수 관련 사항
- 비밀 유지
- 개발 중 발생하는 산출물 반환(중도 계약 해지 시)
- 소유권 귀속
- 제3자 권리 침해, 양도 금지
- 지체 보상금
- 계약 효력 및 해제 조건
- 기타 개발에 관한 사항

교육자료 7-2 위탁 용역 개발업체 선정 가이드 사례

[외주 용역 개발업체 평가 및 선정]

(1) 외주 용역 개발업체 평가사항

- **품질**
  - 고객 기대 충족
  - 품질 비용 절감
- **가격**
  - 적정 가격 설정: 부품별, 생산공정별
  - 원가 절감 노력
- **납기**
  - 납기 준수
  - JIT(Just in Time) 납기관리
  - 재고 비용, 원재료, 재공품 비용 절감

(2) 가격 결정 기준

가격 결정에는 절대적인 기준이 없으므로 쌍방의 여러 조건, 원가관계(부품, 생산공정), 동종업체와의 경쟁, 수급관계 등 여러 상황을 고려하여 서로 합의하여 결정한다.

- 원가 계산에 의한 가격 결정
- 수요와 공급 간의 관계에 의한 가격 결정
- 동종 산업 간의 경쟁관계에 의한 가격 결정
- 비용 지급 조건에 따른 가격 결정
- 가공공정의 난이도에 따른 가격 결정
- 납기 조건에 따른 가격 결정

- 유통 경로, 구매량, 원재료 수급 등 기타 요인에 의한 가격 결정
- 동종 제품의 용역 단가와 비교 후 결정

[외주 용역 개발업체 선정 가이드]

(1) 금형 위탁 용역 개발업체 선정 가이드

■ 금형 위탁 용역 개발업체 선정 기준

- 가격 요인만 보고 선정하지 말 것
- 위탁 용역업체의 신뢰성을 높이 평가
- 비즈니스 모델을 결정한 후에 위탁업체를 선정
- 개발 제품 컨셉을 결정한 후에 위탁업체를 선정
- 가능한 위탁 개발 용역업체를 3개 이상 방문 후 결정
- 위탁 용역 개발업체 방문은 반드시 생산 현장을 본 후에 결정

■ 금형 위탁 용역 개발업체 선정 평가사항

- 기업 일반 현황: 대표자 경력, 동종 업종 경험, 사업 경력, 매출 현황(최근 3년), 사업장 소재지, 종업원 수(기술 인력 인원)
- 생산 설비 현황: 설계 능력(자체, 외주) 역량, 생산 설비(자체, 외주) 보유 정도, 사출 장비, 측정 설비, 검사 장비 보유 현황
- 서비스 역량: 설계, 제조, 가공, 사출 역량의 기술 역량 및 서비스 범위 평가
- 사업 수행 역량: 최근 3년 이내에 관련 제품 매출 현황과 매출처와의 서비스 관계 수준 평가

(2) 전기 전자 용역 개발업체 선정 가이드

■ 회로 설계 역량

- 기술 보유 여부
- 연구 인력 보유 현황 및 기술력
- 유사 및 관련 제품 개발 경험 여부
- 개발 제안서 작성 기술력

- 소스 제공 여부
- 개발 기간, 개발 단가 적정성
- 개발 일정관리 가능 여부 및 시험 성적서 제공 여부

■ **디자인 역량**

- 기구 설계 인력 협업 가능성 유무
- 디자인/UX Portfolio 여부
- 업체 경력
- 개발비 적정 여부(개발 인력, 개발 기간, 개발 단가)

■ **S/W(APP) 개발 역량**

- 유사 및 관련 제품 개발 여부
- 운영 소프트웨어 개발 경험 여부
- UI(User Interface)/UX(User Experience) Portfolio 경험 여부
- 개발비 적정 여부

■ **PCB 설계 역량**

- 설계 인력 보유 현황
- 설계 장비 보유 현황
- 동종 및 관련 제품 설계 경험 여부

■ **기구 설계 역량**

- 기구 및 금형 설계 경험 인력 보유 현황
- 유사 제품 개발 경력

■ **금형**

- 기구 금형 설계 인력 보유
- 업체 경력, 현장 방문, 장비/시설 보유
- 동종 및 관련 제품 양산 경험 여부
- 사출 가능업체, 사출 협력업체 보유 여부
- 합리적인 제작비

■ 금형 설계 자료

- 완제품 후가공 방법
- Parting ling/under cut 처리/외관 수축 문제 등
- 금형 명세서에 의해 체계대로 작업 가능 확인

(3) 기계 분야 용역 개발업체 선정 가이드

■ 금형 제작 역량

- 전문 업종(사출 금형, 프레스 금형, 고무 금형, 유리 금형, 전조 금형 등)인가?
- 설계 인력 보유 현황은?
- 자체로 시사출이나 트라이 아웃이 가능한가?
- 적정한 공작 기계를 보유하고 있는가?
- 숙련된 조립 인력을 보유하고 있는가?
- 동 업종 경력은 어느 정도(5년 이상)인가?

■ 기계 가공 역량

- 범용 설비, 전용 설비에 의한 가공인가?
- 일반 가공, 특수 가공인가?
- 일관 작업이 가능한가?
- 위탁 가공을 추가해야 하는 업체인가?
- 가공 설비, 측정기의 정밀도를 신뢰할 수 있는가?(사전 판정 필요)

■ 사출 역량

- 사출기 명세서(사출기 용량, 항체력 등)
- 로봇 사양 역량

(4) ICT 관련 분야 용역 개발업체 선정 가이드

■ 소프트웨어 개발 역량

- 개발 경험, 개발 인력, 개발 실적, 매출
- 외주 개발비, 투입 인력, 개발비 산정의 적정성

- 개발 제안서, 일정별 개발 명세의 적정성
- 개발 실현성(개발 완성)

■ **카탈로그 및 포장 디자인**

- 사무실 작업 환경
- 업체 대표의 관련 기술 보유 정도
- 매출처 구성 및 매출 빈도
- 진행 과정 공개 및 결과 보고서 제공

■ **기타**

- 기업 설립 현황
- 시제품 소량 생산 및 대량 생산 가능성
- 업체 자체 생산 제품 또는 타 업체에서 제작 의뢰한 제품이 시중에 유통되고 있는가?

(5) 일반 제품 분야 용역 개발업체 선정 가이드

■ **비용**

- 가격 제안
- 위주 위탁 개발 범위
- 요구사항 충족과 제시 비용 관련성

■ **효율성**

- 업무 범위, 개발 기간의 적정성
- 개발 소재 명확화
- 투자 대비 효과 분석

■ **업무 분석 역량**

- 업무 분석 능력
- 시스템 통합 프로세스

■ 기타

- 사업자 등록증 업종 업태, 매출액
- 종업원, 개발 인력
- 생산품의 종류 및 업체의 시장에서 지위
- 매출처, 매출 빈도
- 회사 소개서, 업체 평판
- 생산 방식(OEM/직접 생산)
- 생산 비용 적정

교육자료 7-3 업종별 기술성 분석서 양식

IT/소프트웨어 시스템 업종

기술성 분석 포인트	기술성 분석 고려사항
비즈니스 모델 개발에 필요한 핵심 기술사항	비즈니스 모델별 분야(게임, 서비스 시스템, 솔루션 등)의 요구 구현 기술사항 파악
개발 언어	
시스템 구현 기술	
서비스 구현 기술	
시스템 운영 기술	
핵심 기술 구현 방안	핵심 기술 구현 방안(자체 개발 및 외주 개발)
개발 인력	
자체 개발	
외주 개발	
소프트웨어 시스템 구현 단계	소프트웨어 개발 단계별 요구사항 점검 및 확인
분석서 구현 기술	
디자인 구현 기술	
데이터 베이스 구현 기술	
운영 구현 기술	
외주 개발 요구사항 구현 단계	외주 개발을 위한 제안서 요구사항 작성 및 제안서 검토 능력
개발 제안서 작성 요구사항	
개발관리 요구사항(중간 점검)	
시스템 테스트 요구사항	

전기/전자 업종

기술성 분석 포인트	기술성 분석 고려사항
핵심 기술 대비 보유 기술 분석	보유 기술 수준(난이도) 및 경쟁력 정도(기술 차별성)
기술의 활용성 및 파급효과 분석	기존 기술의 제품 적용 수준
제품의 양산 능력 분석	생산 가능성/부품 자급률
원가 경쟁력 분석	생산 원가, 가격 탄력성
디자인 개발 능력	목표 시장 구매 우선순위 적합성
개발 비용 효율성	개발 비용 적정성, 생산비 적정성
기술 모방 위험도	제품 수명 단축 초래(진입장벽) 가능성
지식재산권 보유 여부	특허, 실용신안: 방어적 보호 수단 장치
경쟁 기술 분석	경쟁 제품 기술 수준, 차별화 정도
제품 개발 기술 능력 분석	자체 개발 수준, 외주 개발관리 기술

기계 업종

기술성 분석 포인트	기술성 분석 고려사항
기술 도입 필요성 여부	특허권 양도나 전용 실시권 확보
개발 능력 분석	자체 개발 수준, 외주 용역 개발관리 능력
생산공정 능력	설계 제품, 조립 제품, 검사가 중요한 제품 등
설계 능력 분석	설계, 생산, 시험의 중요도 및 수준
제품 특성 분석	기술 개발(혁신형) 제품, 생산성(제조 원가 절감) 제품
부가 가치 창출 원인 분석	제품 성능 제공 여부

화공 바이오 업종

기술성 분석 포인트	기술성 분석 고려사항
대량 생산 능력 적합성 분석	대량 생산에 필요한 원부재료의 정형화 여부, 균일한 원료 확보 능력
제품 품질 시장 적합성 분석 • 시제품 생산 품질 • 양산 제품 생산 품질	제품 생산에 필요한 공정 기술 확보 여부
고객 요구사항 적합성 분석	중간재, 완성 제품의 시장 요구사항 적합 여부

소비재 생활 공산품/공예 업종

기술성 분석 포인트	기술성 분석 고려사항
원단 등 생산 소재 시장 적합성 분석	생산 소재 공급 확보, 공정 기술에 적합한 소재 구매 여부
디자인 개발 능력	제품 디자인 확보(개발 인력, 외주 개발), 디자인 경쟁력 확보 여부
사용자 요구 적합성 분석	사용자 편의성 확보, 사용자 환경 적합성
시장 매력도 분석 • 소비자 요구사항 적합(Need) • 시장 성장성 변화 • 시장 접근성(유통 채널)	목표 시장 분석
제품 차별성 분석 • 가격 차별성 • 디자인 차별성 • 제품 생산 능력(공급) 차별성	경쟁 제품과 경쟁 기업의 비교 분석 능력
위기관리 능력 분석 • 제품 생산 • 금융 조달 능력 • 시장 진입장벽 대처 • 개발 인력 조달 • 생산 문제 발생 대처	

경영 능력 • 경영 역량 향상 • 마케팅 역량 • 재무관리 역량 • 생산관리 역량	제품 개발관리 • 아이디어 • 디자인 • 목표관리 • 일정 및 운영관리

교육자료 7-4 목업 제품과 제품 브로슈어 만들기 사례

◉ 최종 제품(또는 기술, 서비스) 요약

['지능형 실내공기 환기 시스템' WAVEN(웨이븐)의 기능과 목적]

- 미세먼지 및 황사 등으로 외부 대기질의 오염도가 심각하더라도 안전하게 환기 가능
- 환기를 통해 실내의 유해공기를 배출하고 신속한 탈취를 하여 실내공기를 개선
- 자동으로 사용자 환경에 최적화된 실내공기 개선 운전 지원(스마트 IoT 자동 운전)

본체 디자인

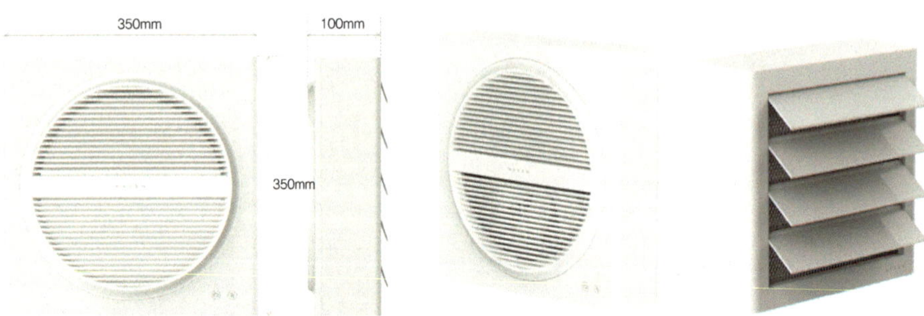

[주방 설치 후 모습]

제품 사용 방법

- 주방, 작은방, 거실 등의 모든 창틀에 손쉽게 설치 가능

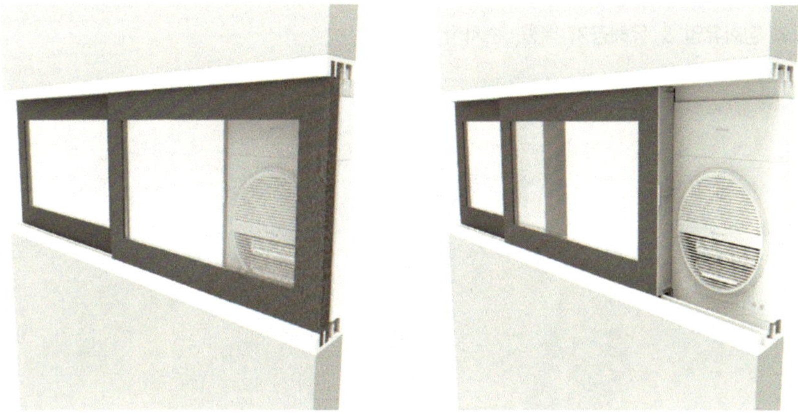

주방: 미사용 시 창문 닫음, 사용 시 창문 열어 운전

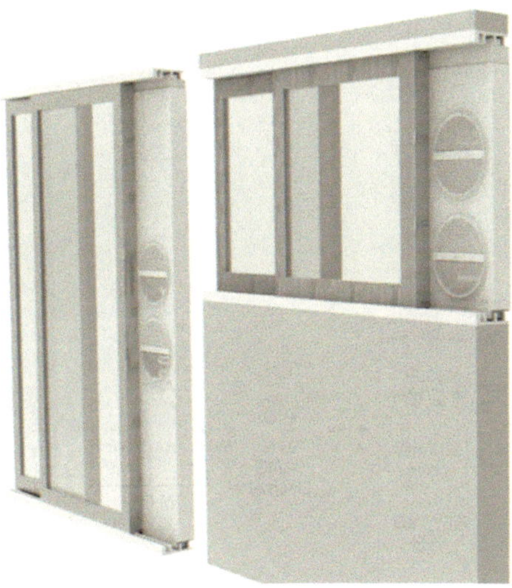

거실, 작은 방

['WAVEN'의 차별화된 본체 기구 구성]

4 Fan의 혼합 구성

- 공기의 정화유입 & 유해공기 배출, 순차적 운전

['WAVEN'의 IoT 구성]

IoT 아키텍처

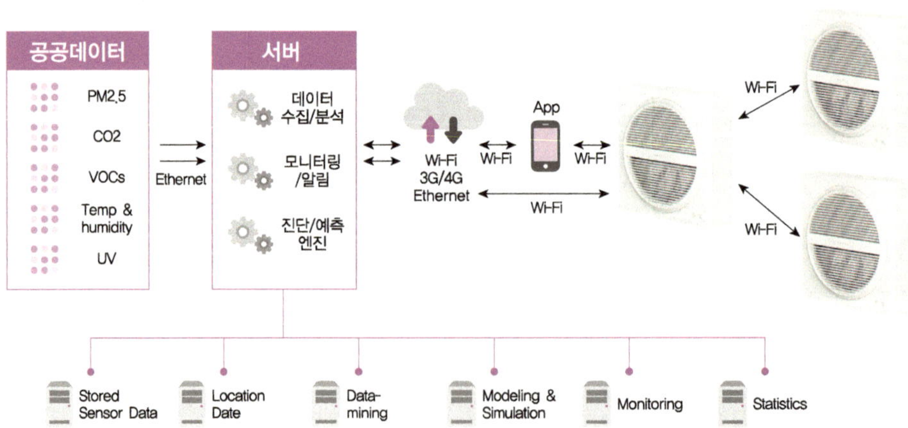

활용 구성		기능
연동	2기 이상 설치 시	• 맞바람 기능으로 환기 시스템의 효율 향상
	인터넷 서버	• WAVEN과 IoT 기기들과 연결 • 사용자 환경 및 작동기록과 결과기록 등을 서버로 전송, DB화
	사용자 최적화 서비스	• 서버와 연동되는 DB(Big Data)를 수집/분석하여 사용자에게 최적화된 인공지능 운전 프리셋으로 업데이트 • 기상청 및 지역공공데이터를 실시간으로 연결하여 적절한 운전 프리셋이 WAVEN의 펌웨어에 자동으로 적용되도록 함 • 자동으로 펌웨어 업데이트 가능
	Mobile 애플리케이션	• 실시간 리모트컨트롤 • 외부에서 실내 공기질 체크 및 운전명령 • 펌웨어 버전 및 결과 데이터 체크 • 사용자 데이터로 최적화된 운전 프리셋의 선택 적용
	IoT 공기측정기	• 원거리에 배치된 공기측정기의 수치에 따라서 자동 작동 • 위치와 수치에 따라서 맞바람의 방향과 풍량 조절

가정 실내에서의 공기 순환 예시 - 맞바람, 실내 대류

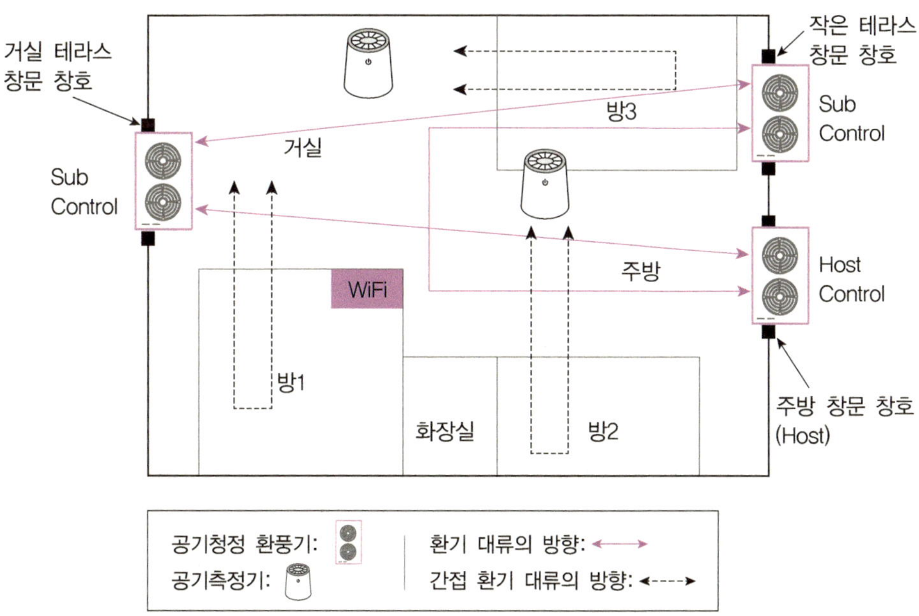

[기술의 차별성 및 경쟁력]

■ **당사 제품과 기 출시된 경쟁사의 유사 제품**

- 기존에 출시된 환기형 제품들은 정화 효율이 높으면 통풍이 거의 안 되고, 통풍이 잘되는 필터는 정화 효율이 매우 취약하다. 차단율이 높은 필터의 경우, 외부의 미세먼지를 차단시킴과 동시에 내부에서 발생하는 미세먼지 및 기타 유해한 물질도 배출되지 못하게 차단시키는 치명적인 단점이 있다. 이러한 단점을 Waven은 의도적 환기 시스템으로 개선하였고, 경쟁력 있는 가격과 IoT와 AI의 여러 혁신적인 기능을 보유하고 있다.
- 특히 탈취 효율은 공기청정기의 3~5배 이상의 효율을 보유한다.

당사제품과 기출시된 유사목적 제품

- 창틀에 설치하는 환기형 가전 기기 제품으로 WAVEN의 경쟁력은 우수

제품 종류	제품 이미지	기능	특징	수명	테스트 결과	유해 공기 배출
공기청정 환기 시스템 (당사) 179,000원	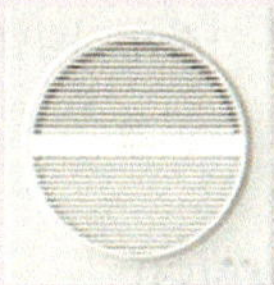	• 실내 유해물질 배출 • 미세먼지 99.5% 차단 • 정화공기 유입 • 맞바람 자동제어 • 편히 설치 가능	환기형 공기 청정 제품	반 영구	• 외부 먼지차단 효과 매우 양호 • 내부 유해공기 방출 매우 양호 • 통풍 매우 양호 • 미사용 시 창문 닫음 –보안/소음해결	가능
일반 환풍기 15,000~ 50,000원		• 공기 배출	업소용 규격 환풍기	3~ 5년	• 일반 환기 기능 • 가정에서 설치 불가능	가능
가정용 청풍기 59,000~ 89,000원		• 미세먼지 등 실내 유해물질 즉시 배출	조립식 설치 인테리어	반 영구	• 가정의 주방 및 욕실 설치 • 공기배출로 공기 개선 • 창문을 닫을 수 없어 미사용 시에 냉난방/벌래 차단 불가능	가능
촘촘망 18,000~ 36,000원		• 날벌래 100% 차단 • 미세먼지 50% 차단	방충망 교체	기준 없음	• 먼지 차단 매우 미흡 • 통풍 준수	다소 가능
미세먼지 키퍼 18,000~ 36,000원	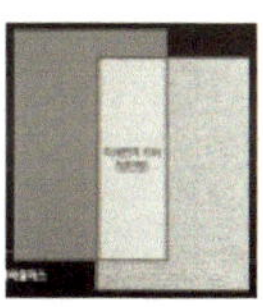	• 미세먼지 99.9% 차단 –단, 900mm만 가능 • 빗물 차단 • 반투과성 • 방충망 시공	나노 섬유 부직포	기준 없음	• 외부 먼지차단 효과 미흡 • 내부 유해공기 방출 불가 • 통풍 매우 미흡	불가
먼지 자바 22,900원		• 미세먼지 0.5㎛ 80% 이상 차단 • 양면테이프 부착 • 자연 통풍	고급 부직포	3~5 개월	• 외부 먼지차단 효과 양호 • 내부 유해공기 방출 불가 • 통풍 매우 미흡	불가
3m 환기 시스템 49,000~ 120,000원		• 자연 통풍 • 오염물질 유입 감소 • 설치 용이	정전처리 기술	3~6 개월	• 먼지차단 효과 미흡 • 통풍 준수 • 설치 후 유격 심함	다소 가능

■ 총 누적 구매 비용 비교(WAVEN vs 3M필터 vs 공기청정기)

(단위: 천 원)

제품	모델	본체 가격	필터 가격	필터 수명	1년	2년	3년
Waven	주방용	179	35	12개월	179	214	249
3M필터		100	75	3~6개월	175	325	475
공기청정기	대용량(12평형)	285	65	6개월	450	580	710

- 1년 단위 비교 시 웨이븐의 필터 수명이 3M필터보다 2배 이상 길고 가격이 저렴함
- 3M필터는 2차년도 말부터 총비용이 WAVEN을 초과함

■ 보유 필터의 미세먼지 집진 효율 비교(WAVEN vs 3M필터)

제품	미세먼지 집진효율		유입 풍량	배출 풍량	비고
Waven	PM-10: 99.5% PM-2.5: 99.5%	정격 풍량 (최대 풍량)	5CMM	11CMM	의도적인 배출과 유입 가능
3M필터	PM-10: 65% PM-2.5: 70%	풍속 0.74m/s 이하	자연환기로서 측정 불가		풍속 초과 시 집진효율 떨어짐
공기 청정기	PM-10: 99.5% PM-2.5: 99.5%	정격 풍량 (최대 풍량)	7CMM	없음	실내공기 정화

- 3M필터는 기본적인 집진효율이 낮음, 또 환기 풍량이 조금만 올라가도 일반먼지 및 미세먼지 집진효율이 현저하게 떨어짐(3개 아파트 설치 후 1주일간 테스트)
- Waven의 풍량은 공기청정기의 최대 풍량보다 유사하거나 상회함

제품 주요 기능 비교 대조

제품		자사 제품 (Waven)	일반 환풍기	가정용 청풍기	촘촘망
기능	먼지 크기				
	제거량				
	제거 시간				
정보 제공	집진 효율				
	배출 풍량				
가격	판매 가격				
	설치 비용				
	유지 비용				
	기타				
모델	가정용				
	교실용				
	거치용				
기타					

[세계 시장 규모]

상위 5개국의 공기정화 관련 시장 전망

• 특히 미세먼지 문제가 심각한 중국 시장이 기하급수적으로 확대되고 있음

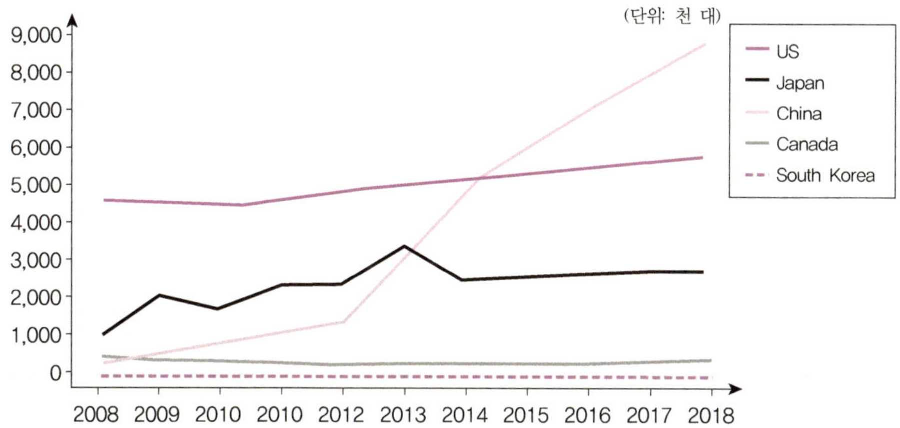

출처: Euromonitor Internaional 2015

[국내 시장 규모]

■ 주요 타킷 시장

- B2C: 육아를 맡고 있는 20대 중반부터 30대 후반까지의 전업주부
  통계청 자료인 2016년 경제활동인구조사 자료 중 7월의 육아를 위한 전업주부의 수는 약 133만 명으로서, 이를 기초 구매층(100%)으로 설정
- B2B: 신규 건설을 진행하는 건설사 및 리모델링협회, 이사협회와 협업하여 지원
- B2G: '공기청정 환기 시스템'의 시스템(SI) 및 본체를 조달청 조달물품으로 등록하고 지역 공공구매 지원센터와 협력하여, 학교/유치원/어린이집/노인정/관공서 등으로 공급

■ 설문 조사

- 20~30대 후반의 육아 전업 주부 500명을 대상으로 구매선호도 설문 조사 진행
  → 제품 필요도 91%, 가격 고지 후 제품 구매선호도 80%
- 첫년도 최소 2만 대 이상 판매 예상(온라인 쇼핑몰 'C'사의 내부 분석 결과)
  → 2만 대는 133만 명의 1.5%로서 구매선호도 80%를 고려 시 충분히 가능성 있음

사용자 경험 시나리오

잠재 고객	사용자 경험(설치 전)	사용자 경험(설치 후)
가정 일반 사용자 그룹: 4인 가정, 아파트(32평)		
교실 사용자 그룹: 유치원, 20명 학생, 서울 소재		

교육자료 8-1 고객 생애 가치 계산 방식

	구매 시점 (Y+0)	1년 차 (Y+1)	2년 차 (Y+2)	3년 차 (Y+3)	4년 차 (Y+4)	5년 차 (Y+5)
[수입원]						
• 매출						
• 유지보수						
• 회원 가입비						
[비용 발생원]						
• 고정비						
• 변동비						
• 인건비						
• 자본 비용						
• 연간 비용						
[고객 가치]						
• 재구매율						
• 고객 유지율						
• 누적 고객 비율						
• 재구매율						
• 고객 생애 가치						
• 고객 획득 비용						
[이익 발생원]						
• 이익률						
• 총이익						
[기타]						
• 현재 가치						

교육자료 8-2 고객 획득 비용 분석 사례(IoT칫솔 고객 획득 비용 분석/1년)

마케팅 전략

마케팅 전략

고객 대상	
인바운드 마케팅 인터넷 검색 광고, 블로그, 소셜 미디어 연간 예산: 500,000원	**아웃바운드 마케팅** 페이스북, 핀터레스트, 검색 광고 연간 예산: 1,000,000원

IoT 상품 디자이너 대상
링크드인 광고, 검색 광고, 상품 전시회, 전문잡지 광고, 시제품 제작 연간 예산: 10,000,000원

소매점 제휴
유치원 행사 지원, 카탈로그, 상품(국내 해외) 전시회, 전문잡지 광고, 재고품 전시 연간 예산: 20,000,000원

- 마케팅 총비용: 30,150,000원
- 발굴 고객: 10,000명
- 고객 비용: 9,000원

영업 전략

영업 전략

1. 잠재 고객 세분화: 목표 시장 분석

유입 경로에 따른 방문자 분석
인터넷 광고 랜딩 페이지 최적화, 제품 정보 기대효과 제공
연간 예산: 35,000,000원

2. 홈페이지 프로모션

추천 서비스, 장바구니 알림 기능
사용자 경험 시나리오 작성, 방문자 쿠폰, 할인 행사
연간 예산: 5,000,000원

3. 결제 처리 시스템

결제 시스템 개발, 수수료 지급, 운용비
구매 전환율: 25%
연간 예산: 15,000,000원

영업 전략 총비용: 55,000,000원

- **영업 및 마케팅 총비용: 85,150,000원**
- **획득 고객: 9,000명**
- **고객 획득 비용: 9,000원**

교육자료 8-3 가격 민감도 측정 방식

PSM(Price Sensitivity Measurement)은 가격 민감도를 측정하는 데 있어 가장 많이 사용하는 방식이다. 소비자들에게 4개의 질문을 제시하여 가격에 대한 민감도를 측정한다. 신제품인 경우에는 소비자가 사전에 제품에 대해 숙지할 수 있도록 제품 특성과 기능에 대해 충분히 설명을 하여야 한다.

PSM은 반드시 4개 문항의 질문을 순차적으로 제시하여야 한다. 소비자의 가격에 대한 의견과 생각을 간편하고 신속하게 알아볼 수 있다는 장점이 있다.

- 질문 1: "너무 싸서 품질이 의심스러운 가격은 얼마부터입니까?"(Too Cheap)
- 질문 2: "싸다고 느끼기 시작하는 가격은 얼마부터입니까?"(Cheap)
- 질문 3: "비싸다고 느끼기 시작하는 가격은 얼마부터입니까?"(Expensive)
- 질문 4: "아무리 품질이 좋더라도 비싸서 살 수 없는 가격은 얼마부터입니까?" (Too expensive)

각 질문에 대한 응답 결과를 누적시켜 그래프로 그려보고, 각 곡선이 만나는 교차점을 분석하여 가격민감도에 따른 가격 결정의 가이드라인으로 활용할 수 있다.

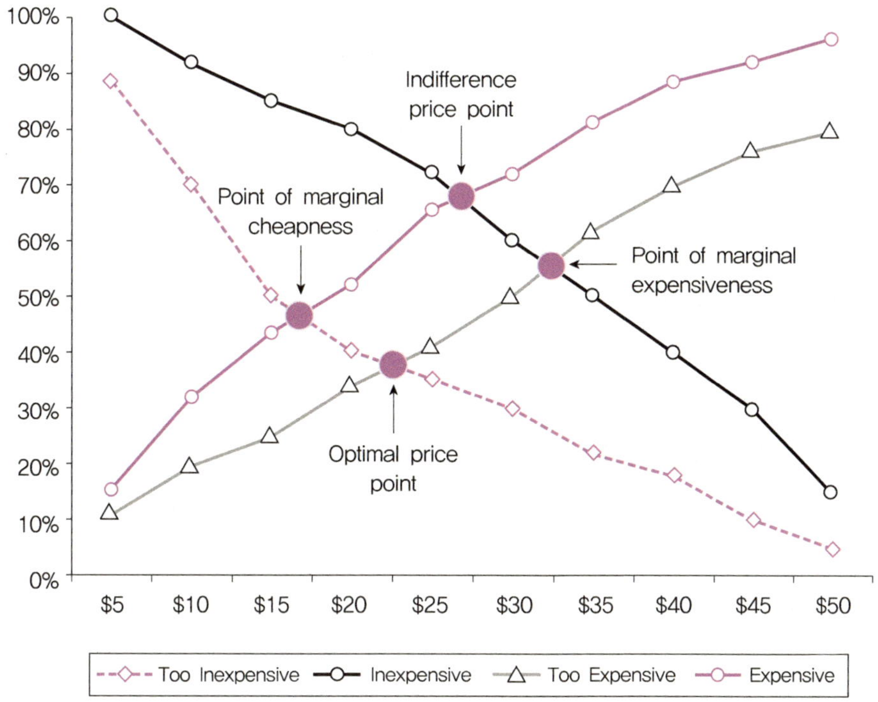

- **최적 가격**: 소비자의 구매에 대한 저항이 가장 낮은 곳
- **무관심한 가격**: 이 가격과 최적 가격의 차이가 작을수록 고객의 가격 민감도는 커짐
- **최저 가격 한도**: 가격이 이 임계값보다 낮게 설정되면 회사 이미지가 손상될 수 있음
- **가격 상한**: 가격이 이 상한을 초과하면 제품을 너무 비싸다고 생각하는 사람들의 수가 비싸다고 생각하지 않는 사람들의 수를 초과함

교육자료 8-4 가격 결정에 관한 자료 교육

[수요의 가격 탄력성]

■ **수요의 가격 탄력성이 낮은 경우(−1<E>0)**

- 가격을 인상하여도 수요의 감소가 상대적으로 적음 ➜ 총매출액의 증가
- 수요의 가격 탄력성이 낮을 것으로 판단되는 경우
  - 경쟁 제품, 대체품이 없거나 적을 때
  - 소비자가 제품 가격이 높다고 인식하지 못할 때
  - 경쟁 제품과 비교하여 우월적인 제품 기능이나 특성을 가질 때
  - 소비자의 구매 습관 변화가 발생될 때
  - 소비자가 여러 이유로 고가격 제품을 선호할 때

■ **수요의 가격 탄력성이 큰 경우(E<−1)**

- 가격 인상으로 인한 수요의 감소가 상대적으로 크기 때문에 매출 감소

■ **수요의 가격 탄력성이 양(+)인 경우**

- 가격 인상이 매출과 이익의 증대

[소비자 반응에 따른 가격 구조]

■ **준거 가격(Reference Price)**

- 소비자가 제품 가격의 고, 저를 평가할 때 비교의 기준으로 사용하는 가격
- 자주 구매하는 가격, 과거에 구매하였던 가격, 유사 제품의 평균 가격

■ **유보 가격(Reservation Price)**

- 소비자가 제품에 대해 지불할 의사가 있는 최고 가격

■ **최저 수용 가격(Lowest Acceptable Price)**

- 너무 싸면 제품에 하자가 있는 것으로 판단하고 구매를 거부할 수 있는 가격, 즉 소비자가 제품의 질을 의심하지 않고 구매할 수 있는 최소한의 가격
- 소비자는 준거 가격을 중심으로 유보 가격과 최저 수용 가격 내에서 제품을 구매하는 경향이 있음

[제품의 원가 구조]

■ **변동비**

- 판매량의 증가에 따라 비례적으로 증가하는 비용
- 재료비, 노무비, 로열티, 전기료, 사용료 등

■ **고정비**

- 판매에 관계없이 지불하는 비용
- 건물, 공장의 임차료, 고정 월급, 이자, 광고비, 기타 최소 유지비 등

[가격의 조정 요인]

■ **소비자의 심리에 의한 가격 조정 요인**

- 단수 가격(Odd Price): 제품의 가격을 서수 가격으로 낮춘 가격으로 책정하여 가격이 상대적으로 저렴하다고 느끼게 하는 가격
  - 99원, 999원, 19.95$
- 관습 가격(Customer Price): 제품 가격이 장기간 유지되어 제품의 원가가 상승되었음에도 가격 상승에 대한 저항이 심해 동일 가격으로 계속 유지해야 하는 가격

■ **거리의 차이에 의한 가격 조정**

- 균일 수송 가격
- 지역별 가격 차별
- FOB 가격: 모든 수송비를 구매 고객이 부담하는 가격

- COD(Cash On Delivery) 가격: 제품을 받을 때 현금으로 지불하는 조건 가격

■ **판매 촉진 수단으로 가격 조정 요인**

- 유인 가격(미끼 가격: Bait Price): 백화점이나 슈퍼마켓 등에서 잘 알려진 제품이나 꼭 필요한 제품을 저렴한 가격으로 판매함으로써 자기 상점이 소비자에게 가격 수준이 낮다는 이미지를 심어 주기 위한 가격 전략
- 세일 행사 가격: 일정 기간 동안 취급 품목의 대부분을 할인가로 판매, 단기적 매출 증가와 높은 상품 회전율을 통한 재고 감소 목적
- 계절 할인 가격: 비수기에 제품을 구매할 수 있도록 할인 혜택을 주는 가격
- 보상 판매 가격: 소비자가 자사 제품을 구매하면서 중고품을 가져오는 경우 판매가의 일부를 절감해 주는 가격
- 쿠폰 할인 가격: 제품을 구매한 후 영수증이나 포장 박스에 인쇄된 시리얼 번호를 보내줄 경우 추가로 가격을 할인해 주는 가격

[손익 분기점 분석(Break-Even Analysis)]

- 고정비와 변동비 수준하에서 투자 비용을 회수하는 데 필요한 가격 및 매출 수준(판매량 및 판매액)을 추정하는 손익 분기점 분석
- $\text{손익 분기점(판매량)} = \dfrac{\text{고정비}}{\text{가격} - \text{단위당 변동비}}$

교육자료 8-5 제품 공급가 계산식 사례

제품 공급가 계산(사례)

<table>
<tr><th>제품</th><th colspan="3">항목</th><th>기준가</th><th>금액</th></tr>
<tr><td rowspan="23"></td><td rowspan="5">자재비(A)</td><td rowspan="2">A1. M/C</td><td>재료비</td><td></td><td></td></tr>
<tr><td>부자재</td><td></td><td></td></tr>
<tr><td colspan="2">A2. 수입 부대 비용</td><td>A1 * 3%</td><td></td></tr>
<tr><td colspan="2">A3. Loss</td><td>(A1+A2) * 3%</td><td></td></tr>
<tr><td colspan="3">소계(A)</td><td></td></tr>
<tr><td rowspan="7">제조비(B)</td><td rowspan="3">B1. 가공비</td><td>SMT</td><td></td><td></td></tr>
<tr><td>수삽 조립 Test</td><td></td><td></td></tr>
<tr><td>검사/조립/포장</td><td></td><td></td></tr>
<tr><td colspan="2">B2. 불량률</td><td>(A+B1) * 1%</td><td></td></tr>
<tr><td colspan="2">B2. 관리비</td><td>B1 * 10%</td><td></td></tr>
<tr><td colspan="2">B3. 제조이윤</td><td>B1 * 10%</td><td></td></tr>
<tr><td colspan="3">소계(B)</td><td></td></tr>
<tr><td>생산/
검수관리비(C)</td><td colspan="2"></td><td>(A+B) * 4.5%</td><td></td></tr>
<tr><td rowspan="2">금융비(D)</td><td colspan="2">선수금 없음</td><td>A * 0.15/3</td><td></td></tr>
<tr><td colspan="2">80% 선지급 조건의 경우</td><td>A * 0.2 * 0.15/3</td><td></td></tr>
<tr><td rowspan="2">A/S 비용(E)</td><td colspan="2">물류 비용 제외(1년 보증)</td><td>(A+B+C+D) * 0.08</td><td></td></tr>
<tr><td colspan="2">물류 비용(1년 보증)</td><td></td><td></td></tr>
<tr><td>제경비(F)</td><td colspan="2">감가상각비 등 포함</td><td>제품 대당 배분</td><td></td></tr>
<tr><td colspan="4">소계(C+D+E+F)</td><td></td></tr>
<tr><td>제조원가(G)</td><td colspan="3">A+B+C+D+E+F</td><td></td></tr>
<tr><td>일반관리비(H)</td><td colspan="2">10%~15%</td><td>G * 12.5%</td><td></td></tr>
<tr><td>기업이윤(I)</td><td colspan="2">15%</td><td>G * 15%</td><td></td></tr>
<tr><td colspan="3">합계(A+B+C+D+E+F+G+H+I)</td><td colspan="2"></td></tr>
</table>

이윤 및 각 항목의 비율은 상황에 맞게 조정하여 반영한다.

- 유지보수(1년 보증): 제조원가의 5%~8%
- 유지보수 계약: 총매출의 12%(년)
- 물류 비용: 제조원가에 포함, 물류 비용 부분이 높은 제품은 별도로 조정하여 반영
- 금융 비용(연 15%): 생산(1개월)/판매(1개월)/수금(1개월)-3개월 반영

교육자료 8-6 창업 기업의 회계 이해하기 교육

창업자는 기본적으로 자신이 운영하는 기업에서 행해지는 재무관리와 회계관리에 대해 필수적으로 이해하고 있어야 한다. 기업에서 기본적으로 작성되는 회계는 두 가지이다.

- 재무 회계(Financial Accounting): 외부의 정보 이용자를 위한 회계
- 관리 회계(Managerial Accounting): 내부 정보 이용자를 위한 회계

[재무 회계]

주주, 은행, 거래처, 국가, 지방공공단체 등 외부의 정보 이용자에게 기업의 경영 실적을 보고하기 위한 목적으로 재무제표를 작성한다. 재무제표는 기업의 경제적 자원과 의무, 자본과 이들의 변동에 관한 정보를 제공하기 위해 작성되는 회계 보고서로 재무상태와 경영성과를 회계상의 보고서 형식으로 작성된 것을 의미한다.

재무제표는 다음과 같이 규정하고 있다.

- 재무상태표(Statement Of Financial Position)
- 손익계산서(Statement Of Income)
- 자본변동표(Statement Of Change In Equity)
- 현금흐름표(Statement Of Cash Flow)
- 주석(Note)

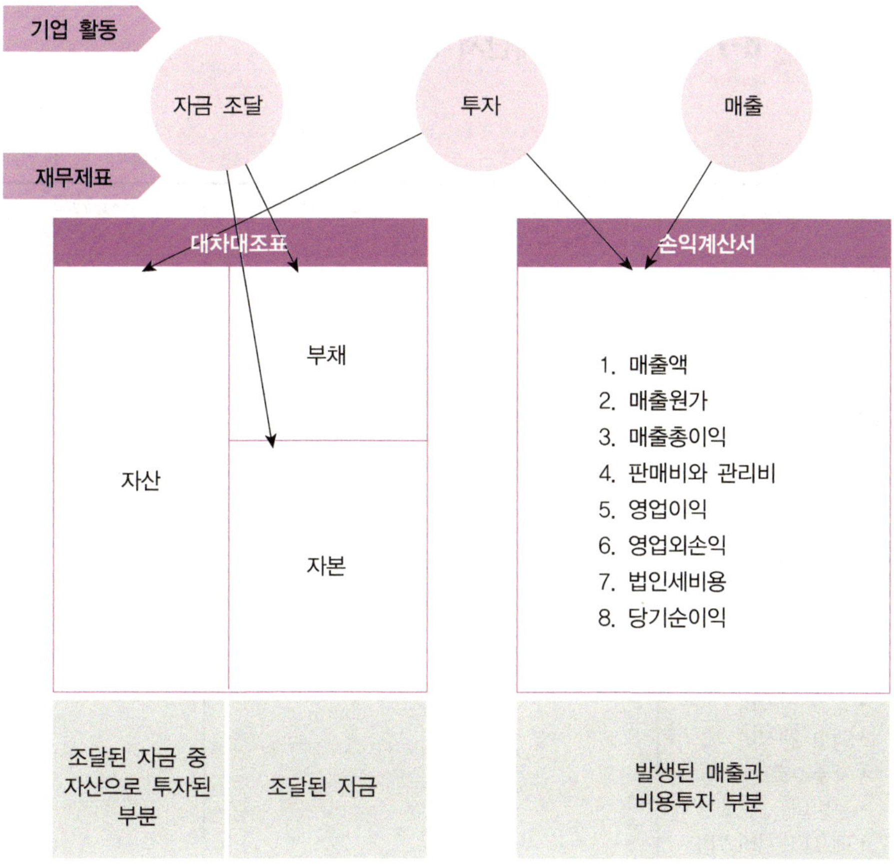

[관리 회계]

기업 내부에서 경영에 필요한 정보를 제공하기 위한 회계로 내부관리와 통제를 목적으로 작성한다. 관리 회계 정보 중 중요한 정보는 원가에 관련된 정보이다. 원가 정보는 가격 전략을 수립하고 가격 전략을 통하여 시장 점유율을 확보하기 위한 마케팅 전략을 세우는 데 많은 도움이 된다.

교육자료 8-7 추정 손익계산서 양식

(단위: 백만 원, %)

구분	1차 년도 (○○○○년)	2차 년도 (○○○○년)	3차 년도 (○○○○년)
매출액 • 제품 • 상품 • 기타			
매출 원가 • 제품 매출 원가 • 상품 매출 원가 • 기타 매출 원가			
매출 총이익			
판매비와 일반 관리비 • 급여 • 퇴직 급여 • 감가 상각비 • 광고 선전비 • 제수수료 • 운반비 • 애프터 서비스비 • 대손 상각비 • 기타			
영업 이익			
영업외 수익 • 이자 수익 • 지분법 평가 이익 • 기타			
영업외 비용 • 이자 비용 • 외환 차손 • 기부금 • 지분법 평가손실 • 기타			
세전 순이익			
법인세 비용			
당기 순이익			

교육자료 9-1 제품 경쟁력 포지셔닝 사례

[개발 제품 경쟁력(ipcar) 포지셔닝]

경쟁 제품 차별화 요인(구매 우선순위) 및 시장매력도 분석

모델	창의적 · 수직적 혁신 ←			시장 수요 창출력		→ 점진적 · 수평적 혁신		시장 매력도
	감성	디자인	기능	편의성	품질	가격	IOT 호환성	온라인 마켓
Kid P	3	5	10	7	8	9	3	45
녹음기	1	2	0	3	5	3	0	14
B호 신제품	2	10	6	5	9	3	0	35
자사 제품	9	10	9	9	10	8	10	65

순위도: 1~10

교육자료 10-1 구매 결정에 영향을 미치는 사람 분석 사례

기계식 정수 시스템

CIO/IT 전담 조직(거부권자)
- 가동시간 최우선주의
- IT 전문성 보유
- 발전, 정수 시스템 지식 전무
- 조직 관점

고객: 시설관리자(고객, 자금)
- 기술적인 부분
- 의사결정
- 대금 지급
- 문제 인식과 해결 의지
- 관련 예산 통제와 관리
- 구매촉발

사내 기술팀(거부권자)
- 조직 전체 관점
- 기술 전문성 보유
- 개보수 의사결정에 중요한 역할

데이터 센터장 (고객, 자금, 거부권자)
- 예산 통제
- 의사 결정권자
- 기술 부문 지식 보유 (정수 시스템 제외)
- 센터 경영자 관점

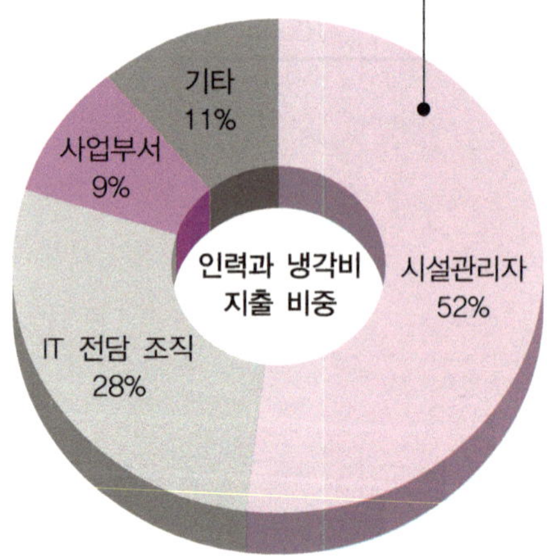

녹색 경영 담당 (영향력 행사자)
- CEO의 지지
- 녹색 경영 최고 책임자
- 홍보부서

정비업체(영향력 행사자)
- 시설 정비
- 저렴한 제품으로 교체 제안 기능

재무/구매 부서 (자금, 거부권자)
- 거부권 행사 가능
- 경쟁 입찰 요구

출처: 스타트업 바이블, 빌 올렛, 비즈니스북스, 2015, p.209.

교육자료 10-2 구매 여정 시나리오 분석 사례

- **잠재 고객:** 박○○, 38세, 8세 남자, 6세 여자아이 엄마, 전업주부, 호신용 경보기 구매 경험 있음

[스테이지 1: 검색]

- **키워드:** 호신 경보기, 경보기, 아동 호신 제품
- **검색 시점:** 첫날 오후 7시경, 집에서 검색

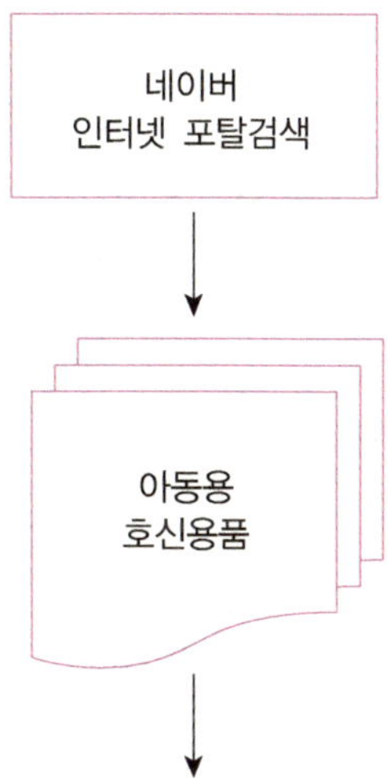

[스테이지 2: 정보 탐색]

- **주요 활동:** 비교 검토(가격, 성능, 구매 편의성, 사용자 경험 등)
- **검색 시간:** 30분

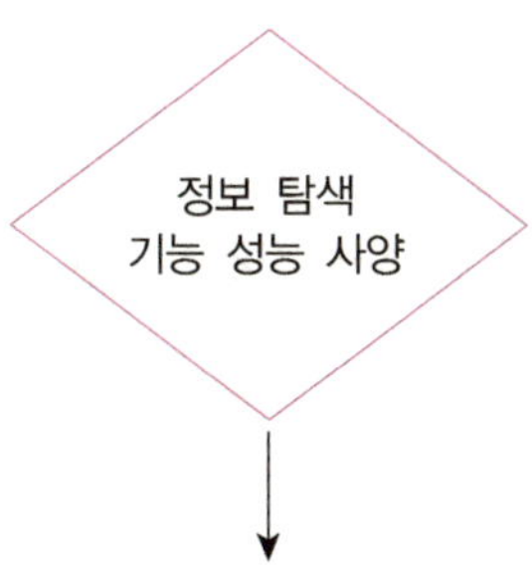

[스테이지 3: 의견 청취]

- 의견 청취자: 남편, 사용자, 사용자 경험(SNS)
- 견해: 가격, 성능, 사용 편의성, A/S 서비스 수준 등
- 시기: 둘쨋날 오후

구매 전 활동
영향력 요인

↓

[스테이지 4: 구매처 탐색]

- 주요 활동자: 구매자(엄마), 사용자(아동)
- 구매 방문처: 오프라인 가게, 온라인 홈페이지 방문
- 방문 시기: 주말 오후
- 제품 설명서: 카탈로그, 홈페이지 설명

구매처 탐색
• 오프라인 가게
• 온라인 홈페이지

↓

[스테이지 5: 구매]

- 구매처: 오프라인 가게
- 지불 방식: 카드
- 구매 시간: 15분
- 구매 시 문의: 사용년수, 기능, A/S 기간, 교환 여부 등

[스테이지 6: 사용자 경험 분석]

- **사용자 분석:** 사용자, 시기, 횟수, 편의성
- **사용자 경험 분석:** SNS, 소비자 의견 청취(온라인 홈페이지)
- **제품 개발 조언:** 기능, 디자인, 가격, 여성용 제품 개발 등

교육자료 11-1 기술 수용 주기 모델에 의한 가격 구조

[무어의 기술 수용주기 모델에 의한 고객 유형별 가격 구조]

■ **기술 애호가 구매 고객**

최초로 사용하는 고객군이다. 대학 실험실이나 연구기관, 연구소에서 일하는 사람들이다. 대부분 소량밖에 구매하지 않으며 높은 가격에도 매입하는 그룹이다.

■ **얼리어답터 구매 고객**

가격 탄력성이 낮은 편이다. 특별한 제품을 남들보다 먼저 소유하려는 소유욕과 소유했다는 만족감이 강하다. 무엇보다 주의를 기울여 특별히 관리해야 할 그룹이며 가격 제안도 별도로 고려해야 한다.

■ **전기 다수 사용자 고객**

실용적으로 사용하는 그룹이다. 시장의 대부분을 차지하는 고객이다. 가격 정책을 결정할 때 예상 판매 가격을 가정하는 기준 가격의 적용 대상이다.

■ **후기 다수 사용자 고객**

나중에 등장하는 고객이다. 이 무렵이면 가격 전략이 이미 시장에서 통용되고 있는 사용자 그룹이다. 명확하고 보수적인 계획을 선호하는 편이다.

■ **지각 수용자 고객**

구매 의사결정이 느려서 제품의 수용 주기 마지막에 나타나는 사용자 그룹이다.

기술 수용 주기 모형	첨단 기술에 대한 태도	소비자들이 원하는 것
기술 애호가	매우 호의적	새로운 기술
얼리어답터	호의적	신제품에 대한 가능성 입증
전기 다수 사용자	점진적·호의적	신제품의 위험요소 제거
후기 다수 사용자	배타적	성숙기 제품의로의 전환
지각 수용자	무관심	

출처: 스타트업 바이블, 빌 올렛, 비즈니스북스, 2015, pp.255-256.

교육자료 11-2 브랜드 론칭을 위한 14단계 프로세스

[STEP 1]

STEP 1
아이템 선정 및
기획 방향성 설정

- 메인 아이템에 대한 컨셉과 브랜드 스토리 컨셉 기획
  - 상용화 목적
  - 상품 컨셉
  - 차별화 포인트(제품 & 마케팅)
  - 포지셔닝
- 브랜드 네이밍 확정(특허정보 검색 서비스: 키프리스 사이트 참조)
  - 도메인 확보(가비아, www.whois.co.kr, www.internetplaza.co.kr 참조)
  - 상표권 등록 출원(특허로 사이트 참고)
- 사업 론칭 계획서
  - 환경 분석
  - 시장 분석
  - 전략 방향과 목표
  - 브랜딩 계획
  - Project Rod Map 계획
  - 업무 분장 및 구성원 계획
  - 매출과 손익 계획

[STEP 2 / STEP 3]

STEP 2
제품 개발에 대한
자료 조사 & 분석

STEP 3
디자인 구성 &
아이디어 스케치

- 유사 제품군 실태 조사 및 분석(국내 · 외 관련사)
- 사용 환경/시장 환경/제품 분석/제품의 특성 및 기능/SPEC 검토
- 디자인 개발 방향의 정의 및 목표 설정
- 제품의 구조 및 개념의 새로운 관점 확보
- 소비자의 Needs/시장/Product Identity 요소 파악

[STEP 4]

STEP 4
개발 제품에 대한
디자인 구체화

- Concept Sketch의 비교 검토로 방향성 압축
- 기능 구성 Simulation
  - 제품 형태
  - 기능
  - 구조
  - 컨셉 전반 확정
  - 2D Design Modeling/Rendering(사출류)

[STEP 5]

STEP 5
디자인 확정

- 특허 등록 가능 여부 검토
- 디자인에 대한 소비자 반응 조사

[STEP 6]

STEP 6

시제작(샘플) 제작
[사출류-디자인 목업]

- 샘플 작업 의뢰서 작성: 샘플 제작업체 선정 후 샘플 진행
- 샘플 수령 후 1차 제품 단가(BOM) 검토
- 샘플 수령 후 1차 제품 품평회 진행

[STEP 7]

STEP 7

AP(approval) 샘플 제작
[사출류-설계작업 후 목업]

- 작업 의뢰서 작성: 생산업체 선정 후 AP 샘플 진행
- AP 샘플 수령 후 2차 제품 단가(BOM) 검토
- 최종 생산업체와의 협의: 생산원가 및 생산 수량 조율 및 확정

[STEP 8]

STEP 8

패키지
디자인 & 개발

- 제품 컨셉에 맞는 패키지 디자인 개발
- 제품 택/제품 구분 스티커 디자인 개발

- 제품별/칼라별 바코드 생성
- KC 인증번호 삽입
- 패키지 사양서 제작
- 인쇄업체 선정 및 수량별 견적의뢰
- 패키지 샘플 제작을 위한 제판 진행
- 1차 샘플 수령 후 인쇄 칼라 사양 조정 및 확정

[STEP 9]

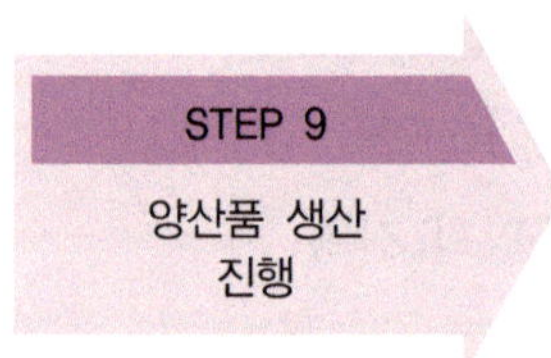

- 개발 제품 최종 사양서
- 제품 품질관리 기준서
- CS 소비자 정책 및 사후관리 기준서
- 품질 보증서(KC 인증 마크 외 필요 인증서 확보)
- 생산업체와의 기본 거래 계약서(별첨으로 품질 검사 지침서)
- 발주서 작성 및 진행

[STEP 10]

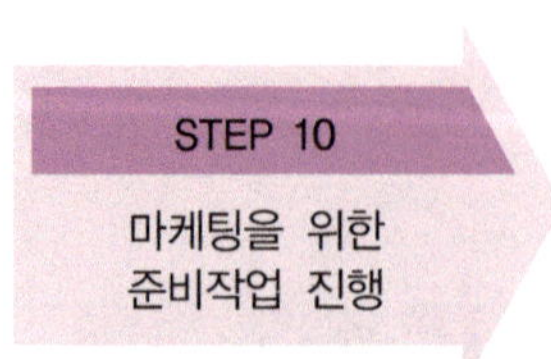

- 광고, 홍보를 위한 애플리케이션 기획 및 제작
  - 제품 및 브랜드 컨셉 촬영
    제품 단독 촬영(누끼컷 컷당 3만 원)
    제품 모델 촬영(인물, 배경컷 컷당 10만 원)

브랜드 컨셉 촬영(컨셉화보컷 컷당 15만 원)

- 브랜드 매뉴얼북 & 제품 카탈로그 제작

  디자인 제작(1page당 10만 원)

- 홈페이지 기획 및 제작(기획/디자인/퍼블리싱/개발)
- 브랜드 및 제품 홍보 영상 제작(000만 원/분당)
- 바이럴 마케팅을 위한 세팅

  블로그/카페/인스타그램/페이스북 등

[STEP 11]

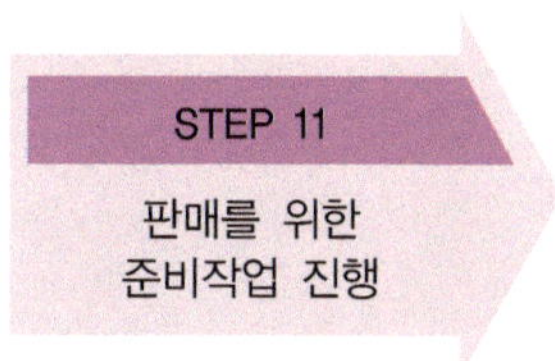

- CS 정책 확립 후 세팅
- 온라인 영업을 위한 세팅
  - 입점 온라인몰 MD 미팅을 통한 품평회 진행
  - 온라인몰 입점을 위한 서류 작업 및 입점 세팅 진행
- 오프라인 영업을 위한 세팅
  - 영업을 통한 오프라인 입점 채널 확보
  - 오프라인 품평회를 통한 선발 입점주 확보
- 브랜드 론칭 홍보를 위한 마케팅 세팅
  - 브랜드/키워드 검색 마케팅
  - 언론 기사 마케팅
  - 잡지 광고 마케팅
  - 론칭 프로모션 마케팅

[STEP 12]

STEP 12
물류 관리
세팅

- 하역
- 택배 발송 포장 사양서
- 제품 보관
- 운송을 위한 택배사 확정
- 재고관리

[STEP 13]

STEP 13
양산 제품
입고 및 검수

- 품질관리 기준서에 따른 제품 검수 및 제품 수량 파악

[STEP 14]

STEP 14
브랜드
론칭

- 다양한 유통 채널 확보 및 활발한 마케팅, 프로모션 관리를 통한 매출 상승으로 성공기업으로 진출!!!

출처: ㈜애기바당(대표: 최성현)

교육자료 11-3 거점 시장 세분 사례

[IoT 칫솔의 거점 시장 세분]

시장 조사를 통해 서울 소재 유아원 5세~7세 남녀 유아들을 대상으로 거점 시장을 우선적으로 선택하였다. 그리고 IoT 칫솔 시장을 다시 세분화하였다. 바른 칫솔질이 필요한 모든 연령대의 시장이다. 시장 조사를 근거로 시장을 재세분화할 수 있다.

IoT 운영 기반의 스마트 칫솔은 바른 칫솔질을 한 결과를 IoT 기기를 통하여 휴대폰에 설치된 흥미로운 게임과 연동시킬 수 있다. 게임의 달성 정도에 맞춘 동영상을 보여줌으로써 바른 칫솔질을 높여 나갈 수 있다.

바른 칫솔질로 충치 예방과 잇몸 보호, 치아 세정 등 여러 좋은 효과를 가져올 수 있으며, 유아들에게 바른 칫솔질을 하는 방법을 교육할 수 있다. 그러나 놀랍게도 전혀 연관성이 없어 보이는 청소년층과 장년층의 충치를 가진 사람들도 새로운 시장이 됨을 발견하였다. 충치와 잇몸 질환을 가진 사람에게도 바른 칫솔질이 필요하다.

고객의 유사한 가치 제안과 영업 전략을 적용하면 유사한 마케팅 활동 결과를 가져올 수 있었다. 다른 연령층에도 바른 칫솔의 사용법과 바른 칫솔질을 할 수 있는 IoT 칫솔이 필요하다. IoT 칫솔의 또 다른 시장 세분화이다.

IoT 칫솔의 거점 시장은 '서울 소재 유아원 5세~7세 남녀 유아들 대상'이었으나 충치 예방과 잇몸 질환 예방에 필요한 '성인용 동작 게임'을 개발하여 성인뿐만 아니라 노인층의 시장에도 충분히 성공적으로 진입할 수 있다.

서울 소재 유아(5세~7세)가 집중할 거점 시장이다. 인접 시장은 충치 질환과 잇몸 질환을 가진 모든 연령층으로 확대할 수 있다. 시장 확대 진입 전략은 고객 가치 제안 검증에 대한 시장 조사가 필요하다.

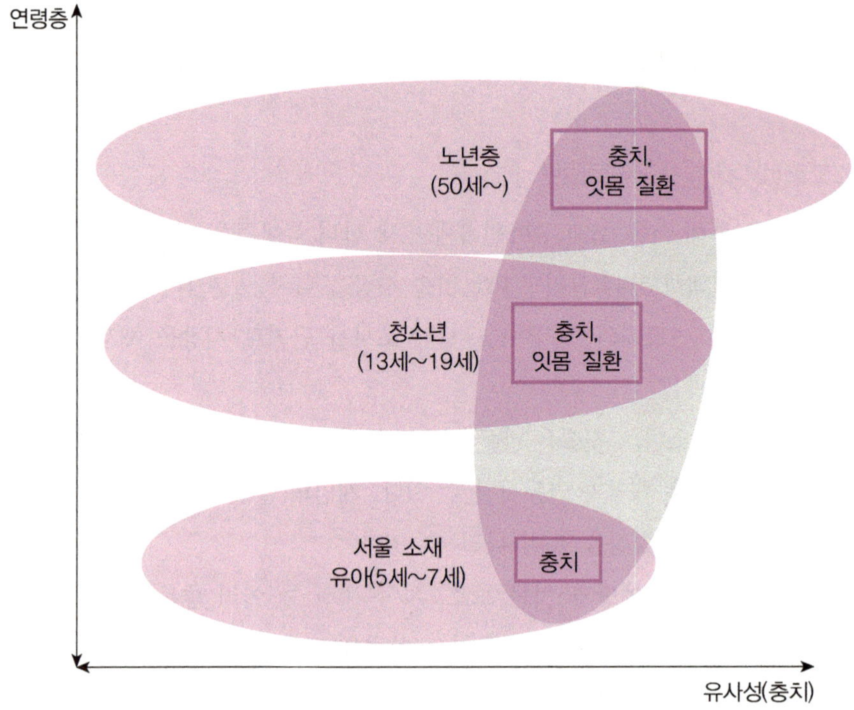
연령층
노년층
(50세~)
충치,
잇몸 질환
청소년
(13세~19세)
충치,
잇몸 질환
서울 소재
유아(5세~7세)
충치
유사성(충치)

교육자료 11-4 후속 시장 예측 사례

[스마트 스킨케어의 후속 시장 예측]

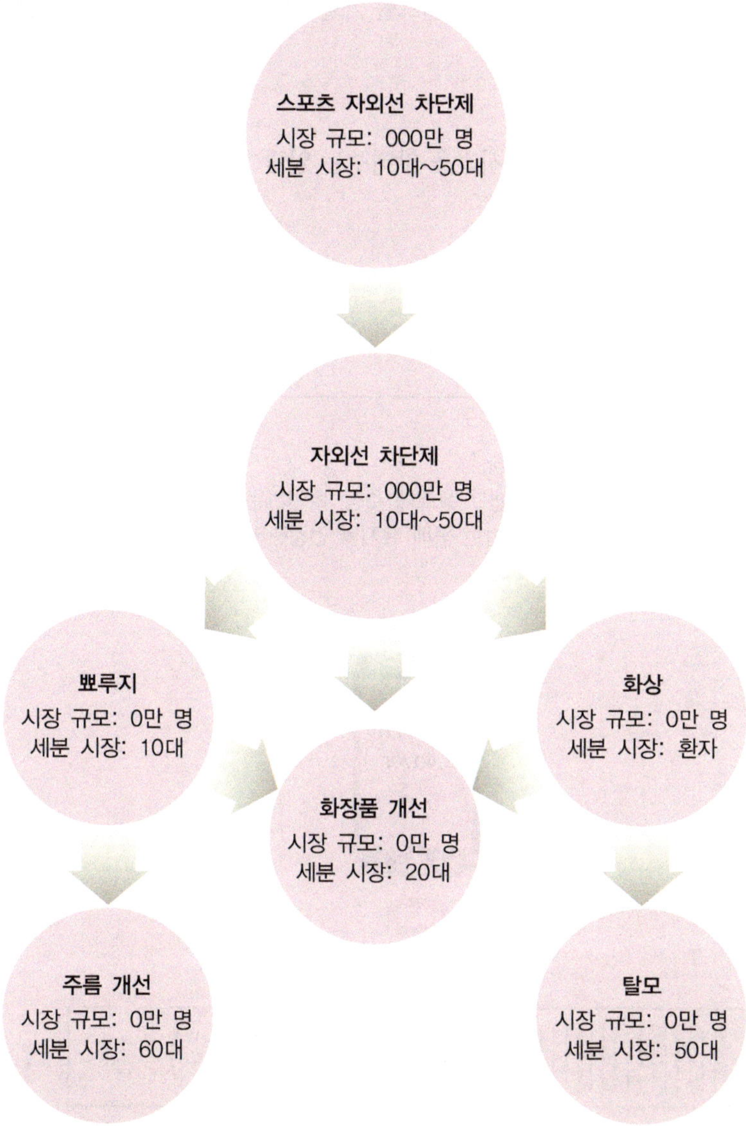

출처: 스타트업 바이블, 빌 올렛, 비즈니스북스, 2015, p.231.

교육자료 12-1 사업 계획서 사례(www.picopico.co.kr)

[사업 목적]

몸매 유지와 건강관리에 도움을 주는 벨트를 개발하여 행복한 생활 Life를 제공한다.

[개발 목표]

허리 치수를 측정하고, 운동할 시간을 알려주는 알람 기능을 갖춘 스마트 벨트를 개발한다.

[사업화 제품(또는 기술)]

최종 제품(또는 기술, 서비스) 요약

1 사업 개요

가. **제품명**: 슬림 핏 스마트 벨트 Ver.1

나. **제품의 핵심 가치**: 허리 치수를 쉽고 빠르게 측정, 확인하는 기능과 운동할 시간을 바로 알려주는 진동 알람 기능으로 슬림한 몸매 유지와 건강관리에 도움을 주는 스마트 벨트

다. **제품 개념도**

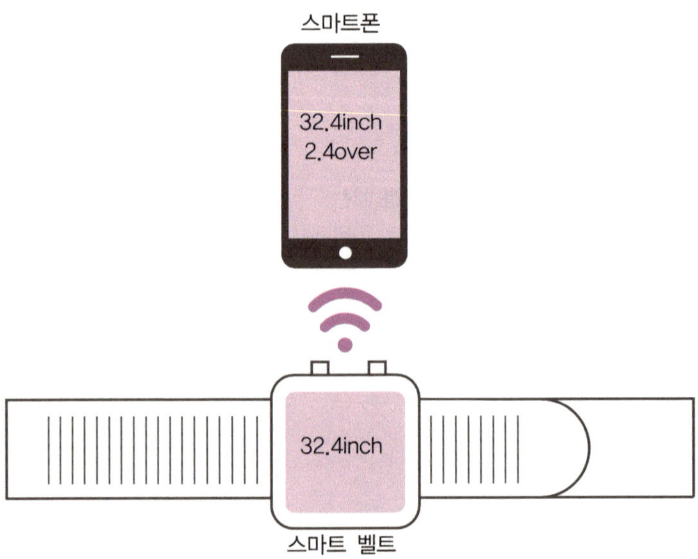

2 최종 제품 이미지

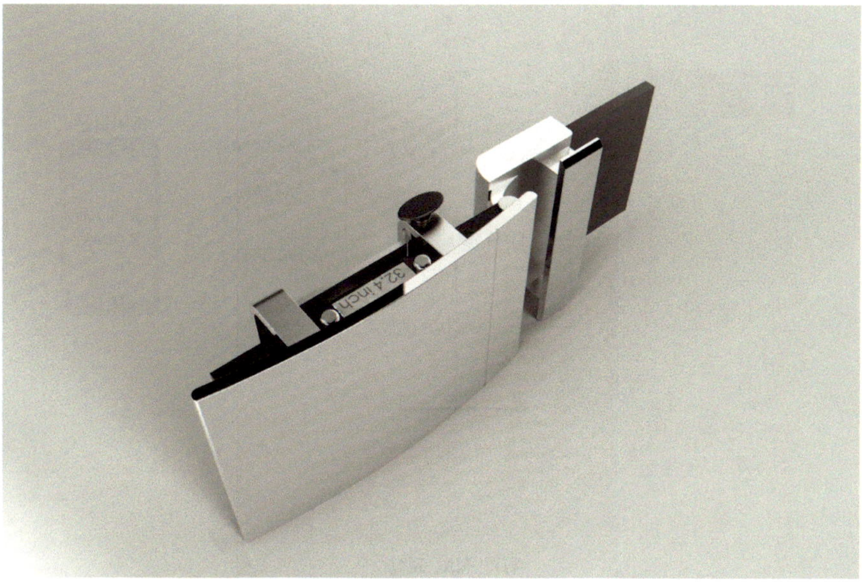

3 최종 제품 도면

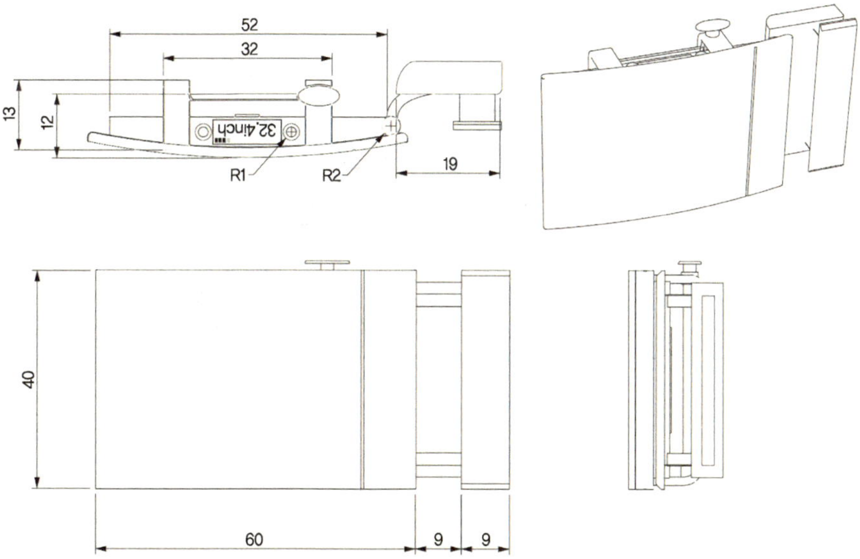

4 시스템 구성도

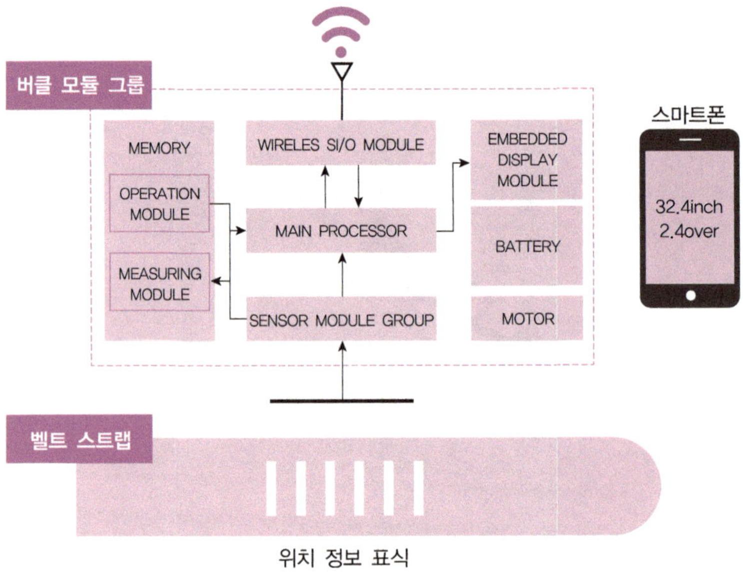

5 제품 기능

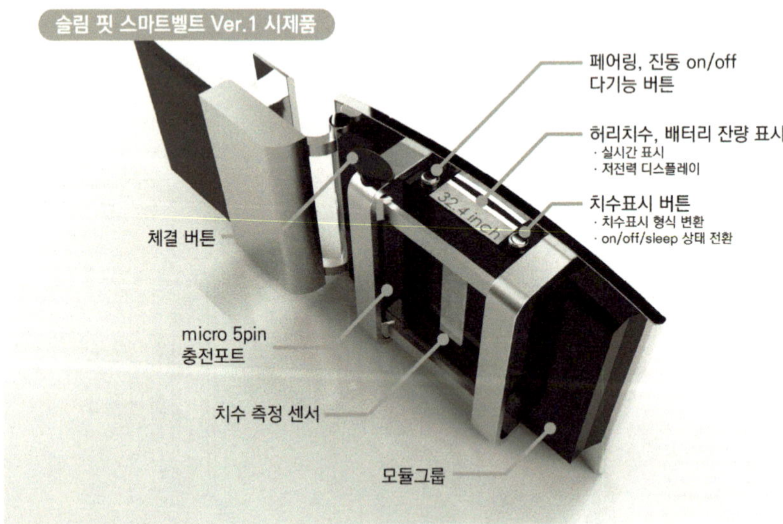

6 제품의 기술적 특성

가. **치수 측정**: 센서그룹과 벨트 스트랩을 통한 치수 측정
나. **내장 디스플레이**: 치수 정보 및 배터리 충전 상태 등의 정보를 실시간 표시
다. **진동모터**: 분실방지, 운동시간 알림 등 특정 행동을 유도할 수 있는 진동 모터 내장
라. **블루투스**: 스마트폰과 스마트 벨트의 무선 통신 방식

기존 제품과의 차별성

1 기존 제품의 기술 동향 및 강·약점 비교

제조사(국적)	이모타(프랑스)	Welt(한국)	개발 제품
제품명	Belty(벨티)	Welt(웰트)	Slim fit smart belt(한국)
개발 상태	현재 개발 중	개발완료/사전주문 중	개발예정
제품 사진			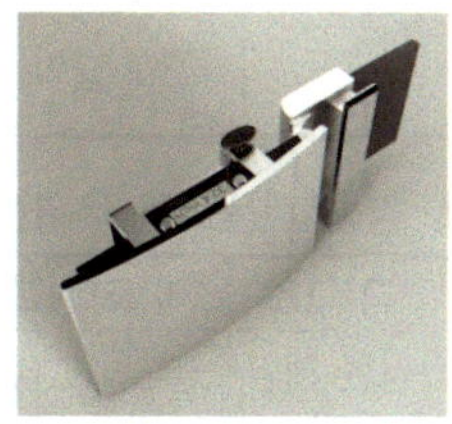
기능	• 자동 허리사이즈 측정 • 벨트 길이 자동 조절 • 활동량 체크 • 헬스케어 기능 추가 중	• 허리사이즈 측정 • 걷는 횟수 • 앉는 시간 • 과식 습관	• 허리사이즈 정밀 측정 • 기기 자체에 사이즈 표시 • 건강관리용 진동알람 • 키즈폰 등의 분실방지
특징	• 프랑스산 가죽 • 모던한 디자인 • 다양한 기능	• 제일모직 코워크 • 세련된 디자인 • 합리적 가격	• 본연의 기능에 충실 • 사용 스트레스 최소화 • 저렴한 가격
강점	• 식습관 체크 • 다양한 센서 적용 • 길이 조정 모터 내장으로 자동 길이 조정	• 식습관 체크 • 활동량 체크 • 낮은 사용전력	• 본래 기능에 충실 • 쉬운 사용, 신속한 확인 • 진동기능으로 행동유발
약점	• 스마트 워치 등 다른 웨어러블 기기와 기능 중복 • 높은 사용전력 • 비싼 가격	• 체결 홈에 따른 정해진 치수만 측정 • 스마트 워치 등 다른 웨어러블 기기와 기능 중복	• 초기 버전의 단순한 기능 • 낮은 브랜드 인지도
OS	Android, iOS	Android, iOS	Android, iOS
Connectivity	Bluetooth 4.1 BLE	Bluetooth 4.1 BLE	Bluetooth 4.1 BLE
전용 앱	O	O	O
버클 무게	미정	100g	90g
배터리 용량	미정	90mAh	90mAh
사용 시간	5일	20일~30일	30일
전원 충전	마이크로 5Pin USB	마이크로 5Pin USB	마이크로 5Pin USB
판매 시점	2017년 중 예정	2017년 2월 예정	2017년 하반기 예정
판매 방식	자사 홈페이지	크라우드펀딩	크라우드펀딩
판매 단가	약 395달러~	149달러~	59달러~
판매량	미정	630(참여자)	미정
매출액	미정	72,964달러	미정

2 기존 제품과의 차별성

가. 경쟁 제품과의 차별성

고객 니즈	이모타(프랑스)	Welt(한국)	Ver.1(개발 제품)	차별성
허리치수 감소	앱을 통한 치수 보고	앱을 통한 대략적인 치수 보고	내장 디스플레이를 통해 정확한 치수 제공	허리치수를 보다 쉽게 확인, 실질적 도움
합리적 가격	395달러 고가	149달러 중가	70달러 저가	꼭 필요한 기능, 가격 경쟁력 확보

나. 경쟁 제품과의 우위성

고객 니즈	이모타(프랑스)	Welt(한국)	Ver.2(개발 제품)	우위성
건강한 체형 유지	기계적 과식 알림	벨트 구멍 위치 기반 횟수 알림	스트레치 센서 과식 알림	과식 알림으로 식사량 조절 가능
비만도 측정	기능 없음	앱을 통한 논리적 비만도 측정	센서를 통한 비만도 측정	실시간 비만도 측정
스마트기기 분실방지	기능 없음	기능 없음	분실방지, 키즈벨(키즈폰 전용 스마트 벨트)	스마트폰 및 다른 웨어러블 디바이스 분실방지

다. 경쟁 제품 대비 응용성

고객 니즈	이모타(프랑스)	Welt(한국)	Ver.3(개발 제품)	응용성
특별한 기능	다양하고 복잡한 기능제공, 빠른 배터리 소모량	비교적 복잡한 기능제공	빔 내비게이션	스마트 벨트와 내비게이션의 연동
특별한 장소	기능 없음	기능 없음	방수기능, 각종 스마트 센서를 활용	스킨스쿠버, 스카이다이빙 용도 구현
건강 상태 정밀 측정	기능 없음	기능 없음	비만, 체지방량 복부 이상 측정	헬스케어 스마트 센서 및 응용 앱을 통한 구현

3 차별화 전략

가. 차별적 고객 가치 제공
- 일상생활은 물론 운동할 때도 사용 가능
- 불필요한 기능을 과감히 제거하고 허리치수 측정이라는 본연의 기능에 중점
- 버클 자동 체결 방식으로 소수점 단위까지 정밀한 측정이 가능
- 진동알림 등의 기능으로 특정 시간마다 운동 행동을 요구
- 앱을 통한 추천 스트레칭 영상 또는 운동 방식 제안
- 큰 부담 없이 가죽 허리 벨트 가격으로 이용 가능한 스마트 벨트

나. 타겟 고객 중심 제품 개발
- 키즈폰 등과 함께 사용하여 분실 방지 기능 수행하는 어린이용 스마트 벨트 출시 가능
- 스마트폰과 통화 및 문자 진동 연동 기능 제공
- 스마트폰 분실 방지 기능 제공

타겟 시장 및 주요 고객

1 국내/외 산업 동향 및 시장 규모

가. 국내 웨어러블 디바이스 시장 전망

- 시장 정의: 신체에 착용, 부착하여 정보를 입력/출력/처리하는 스마트 디바이스의 통칭
- 시장 범위: 스마트센서, 소자 등을 사용하여 신체에 부착하거나 착용하는 전체 디바이스

예상수요	• 웨어러블 디바이스의 국내 생산량이 2015년 2,500억 원에서 2020년 12,020억 원까지 연평균 약 30%의 성장이 기대됨 • 한국산업연구원에서 예측한 국내 디바이스 생산 규모와 현 스마트폰 가입자 수 현황을 종합 검토한 결과 충분한 시장성 확인
산출근거	• 2015년 국내 생산 규모는 세계 시장 규모의 약 3%를 차지할 것으로 가정(이는 2014년 세계 휴대폰 시장에서 한국이 2.7%를 차지한 것으로 고려) • 2016년부터는 세계 시장 증가율보다는 다소 높은 성장세를 시현하는 것으로 함 • 2015년 예타 기획보고서의 입력/출력/처리/전원 분야의 점유율, 가트너 리서치의 세계 휴대폰 시장 전망 및 Business Insider의 세계 웨어러블 기기 관련 전망 등의 자료를 이용
출처	• 미래 유망 신산업 시장 및 인력수요 전망, 한국 산업연구원, 2016년 • 단위: 억 원

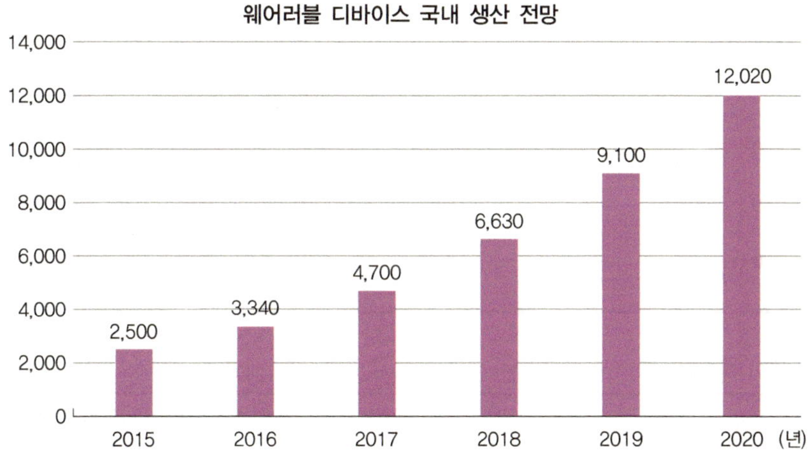

- 국내 타겟시장: 국내 웨어러블 디바이스 시장 중 헬스케어 디바이스 시장 전망

예상수요	• 2015년 약 750억 원에서 2020년 약 3,600억 원 규모로 확대될 전망이며 연간 30%의 높은 성장률이 기대됨
출처	• KISTI MARKET REPORT, 한국과학기술정보원, 2016년 10월 • 단위: 억 원

시장 구분	2015년	2016년	2017년	2018년	2019년	2020년
국내 시장	750	672	1,410	1,989	2,730	3,606

나. 세계 웨어러블 디바이스 시장 전망

예상수요	• 2015년 66억 달러에서 2020년에는 300억 달러로 연평균 35.4%의 성장이 기대됨 • 웨어러블 디바이스는 스마트폰 이후 차세대 기기로 세계적 관심이 높아서 시장 형성 초기단계임에도 급속한 성장 예상
산출근거	• 2018년까지는 Business Insider, Statista 2014의 전망치를 이용 • 2019년부터는 2018년 증가율이 지속되는 것으로 가정 • 웨어러블 디바이스 산업은 초기 형성단계로 시장 전망 각 조사 기관에 따라 큰 편차를 보이는 까닭에 정확한 값을 얻기는 어려우나 2018년까지 지속적인 성장세를 보일 것으로 동일하게 예측
출처	• 미래 유망 신산업 시장 및 인력수요 전망, 한국 산업연구원, 2016년 • 단위: 억 달러

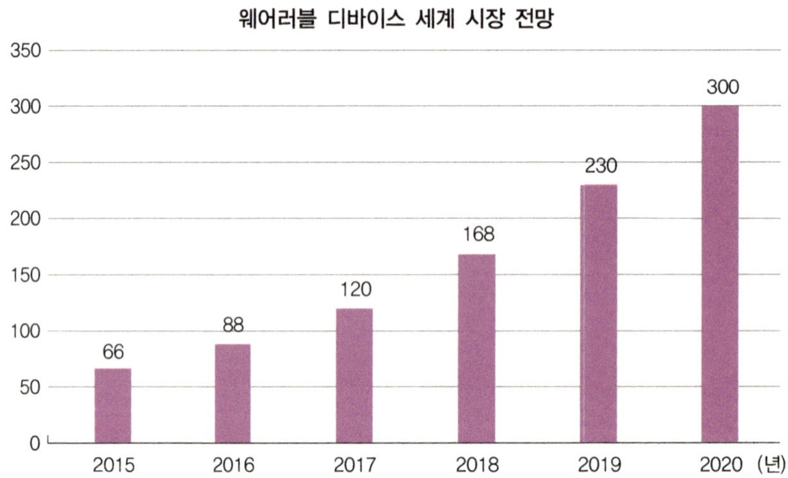

• 국외 타겟시장: 세계 웨어러블 디바이스 시장 중 헬스케어 디바이스 시장 전망

예상수요	• 2015년 약 25억 달러에서 2020년 약 120억 달러 규모로 확대될 전망 • 연간 30%의 높은 성장률이 기대됨
출처	• KISTI MARKET REPORT, 한국과학기술정보원, 2016년 10월 • 단위: 억 달러

시장 구분	2015년	2016년	2017년	2018년	2019년	2020년
세계 시장	24.5	33.2	44.3	59.7	90.1	120.1

미국의학협회저널(JAMA)에 따르면 2020년까지 인류가 가지게 될 웨어러블 등의 커넥티드 기기는 총 500억 개에 달하며 이는 곧 한 사람당 평균적으로 약 6.6개의 웨어러블 기기를 가지게 된다는 것을 의미한다. 모든 사람들이 6~7개의 기기를 통해 다른 사람 및 사물, 환경과 연결된다는 것을 상상해보면 지금과는 다른 많은 변화들이 예상된다.

다. 사물인터넷 시장의 예상 규모 및 수요

예상수요	• 사물인터넷 분야는 2020년까지 약 5년간 연평균 성장률(CAGR) 13.3%를 기록할 것으로 예측 • 스마트홈 등 생활가전과 결합하면서 2016년에만 시장 규모가 19% 성장
산출근거	• 사물인터넷 분야는 스마트홈 등 생활가전을 비롯한 다양한 분야와 결합하면서 급속히 성장하는 중 • 시장 조사기관 IDC에 따르면 지난해 전 세계 사물인터넷 시장은 7,370억 달러로, 전년보다 17.9%나 성장. 지난 2015년부터 고속 성장해 오고 있는 IoT 시장은 오는 2020년 1조 2,900억 달러에 달할 것으로 추정
출처	• IC인사이츠, 2016년 • IDC, 2016년

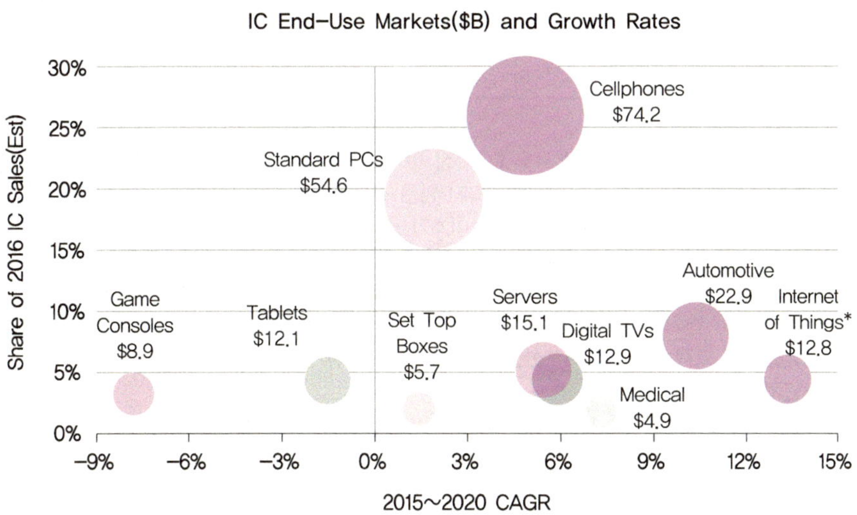

* Convers only the internet connection portion of systems.
출처: IC Insights

사물인터넷은 웨어러블 디바이스를 상위하는 개념이므로 사물인터넷의 성장은 웨어러블 시장과 직접 연관이 있다. 특히, 사물이 사람과 연결되기 위해서는 결국 웨어러블 디바이스라는 매개체가 필요하기 때문에 사물인터넷(Internet of Things) 시대가 도래하면서 웨어러블 디바이스의 역할은 더욱 강조되고 있다.

시장 조사업체 가트너가 발표한 2017년 10대 전략 기술 트렌드에 의하면, 사물인터넷 디바이스를 포함한 지능형 사물이 점차 늘어나면서 개별 지능형 사물에서 협업 지능형 사물 모델로 전환될 것이라 전망되었음을 알 수 있다. 따라서 가까운 미래 사물인터넷 플랫폼과 인공지능의 융합으로 보다 혁신적인 제품이 출시될 것이며 웨어러블 디바이스의 수요도 더욱 늘어날 것으로 예상된다.

2 사업 연차별 주요 고객 세그먼트

사업 연차	고객 세그먼트	주요 판매처
1년차	얼리어답터, 미국, 20대~40대 남성	인디고고, 킥스타터
	얼리어답터, 한국, 20대~40대 남성	와디즈
	얼리어답터, 중국, 20대~40대 남성	알리바바
	애플 아이폰 유저 고객 특화	애플스토어
	리버스 엔지니어링, 경쟁사, 블로거 고객	당사 홈페이지
2년차	한국, 10대~50대, 건강유지를 원하는 고객	카카오메이커스
	국내 채널	오픈마켓, 쇼핑몰
	B2B 기술제휴	당사 홈페이지
2.5~3년차	미국, 중국 10대~50대, 건강유지를 원하는 고객	이베이, 아마존, 알리바바
	현지 사업파트너 및 채널	당사 홈페이지
4년차	당뇨, 고지혈증 등의 질환 고객, 특수 고객층	오픈마켓, 쇼핑몰

- **1년차 고객 특징**
  ① 얼리어답터: 신제품이 출시될 때 가장 먼저 구입, 평가하는 경향이 높음
  ② 20대~40대 남성: 시장 검증이 되지 않은 상태에서도 공격적 소비가 가능한 고객 집단
  ③ 미국, 중국: 다양한 웨어러블 디바이스가 출시되는 대표적 시장, 고객군 다양
  ④ 애플 아이폰 유저: 최신 상품에 거부감이 적고, 소비여력이 비교적 좋음
  ⑤ 리버스 엔지니어링: 세계 각국의 스타트업 초기 구매 수요(최소 100개 이상 예상)
  ⑥ 경쟁사: 벤치마킹 용도의 구매 수요(최소 50개 이상 예상)
  ⑦ 블로거 고객: 선제적으로 신상품을 소개하는 소비 집단(최소 100명 이상 예상)
- **2년차 고객 특징**
  ① 한국, 10대~50대: 제품의 공식 론칭 이후 소비하게 될 대표 고객군(월 100개 예상)
  ② 국내 채널: 대리점 개념으로 B2B 고객군(월 200개 예상)
  ③ B2B 기술제휴: 유명 브랜드 패션업체 고객군(월 100개 예상)
- **2.5~3년차 고객 특징**
  ① 미국, 중국 고객: 제품 고도화, 신기술 추가로 생겨날 대표 고객군
  ② 현지 사업파트너 및 채널: 해외 대리점 및 채널 개념으로서 B2B 고객군
- **4년차 고객 특징**
  ① 질환 고객: 스마트센서의 고도화를 통해 향후 개발될 신기술 수요 고객군
  ② 특수 고객층: 익스트림 환경에서의 수요 고객군
- **주요 판매처 특징**
  ① 킥스타터, 인디고고: 글로벌 판매가 가능하며 자금 펀딩이 가능한 대표 크라우드펀딩
  ② 와디즈: 국내에서 점유율이 가장 높은 크라우드펀딩
  ③ 카카오메이커스: 초기 스타트업에 유리, 넓은 고객 스펙트럼 확보
  ④ 알리바바: 중국 시장을 겨냥하는 판매처이며 중국 내 점유율이 가장 높은 오픈마켓
  ⑤ 애플스토어: 애플 특화 고객이 주요 소비하는 마켓
  ⑥ 당사 홈페이지: 주로 B2B 고객을 위한 채널
  ⑦ 이베이, 아마존: 글로벌 판매를 위한 대표 온라인 판매 채널

기술 개발, 기술성

1 요소기술 및 기술 확보 방안

가. 제품 개발 간략 로드맵

6개월		1년차		1.5년차		2년차		3년차
Ver.1 시제품		Ver.1-1		Ver.1 제품		Ver.2		Ver.3
고객의견을 반영한 시제품 제작단계	▶	버클 모듈화 금형 설계단계	▶	공식 제품출시 단계	▶	제품 고도화 단계	▶	사물인터넷 플랫폼 대응단계

나. 핵심 기술 확보 내역 및 방안

제품명	기능	핵심기술	확보 여부 /확보 방안
Ver.1 시제품	허리치수 모니터링으로 치수관리	스마트 센서 이용 치수 해석	모듈구매 가능
	전용 앱을 통한 누적 데이터관리	저전력 블루투스 기술, 앱 제작 기술	모듈구매 가능 외주협업 개발
	진동알림 기능으로 특정 행동 유도	진동모터, PCB 설계 등	모듈구매 가능 외주협업 개발
	외형 디자인 및 목업 3D 프린팅	3D 저작도구 활용	자체 개발 외주협업 개발
	일반 복장용 허리 벨트 기능	금형, 가죽가공 등	외주제작
Ver.1-1 시제품	버클에 모듈 교환 형식 적용하여 조깅, 등산 등 야외 활동 중 사용	버클 모듈화, 탈착	외주제작
Ver.1 제품 출시	허리치수 표시	embedded display	외주협업 개발
	배터리 상태 및 저전력 진동알람	진동모터, PCB 설계 등	외주협업 개발
	위치 측정, 운동량 측정	3축자이로, 가속도 센서, GPS	모듈구매 가능
Ver.2	걸음 수 측정	만보계 센서	모듈구매 가능
	과식 알림(진동, 전용 앱 알림)	스트레치 센서	모듈구매 가능 외주협업 개발
	생활방수 적용	방수 및 밀폐	개발예정
	긴급 구명 및 조난 신호	발신장치	개발예정
	기온 체크	기온 측정 센서	개발예정
	자동길이 조정	길이조절 모터 내장	개발예정
Ver.3	사물인터넷 플랫폼 대응	IOT 표준	외주협업 개발
	빔내비게이션	내비게이션 연동, 빔프로젝션	개발예정
	복부 이상신호 감지, 보고	스마트 센서의 의학정보 센싱	개발예정
	비만, 체지방량 측정	헬스케어 스마트 센서	개발예정
파생상품	특수목적용 특화 기능 (스킨스쿠버, 스카이다이빙 등)	목적별 스마트 센서, 차폐, 방수, 방진, 내충격성 설계 등	개발예정

2 차별적 기술력 및 경쟁력

가. 예비 창업자의 전자 관련 전공

연도	학교명	전공	졸업 여부
2009년 2월	○○대학교	정보통신전자공학부	졸업

나. 지방기능경기대회 입상

일자	대회 구분	경기직종	입상등위
1997년	○○대회	공업전자기기	은

다. 자격증 확보 내역

취득일	자격증명	발행처
2014년 10월	웹디자인기능사	한국산업인력공단
2014년 10월	컴퓨터그래픽스운용기능사	한국산업인력공단
2014년 9월	GTQ	한국생산성본부

라. 역량 분석표

구분	분석항목	자사	경쟁사 (imota)	시사점(강점/약점)
기술 역량	• 제품/기술의 발전성과 파급효과 • 제품의 컨셉, 디자인, 가격, 시장 매력도 • 제품/기술의 독자성과 그 수준 • 기술/시장 수요에 대한 정보와 이해 정도	• 5점 • 6점 • 3점 • 6점	• 5점 • 4점 • 6점 • 6점	• 타겟 고객 중심의 린 스타트업 방식 지향 • 제품 컨셉에 강점, 사용 편의 강조 • 독자 기술 확보 부족
마케팅 역량	• 독자적인 판매력이나 고객 확보 • 신규 고객 창출 능력 및 방안 • 판매 촉진 관련 구체적 수단 유무	• 3점 • 2점 • 3점	• 5점 • 6점 • 6점	• 타겟 고객 중심 집중 판매 • 마케팅 및 AS 역량의 지속적 강화 필요
제조 역량	• 제품 개발을 위한 설비/체계의 정비 • 생산에 대한 준비와 상품화 지식 • 제공된 상품 및 서비스에 대한 품질관리	• 5점 • 4점 • 3점	• 7점 • 7점 • 7점	• 창업사관학교 인프라 활용 • 제조 역량 강화를 위한 노력 필요

(1점: 미흡, 7점: 양호)

3 SWOT 분석

내부 역량 외부 환경		강점(S)	약점(W)
		• 아이디어 중심 스타트업 • 빠른 의사결정, 실행, 결과도출 • 높은 웹, 전자 디바이스 이해도 • 다양한 분야 경험 축적 • 제조업 기반 창업으로 정부의 각종 혜택 대상에 포함 가능 • 제품디자인업체 및 디자인 전문회사 인맥 • 입교 승인 시 창업사관학교 인프라 이용 가능	• PCB 기판 설계능력 • 부족한 인력 • 기술 노하우 부족 • 영어, 중국어 등 언어장벽 • 글로벌 비즈니스 경험 부족 • 패션 디자인 능력 부재 • 자금력 부족 • 지식재산권 • 사업계획서 완성도 등
기회(O)	• 향후 5년 지속 성장 • 아웃소싱 보편화(EMS) • 핵심 부품 모듈화 • 고객취향 세분화 • 거대 기업 독식의 어려움 • 효과적인 크라우드펀딩 • 비교적 초기 시장 • IOT 플랫폼 시대 도래 • 다양한 정부 지원제도 • 헬스케어 시장 지속 확대 • 2016년 이통사 가입자 수 6,010만 명 돌파 • 웨어러블 적용범위 확대 • 자투리 시간에도 뭔가 필요한 소비자	**우선 수행과제(SO)** • 다양한 아이디어 수집, 반영 • 린스타트업 방식, 빠른 생산 • 특정 고객군 맞춤 제품 생산 • 시제품 단계에서 판매·제조 진행 • 스타트업을 위한 정부 지원정책 적극 활용 • 적극적인 PR, 매체 노출 • 창의적 프로모션 수행(웹 마케팅 및 스타트업경진대회 참석 등) • 통신사전용 웨어러블 기획 • IOT 플랫폼 대응 • 제품 기획단계에서 고객 아이디어 수집 활용(린스타트업 방식)	**우선 보완과제(WO)** • 전문인력 확보 및 유지 노력 • 지식재산권 확보(특허·상표권) • 중소기업 기술지원 사업 참여 • 적극적 투자유치 활동 • 현금흐름 확보를 위한 혁신 상품 전문몰 론칭 • 소품종 집중판매 전략 수행 • 해외 판로 개척 적극 참여 • 코트라 지원제도 활용(현지 시장 및 기업 조사 프로그램 등)
위협(T)	• 기술의 급격한 발전 • 수많은 스타트업의 출현 • 웨어러블 경쟁 심화 • 시니컬한 소비자 반응 • 충전, 분실, 발열 스트레스 등 디지털 피로도 가중 • 제품 신뢰도 확보 어려움 • 국내경기 침체 • 모바일+패션 개념 대두 • 상대적으로 낮은 진입장벽 • 해외 배송, 제품불량 회수 등 딜리버리 문제	**리스크 해결과제(ST)** • 낡은 기술의 수평적 사고로 제품 가치의 재발견 • 온라인 채널 활용, 웨어러블 사용의 장점 어필 • 타겟 고객 맞춤 전략 수행 • 부담 없이 사용 가능한 웨어러블 디바이스 제작 • 활발한 기술교육 • 스타트업 간 연계 모색 • 패션디자인 스타트업과의 제휴 • 적극적인 고객 대응채널 유지 • 초기 개발 단계에서부터 고객의 Needs, Wants를 철저히 파악하고 반영	**장기 보완과제(WT)** • 창의적·기술집약적 조직설계 • 국내·외 스타트업 및 우수 기술 업체와 협력 채널 구축 • IOT 플랫폼 대응을 위한 디바이스 및 애플리케이션 연구 개발 • 다양한 실패 경험 축적하여 보다 완성도 있는 결과물 제작 • 시장 변화에 기민한 대응 • 시장 선도 기술 연구개발 • 지속적인 지재권 확보 노력 • 전문인력 확보 및 유지 노력 • 국산 핵심 부품, 조립라인 현지 확대로 제품 불량 및 사후처리 해결

4 기대 및 파급효과

<table>
<tr><td rowspan="2">중요성</td><td>정책적 측면</td><td>• '2016년 중소기업 기술로드맵'에서 제시한 40대 전략 분야에 포함
카테고리: 신산업 → 스마트 미디어 기기 → 웨어러블 센서 등
• '2017년 미래창조과학부 K-ICT 10대 전략 산업' 분류에 포함
카테고리: 스마트 디바이스</td></tr>
<tr><td>시장 환경 측면</td><td>• 2015~2017년 전 세계 웨어러블 기기 출하량 전망치
<table>
<tr><th>기기 범주</th><th>2015년</th><th>2016년</th><th>2017년</th></tr>
<tr><td>스마트 시계</td><td>30.32</td><td>1.43</td><td>66.71</td></tr>
<tr><td>안경형 디스플레이</td><td>0.14</td><td>0.17</td><td>6.31</td></tr>
<tr><td>바디캠</td><td>0.05</td><td>128.50</td><td>1.05</td></tr>
<tr><td>블루투스 헤드셋</td><td>116.32</td><td>34.97</td><td>139.23</td></tr>
<tr><td>손목 밴드</td><td>30.15</td><td>1.01</td><td>44.10</td></tr>
<tr><td>스마트 의류</td><td>0.06</td><td>13.02</td><td>5.30</td></tr>
<tr><td>가슴 스트랩</td><td>12.88</td><td>23.98</td><td>7.99</td></tr>
<tr><td>스포츠 시계</td><td>21.02</td><td>21.11</td><td>26.92</td></tr>
<tr><td>기타 헬스케어 기기</td><td>21.07</td><td>21.11</td><td>25.08</td></tr>
<tr><td>전체 시장</td><td>232.01</td><td>274.59</td><td>322.69</td></tr>
</table>
출처: 가트너, 2016년 1월, 단위: 백만 대
• IOT플랫폼 세상의 도래와 디바이스에 사용되는 센서, 모듈, 스마트폰 등의 발전으로 인해 웨어러블 디바이스는 인간과 기계의 유기적 연결이라는 보다 중요한 역할을 수행하게 될 것임</td></tr>
<tr><td rowspan="3">파급 효과</td><td>기술적 측면</td><td>• 다양한 센서 및 모듈 기술 발전에 따른 보다 참신한 아이디어의 실현 가능성 제고
• 통신사 전용 웨어러블 디바이스 제작 등 특정 대기업 사업 아이템과 기술 제휴 및 코워크도 가능
• 웨어러블 디바이스의 기술적 발전 형태에 선제적 대응
<table>
<tr><th>연도</th><th>2013년~</th><th>2017년~</th><th>2020년~</th></tr>
<tr><td>타입</td><td>액세서리형</td><td>직물결합형</td><td>인체결합형</td></tr>
<tr><td>주요 제품 형태</td><td>• 스마트 밴드
• 스마트 시계
• 스마트 목걸이
• 스마트 안경
• 스마트 반지</td><td>• 스마트 의복
• 스마트 모자
• 스마트 가방
• 스마트 신발
• 스마트 목도리</td><td>• 스마트 렌즈
• 스마트 피부
• 스마트 문신
• 스마트 알약</td></tr>
</table></td></tr>
<tr><td>경제적·산업적 측면</td><td>• 정부가 장려하는 중소기업 제조업 부흥 정책 실현에 기여
• 혁신 아이디어로 무장한 다양한 스타트업의 창업 붐 선도
• 웨어러블 디바이스 시장 활성화를 통한 관련 시장 및 일자리 창출
• 지식재산권을 통한 기술료 확보(상표권 및 기술 제휴)</td></tr>
<tr><td>사회적 측면</td><td>• 인간과 디지털 제품의 효율적인 의사소통 방식 제안
• 혁신 아이디어로 무장한 다양한 웨어러블 디바이스 출현 예상</td></tr>
</table>

마케팅 계획

1 마케팅 대상 발굴 및 마케팅 전략

가. 린 비즈니스 모델 캔버스

고객 문제

〈핵심 문제〉
- 기존 웨어러블 디바이스의 운동량 정보 제공 방식은 체중감량 효과가 크지 않음
- 앱을 통한 치수 확인 및 복잡한 기능으로 인한 스트레스 발생
- 착용이 번거롭고 잃어버리거나 오염되기 쉬움

〈기존 문제대안〉
- 저울을 이용한 체중 측정
- 불필요한 기능 사용하지 않음
- 별다른 대책 없음

솔루션
- 즉각적인 허리치수 측정 및 확인 가능
- 내장 디스플레이 지원으로 사용 편의성 증대
- 허리띠는 분실 위험이 적고 착용이 용이

핵심 역량
- 웹비즈니스 경력
- 홍익대 미술인 네트워크를 통한 차별적 디자인 제안
- 린 스타트업 방식
- 창업사관학교 지원

고객 가치제안

〈핵심 가치〉
- 허리 치수의 쉽고 빠른 측정 및 확인 기능과 운동할 시간을 바로 알려주는 진동 알람 기능으로 슬림한 몸매 유지와 건강관리에 도움을 주는 스마트 벨트

유통/채널
- 킥스타터
- 인디고고
- 와디즈
- 카카오메이커스
- 소셜커머스
- B2B 브랜드

판매촉진
- 스토리텔링 홍보
- 크라우드펀딩
- 주요 매체 광고(IT, 패션 잡지, 연예인 협찬 등)

고객군

〈유효 고객〉
- 10~40대 크라우드펀딩 이용 얼리어답터
- 카카오메이커스 유저
- 연예인/운동선수
- 소셜커머스 이용자
- B2B 브랜드업체
- 기자, 블로거
- 경쟁업체

〈타겟 고객〉
- 20~40대 한·미·중국 크라우드펀딩 이용 얼리어답터

비용 구조

〈고정비〉
- 인건비, 시설비, 임대료

〈변동비〉
- 재료비, 마케팅비, 외주비, AS비, 영업비

〈경쟁사 제품 가격〉
- 벨티: 300달러(약 36만 원)
- 웰트: 149달러(약 18만 원)

〈자사 목표 가격〉
- 59달러(약 7만 원)

수익원

- 제품판매 수익 (단위: 만 원)

판매처	판가	원가	마진
크라우드펀딩	7	5	2
카카오메이커스	9	5	4
B2B 브랜드	4	2.5	1.5

- 유상수리 비용 일체
- 기술제휴 로열티(상표권, 특허권)
- 혁신상품 전문몰 판매 수익금
- Tips 등 투자유치

〈손익분기 계획〉
- 2018년 후반기 흑자 전환

〈목표 기업 가치〉
- 5년 후 100억 달성

나. 오스터왈더 비즈니스 모델 항목 추가
- **핵심 파트너**: 디자인업체, 외주 제품 개발업체, 크라우드펀딩 사이트, 창업사관학교
- **핵심 활동**: 신제품 개발, 기술제휴, 홍보·마케팅, 디자인 혁신, 인적자원관리
- **핵심 자원**: 제품디자인, PCB 설계업체 인맥, 미술인 네트워크, 기업가 정신

다. 주요 고객군 Needs와 Wants 예상표

주요 고객군	Needs	Wants
20~40대 남성	허리치수 감소	• 일상에서 허리치수를 관리하고 싶다.
	건강한 체형 유지	• 실시간으로 비만 상태를 관리하고 싶다. • 작년에 입었던 청바지를 올해도 입고 싶다.
	손쉬운 사용	• 사용 방법이 간단했으면 싶다.
20~40대 여성	패션 아이템으로서의 웨어러블 디바이스	• 기존 착용하는 벨트처럼 멋진 벨트였으면 좋겠다.
		• 어느 복장에서도 멋지게 착용하고 싶다.
20~40대 얼리어답터	신제품 사용 욕구	• 가장 먼저 최신 제품을 사용해 보고 싶다.
	제품 테스터	• 좋은 제품이라면 누구보다 먼저 남에게 알리고 싶다.
30~50대 일반고객	합리적 가격, 간편한 사용, 견고한 완성도	• 가격 대비 성능이 우수한 저렴한 제품을 사용하고 싶다. • 디지털 스트레스를 받고 싶지 않다. • 쉽게 고장 나지 않고 오랫동안 사용하고 싶다.
6~10대 아동	분실 및 오염 방지	• 스마트폰, 시계 등의 분실 및 오염을 방지하고 싶다.
50대 이상 특수 고객	특별한 스마트 벨트	• 신체 상태를 정확하게 측정하고 싶다. • 다양한 장소에서 다양한 용도로 사용하고 싶다.

다. 고객 세분화 및 타겟팅

스마트 벨트 시장 세분화 프로파일				
세분 시장	목표 1 (얼리어답터)	목표 2 (카카오톡 유저)	목표 3 (20~40대 연예인)	목표 4 (소셜커머스)
연령적 변수	20~40대 남녀	10~40대 남녀	20~40대 남녀	10~50대 남녀
사회적 지위	학생, 블로거, 경쟁사	전문직 종사자, 지식서비스 종사자	방송, 연예인	전체 고객군
구매 방식	크라우드펀딩, 홈페이지	스토리 펀딩 카카오메이커스	홈페이지, 소셜커머스	오픈마켓, 홈페이지
소득	중~고	중	고	저~중
학력 기타	대학 이상 고학력	중졸~대졸	대졸	고졸~대졸
시장의 크기	2억 이상	10억 이상	2억 이상	10억 이상

[시사점]

- 4개의 주요 목표 시장 중 신제품 접근이 용이한 초기 얼리어답터 시장을 타겟팅함
- **마케팅 진행 순서**: 목표 1 → 목표 2 → 목표 3 → 목표 4
- 목표 시장에 집중하며 B2B 브랜드업체와의 기술 제휴 지속 모색

라. 포지셔닝

타겟 고객	핵심 문제	솔루션 및 포지셔닝
20~40대 한·미·중국 남성 얼리어답터	운동량 및 몸무게 측정 등을 통한 기존 다이어트 방식의 효과가 크지 않아 체중관리에 자주 실패하는 고객	• 실시간 허리치수 측정값 및 목표값을 제시하여 체중 감량 의지를 고취시킴 • 목표 체중 또는 허리치수 감량을 위한 계획 제안 • 진동 알람으로 시간별 운동 플랜 제안 및 앱을 통한 추천 스트레칭 영상 제공 → **슬림한 몸매 유지를 위한 스마트 벨트**
20~40대 연예인	핵심 기능을 제외한 기타 기능들의 사용 빈도가 떨어지고 또한 다양한 기능에 대해 부담감을 갖는 고객	• 내장 디스플레이 및 진동 기능을 통한 허리치수 알림 기능으로 편의성 극대화 • 허리치수 측정이라는 본연의 기능에 최적화 • 있는 듯 없는 듯 조용히 사람을 돕는 웨어러블 디바이스 → **존재감 없이 조용히 돕는 스마트 벨트**
10~50대 남녀, 5~10대 아동	웨어러블 디바이스의 착용이 번거롭고 자주 잃어버리거나 가방 속에 있는 스마트폰 착신을 잘 인지하지 못하는 고객	• 항상 착용해야 하는 허리띠를 이용한 스마트 벨트로 분실 위험 없음 • 전화나 문자 등 스마트폰과 진동 연동 • 스마트폰과 일시적으로 떨어지거나 분실이 염려되는 상황에서 벨트 착용자에게 진동으로 알람을 주어 분실 방지 역할 수행 → **꾸준히 사용하는 분실 방지 스마트 벨트**

마. 자사 전략 캔버스

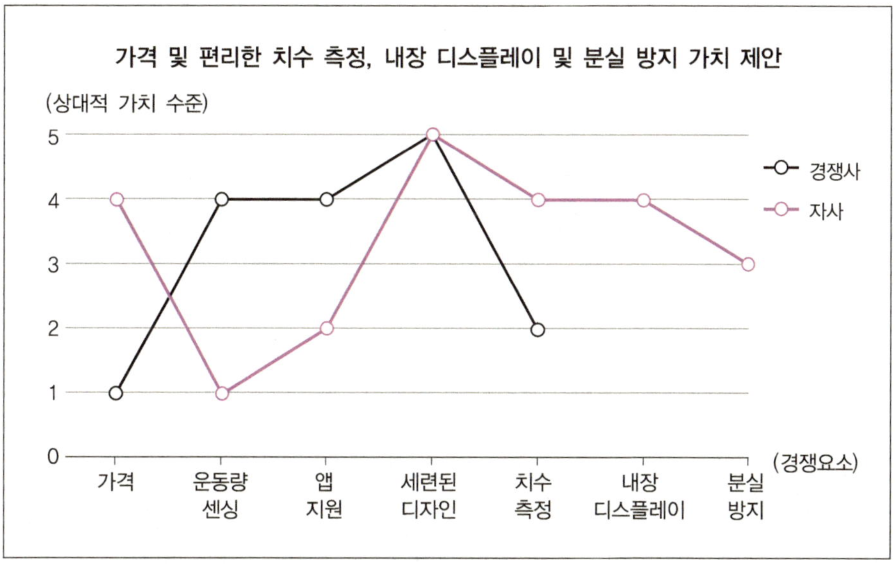

2 사업 초기 주요 판매처 현황 분석

가. **킥스타터**: 대표적 해외 크라우드펀딩 사이트, 게임 부분에서 강점을 보임

- 킥스타터의 펀딩 성공률: 약 44%
- 영화가 70% 정도 성공, 기술은 40% 미만의 성공률을 보임
- url: https://www.kickstarter.com

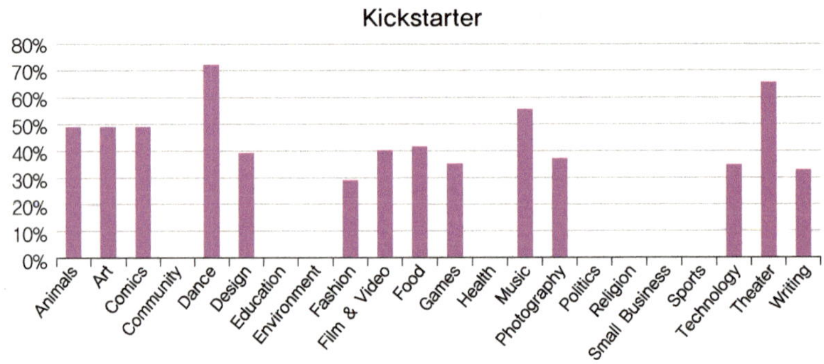

나. **인디고고**: 대표적 해외 크라우드펀딩 사이트, 게임 부분에서 강점을 보임

- 인디고고의 펀딩 성공률: 최근 약 33%
- 킥스타터보다 다양한 분야에서 펀딩이 성공하고 있음
- url: https://www.indiegogo.com

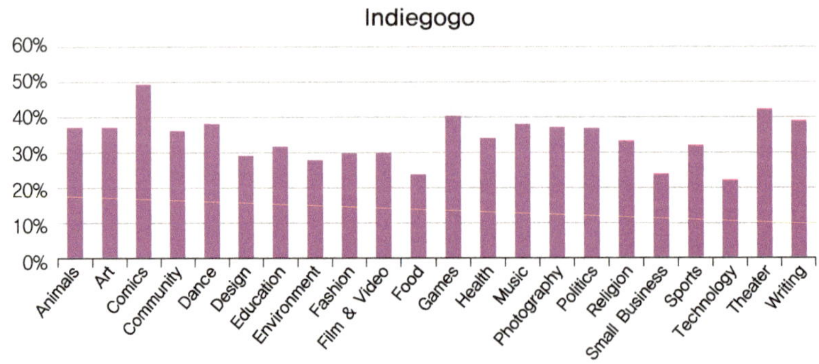

다. **와디즈**: 국내 대표적인 크라우드펀딩 사이트

- 해외 크라우드펀딩 사이트보다 규모는 작지만 국내 시장에 특화되어 효율적 펀딩 가능
- 초기 시제품 단계에서 소비자 Needs 및 Wants를 파악하기 용이함
- url: https://www.wadiz.kr/

라. **카카오메이커스**: 제조 중심 소상공인에게 효과적인 판매 채널

- 주문수량만큼만 생산하는 공동주문 서비스
- 공동주문을 통해 생산자는 소비자가 원하는 수량만큼만 생산하기 때문에 재고가 생기지 않고, 소비자는 재고비용까지 얹어진 가격을 부담하지 않아도 되는 장점
- 카카오톡 및 카카오스토리 연계 마케팅에 유리하며 스타트업에게 효율적 채널
- url: http://www.kakao.com/

3 마케팅 Planning

가. 주요 마케팅 계획

- 홍보 전략
  ① 제품 개발과 홍보를 동시 진행하며 크라우드펀딩을 통해 자금 투자 적극 유치
  ② 국내·외 각종 전시회 참여로 자사 인지도 상승 노력 지속
  ③ 크라우드펀딩 담당자 및 카카오메이커스, 온라인쇼핑 담당자 접촉
  ④ 국·영문 홈페이지, 카탈로그 및 전자브로셔 제작, 소셜커머스 홍보 활동 지속
  ⑤ 각 홍보매체 컨택, 온·오프라인 광고 개시
- 판매 전략
  ① 타겟 시장 세분화를 통해 경쟁 회피 및 니치마켓 공략

주요 고객군	스마트폰 이용자	스마트워치 구매자	얼리어답터	웨어러블 관심군
예상 규모	약 3천만 명	국내 약 7만 명	국내 약 1만 명	약 5천 명 예상
산출근거	미래창조과학부 무선통신가입자 현황, 2016년 12월	갤럭시기어, 애플워치 국내 판매량 추산	추산	추산 (마케팅 집중)

  ② 20~30대 남녀, 40~50대 남성 고객을 위한 주요 마케팅 전략 전개
- 수익창출 전략
  ① 디자인 전문회사를 통해 제품 디자인 고도화, 상품성 상승 요인 지속 검토
  ② 사업 2년차 국내·외 각 채널 확보, 해외 B2B 채널 확대, 시장 확보 지속 노력
  ③ 패션 유명 브랜드 사업제안, 투자유치 및 기술제휴 협의

나. 월별 마케팅 계획표

연차	주요 마케팅 계획	3	4	5	6	7	8	9	10	11	12	1	2
1년차	1. 홍보계획												
	2-1 고객반응조사(크라우드펀딩)												
	2-2 국내·외 전시회 참여												
	2-3 카카오메이커스 론칭 협의												
	2-4 인디고고 캠페인 준비												
	2-5 홍보매체 컨택, 광고(온·오프) 준비												
	2-6 온·오프라인 광고 게시												
	2-7 국·영문 홈페이지 오픈												
	2-7 페이스북 페이지 및 블로그 활동												
	2. 판매 계획												
	2-1 인디고고, 와디즈 캠페인 개시												
	2-2 카카오메이커스 계약												
	2-3 카카오메이커스 판매 개시												
	2-4 쇼핑몰, 오픈마켓 CM 컨택												
2년차	3. 수익 창출(매출 확보) 계획												
	4-1 디자인 전문회사 컨설팅 실시												
	4-2 국내 채널 확보												
	4-3 해외 채널, 협력업체 확보												
	4-4 유명 브랜드 코워크												
	4-5 투자유치 활동												
	4-6 혁신상품 전문 판매몰 오픈												

4 수출계획

가. 시제품 단계에서 홍보를 동시에 진행, 각종 정부 지원 정책 활용

1년차/월	수행 내용	목적
4~12m	국외 전시회 참가	해외 전시회 적극 참여로 제품 및 자사 신뢰도 상승효과 도모
6~9m	크라우드펀딩 준비	글로벌 진출을 위한 사전 준비단계
10m~	크라우드펀딩 개시	300bakers(후원자) 모집 목표 캠페인 진행
6~12m	정부지원 정책 활용	지원정책의 활용으로 해외진출 가능성 확보

나. 홍보매체 및 홈페이지 제작

1년차/월	수행 내용	목적
3m	영문 카탈로그 제작	해외 사업 파트너 확보 및 제품 홍보 목적
8~9m	영문 홈페이지 제작	제품 홍보 및 판매, 고객 대응 역할 수행

다. 소셜네트워크 및 블로그 홍보 진행

1년차/월	수행 내용	목적
1m~	페이스북 페이지 활동	제품 광고, 시제품 홍보, 최신상품 정보 제공
1m~	블로그 활동	제품 관련 정보 및 UCC 제작·제공

라. 해외 채널 확보 및 혁신상품 판매몰 오픈

2년차/월	수행 내용	목적
1~5m	해외 채널 확보	시장 확대, 제품판매, 사후 처리 진행
1~5m	해외 협력업체 확보	해외 우수 스타트업과의 협력점 모색
4~6m	혁신상품 전문 판매몰 오픈	국·내외 소수 혁신 제품 집중판매로 회사 인지도 확보

5 5년간 매출계획 및 추정손익(2017~2021)

가. 월별 소요 고정 비용 (단위: 만 원)

순번	비목	내역	금액
1	인건비	대표자 1인(채용인원에 따른 1:1 인건비)	250
2	임대료	사무실 임대 및 전기, 수도 제반 비용	150
3	영업·판촉비	기타 영업, 판촉 비용	285
4	광고비	연 1~2개	5
5	홈페이지 유지보수	웹호스팅, 도메인 유지, 기타 유지 비용	5
6	통신비	인터넷, 전화, 팩스 등	5
		합계	700

나. 추정 손익 분기점

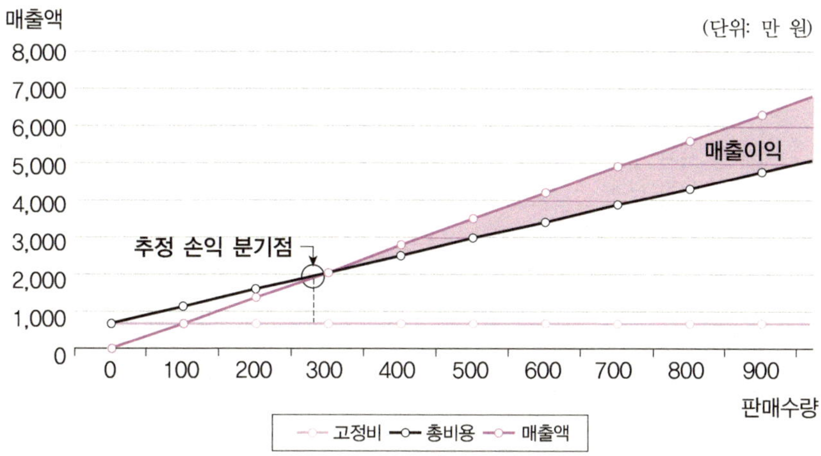

판매가	단위원가	단위마진	제조량	고정비	변동비	총비용	판매수량	매출액	매출이익
7	4.5	2.5	0	700	0	700	0	0	−700
7	4.5	2.5	100	700	450	1,150	100	700	−450
7	4.5	2.5	200	700	900	1,600	200	1,400	−200
7	4.5	2.5	300	700	1,350	2,050	300	2,100	50
7	4.5	2.5	400	700	1,800	2,500	400	2,800	300
7	4.5	2.5	500	700	2,250	2,950	500	3,500	550
7	4.5	2.5	600	700	2,700	3,400	600	4,200	800
7	4.5	2.5	700	700	3,150	3,850	700	4,900	1,050
7	4.5	2.5	800	700	3,600	4,300	800	5,600	1,300
7	4.5	2.5	900	700	4,050	4,750	900	6,300	1,550

다. 재무 계획

• 5년간 매출 계획 (단위: 만 원)

항목	2017년	2018년	2019년	2020년	2021년
판매량	100ea	5,000ea	10,000ea	20,000ea	50,000ea
매출액	700	35,000	70,000	140,000	350,000
총비용	1,150	23,200	45,700	90,700	225,700
매출이익	−450	11,800	24,300	49,300	124,300

• 기술 개발 지원금 확보 및 투자유치 계획 (단위: 만 원)

항목	2017년	2018년	2019년	2020년	2021년
소요 비용	100,000	150,000	500,000	200,000	300,000
목표투자액	100,000	150,000	1,000,000	200,000	300,000
유치 방식	창업성공패키지	창업성장과제	사업설명	창업도약패키지	현장기획 R&D
주요 투자처			TIPS		

[현재 사업화 추진단계]

1 사업 추진 단계별 Activity 및 현재 사업 추진 현황

단계	주요 사업 추진 Activity	현재 사업 추진 현황	%
제품 기획	아이디어 구체화	구체화 완료	완
	특허 선행기술 조사	조사 완료	완
	유사 모델 검토	검토 완료	완
	사업화 세부계획 확정	사업계획 고도화 필요	50
	시장 조사, 고객요구 청취, 제품사양 결정	일부 파악 중, 정밀 조사 필요함	50
	경쟁 모델 검토, 제품 개발 및 사업화 세부 계획 확정	경쟁 모델 검토 완료	50
	제품 개발 및 사업화 세부계획 확정	세부계획 확정 완료, 고도화 필요	50
기술 개발	기술 개발 및 보완	사업 협약 후 개발 추진	0
	애로기술 해결을 위한 기술전문가 매칭	사업 협약 후 추진	0
	자체 및 외주 개발 범위 확정	외주 개발 범위 확정	완
	용역업체 선정	두 곳의 용역업체 컨택 완료	80
디자인 /설계	최종 제품 디자인 결정(2D/3D 랜더링)	제품 중간 디자인 완료	50
	제품 설계 및 도면 작업	사업 협약 후 설계 추진	0
	디자인 리뷰 및 확정	사업 협약 후 추진	0
시제품 제작	1차 시제품(mockup) 제작업체 확정 및 제작	사업 협약 후 추진	0
	소비자 반응도 조사	일부 파악 중, 정밀 조사 필요함	30
	1차 시제품 보완	사업 협약 후 추진	0
	2차 시제품(시금형) 제작업체 확정 및 제작	사업 협약 후 추진	0
	전용 앱 개발	사업 협약 후 추진	0
홍보 마케팅	특허 등 지식재산권 확보	사업 협약 후 추진	0
	시험 및 성능인증	제품 개발 후 인증 추진	0
	브로셔 및 홈페이지 제작, 제품 발명 전시회 참가	사업 협약 후 추진	0
	고객 발굴 및 판로 확보	일부 파악 중, 정밀 조사 필요함	0
양산 준비	양산금형 제작업체 확정 및 제작, 외주 생산 업체 확정	사업 협약 후 추진	0
	창업자금 융자지원(청년창업 전용자금 외) 신청	협약 기간 내 병행 추진	0
	동종업체 벤치마킹 현장 방문	일부 파악 중, 정밀 조사 필요함	20
베타 서비스	시제품 베타 테스트 시작	시제품 개발 완료 후 진행	0
	시제품 앱 베타 테스트 시작	시제품 개발 완료 후 진행	0
서비스 론칭	제품 판매 시작	제품 개발 완료 후 진행	0
	전용 앱 론칭	제품 개발 완료 후 진행	0

2 기술 동향 및 개발 방향 파악

가. 국내 · 외 관련 기술(제품)의 개발 현황과 문제점

구분	액세서리형(Portable)	의류일체형(Attachable)	신체부착/생체이식형
핵심 기술	• 초소형/고용량 배터리 • 저전력 고성능 SoC(System On Chip) • 플렉서블, 박막형 투과형 디스플레이 • 초소형/정밀 비전 센서 • 사용자 인터렉션 기술	• 전동성 실, 섬유, 직물 센서 개발 • 직물 회로보드 기술 • 접착형 전자소자 패키징 기술	• 고분자 회로보드 및 전자소자 패키징 기술 • 안테나 및 통신 기술 • 소재 및 탈부착 기술
문제점	• 크기, 무게, 배터리 지속 시간 • 입출력 방식	• 굽힘, 접힘, 오염 등에 강인한 내구성 • 세탁성 및 양산 기술	• 신축성/유연성 • 인체 무해성 • 양산 기술
공통 문제점	• 웨어러블 디바이스들은 점점 패션 제품의 형태로 발전하는 중이므로 안정감, 만족감, 친숙함 등을 위해 패션 디자인 개념이 접목되어야 함 • 웨어러블 스트레스 증대: 일거수 일투족 감시, 잦은 교체, 제품 분실 등		
연구개발 이슈	• 저발열/저전력/초소형화 • 웨어러블 통신 기술 • 센서일체형 디스플레이 • 촉감 표현 기술 • 디바이스 협업 및 UI/UX 기술 • 인체공학적 설계	• 의류 디스플레이 기술 • 모션인식 의류 기술 • FAN(Fabric Area Network) • 상황기반 색/무늬 변화 • 의류디자인 개념 접목	• 고전도성, 저전력화 • 유연/투명 부품 기술 • 무구속/무자각 생체신호 측정 기술 • 의료/웰니스용 생체신호 • 측정 센터 및 시스템

나. 웨어러블 디바이스 주요 제조사 현황

주요 제조사		제품명(주요 기능)
글로벌 기업	구글	Google Glass(사진촬영, 공유, SNS, 증강현실 등)
	인텔	Bowl(무선 충전그릇), Nursery(신생아용 유아복)
	화웨이	Talk Band(소모열량, 수면시간 기록)
	퀄컴	Toq(메시지나 일정확인 스마트 시계)
	소니	Smart Watch(스마트 시계), SWR10(헬스케어)
	애플	Apple Watch(스마트 시계)
	나이키	Nike+Fuelband(운동내역 관리)
	아디다스	My Coach Smart Run(손목시계형 웨어러블 디바이스)
	핏빗	FiTbit Flex(헬스케어 웨어러블)
	조본	JawBone Up(팔찌 형태 웨어러블)
	삼성전자	갤럭시기어(스마트 시계)
	LG전자	라이프밴드 터치(스마트 손목밴드)
	이모타	Belty(스마트 벨트)
국내 기업	펩비트	Spetcial(애완동물 건강관리 도움)
	브래인커머스	Aimo(유아 건강관리)
	웰트	Welt(스마트 벨트)
	배이글랩스	BAGEL(스마트 줄자)

다. 국내·외 기술특허 현황

- '스마트 벨트' 검색어로 키프리스에서 국내 특허 검색, 특허실용 2,532개 검색됨

특허명/특허번호/국가	주요 내용	구성
• 다기능 스마트 패션벨트 • Multi Function Smart Fashion Belt • 1016285990000 (2016.06.01.) • 대한민국	• 센서기반의 스마트 패션벨트를 스마트폰을 이용하여 신체 건강체크, 목적지 안내, 위험경보 및 위치정보 기능, USB 충전 기능의 배터리에 의한 전원공급 기능으로 편리성이 보장되는 다기능 스마트 패션벨트를 제공	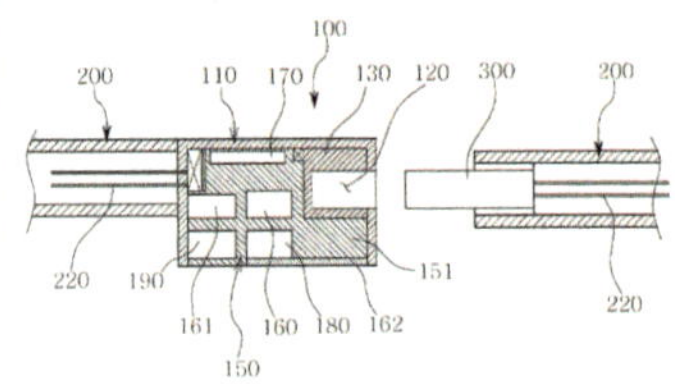
• 스트레치 센서를 이용한 스마트 벨트 • Smart Belt Using Stretch Sensor • 1016735310000 (2016.11.01.) • 대한민국	• 스트레치 센서를 활용하여 복부 주변의 신체 변화를 실시간으로 감지, 과식 등으로 인한 복부 팽창 변화를 사용자에게 알림	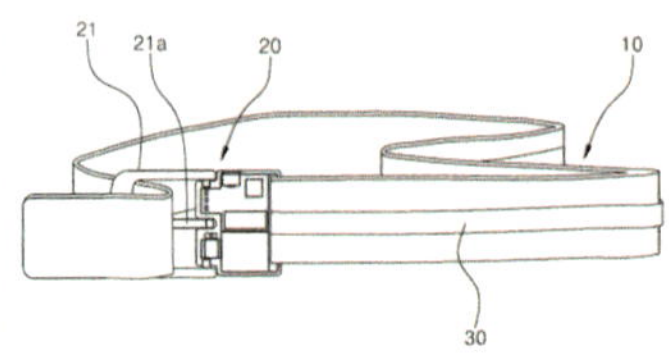
• 분실 방지 기능을 갖는 스마트 벨트 및 그 운용 방법 • Smart Belt Having Loss Prevention Function And Operating Method Thereof • 1012947930000 (2013.08.02) • 대한민국	• 사용자가 착용하고자 하는 벨트의 일측에 장착되어 각종 센싱 정보를 측정하는 센싱 수단, 측정된 상기 센싱 정보를 기반으로 분실 방지 기능을 활성화하고 활성화된 상기 분실 방지 기능에 따라 검출된 RFID 태그 정보를 기반으로 공구의 분실 여부를 판단하는 제어 수단 및 상기 분실 방지 기능의 활성화에 따라 RFID 태그 정보를 검출하는 RFID 리더를 포함한다.	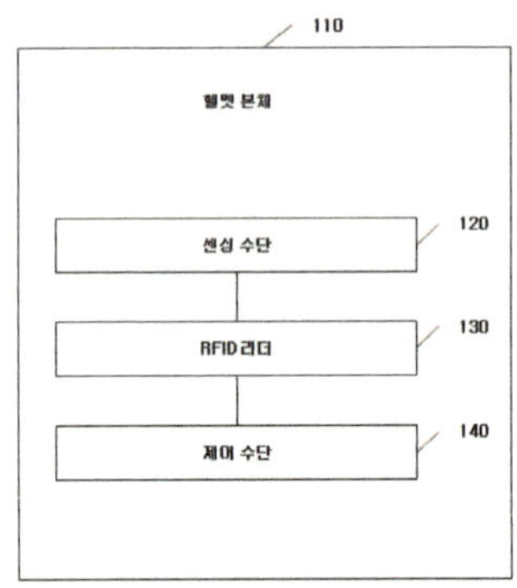
• 스마트 벨트 • Smart Waist-Belt • 1020150064963 (2015.06.12.) • 대한민국	• 실시간의 로그 정보를 기록할 수 있는 웨어러블 디바이스를 제공하는 것을 그 목적으로 한다. • 더욱 높은 정확도의 동작 인식 및 사용자 행동 분석이 가능한 웨어러블 디바이스를 제공하는 것을 그 목적으로 한다. • 통신 및 상호 위치 측정에 탁월성을 보이는 웨어러블 디바이스를 제공하는 것을 그 목적으로 한다.	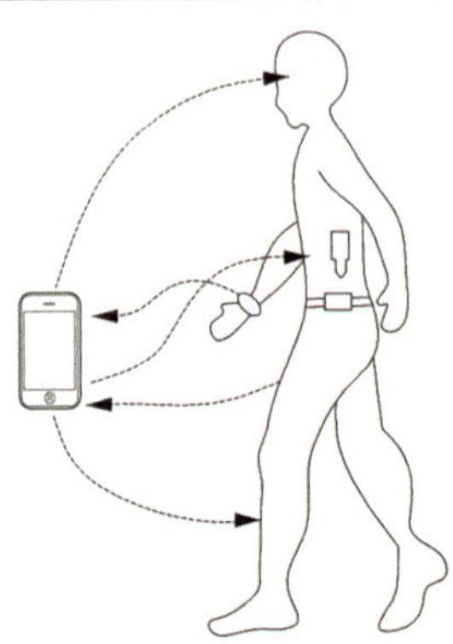

• 'smart belt' 검색어로 키프리스에서 국외 특허 검색, 특허실용 13,712개 검색됨

특허명/특허번호/국가	주요 내용	구성
• 허리 사이즈를 측정하기 위한 연결된 스마트 벨트 • Connected smart belt to measure waist size • 20160302724 (2016.10.20.) • 미국	• 가죽과 버클, 배터리, 메인 프로세서 등으로 구성된 스마트 벨트로 허리를 둘러싸고 가죽에 있는 센서와의 연결 등으로 길이 데이터를 처리한 후 원격 모바일 단말기에 정보를 전송하는 방식	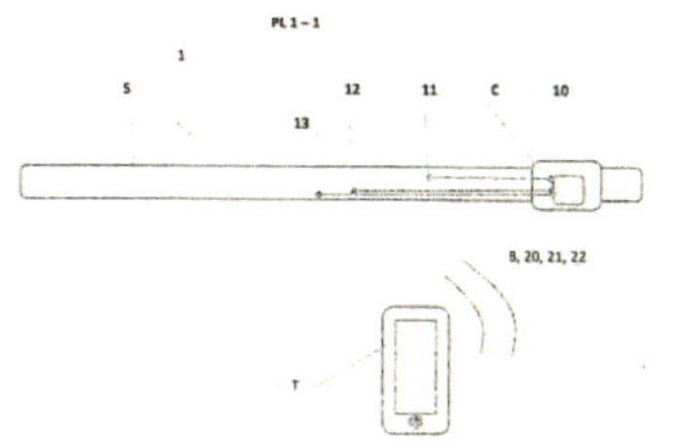
• 웨이스트 측정 벨트 • Waist Measuring Belt • 20160153853 (2016.06.02.) • 미국	• 허리 측정 벨트용 장치, 시스템 및 방법에 관한 특허. 벨트 스트랩용 부착 벨트, 버클 프레임으로 구성되며 버클 프레임은 벨트 스트랩을 통해 위치를 측정하고 또한 벨트 스트랩을 통해 장력을 측정함. 벨트에 부착된 메모리 및 무선 통신 모듈을 사용해 측정값을 저장하고 모바일과 서버가 통신. 허리 사이즈 히스토리를 생성하는 데 사용	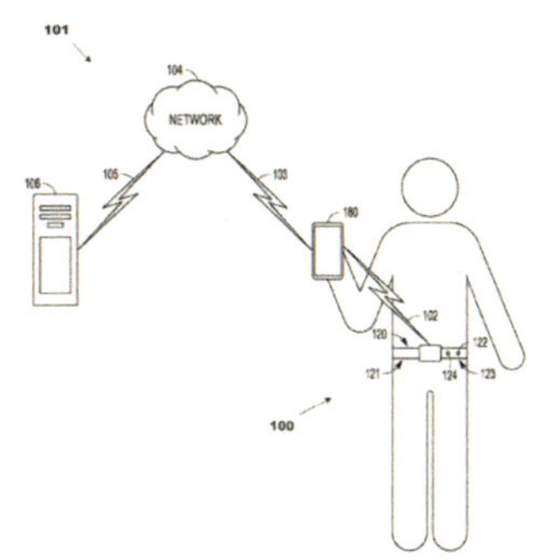

라. 향후 발전전망

• 최근 웨어러블 디바이스는 피부에 직접 문신을 하거나 부착할 수 있는 것은 물론 체내에 삽입하는 형태로까지 발전하는 중

• 이러한 웨어러블 디바이스는 사용자와 주변 환경을 능동적으로 측정하는 것은 물론 사용자에게 특정 행동을 요구하는 지능화 단계까지 와 있으며, 스마트폰과의 네트워크를 통해 기존 제품을 더욱 편리하게 해주고 더 나아가서는 사용자의 능력을 강화해 주는 목적으로 활용될 수 있음

• 특히, 사물이 사람과 연결되기 위해서는 결국 웨어러블 디바이스라는 매개체가 필요하기 때문에 사물인터넷 시대가 도래하면서 웨어러블 디바이스의 역할은 더욱 강조될 것으로 예상됨

사물지능통신(M2M)과 사물인터넷(IoT)의 개념 변화

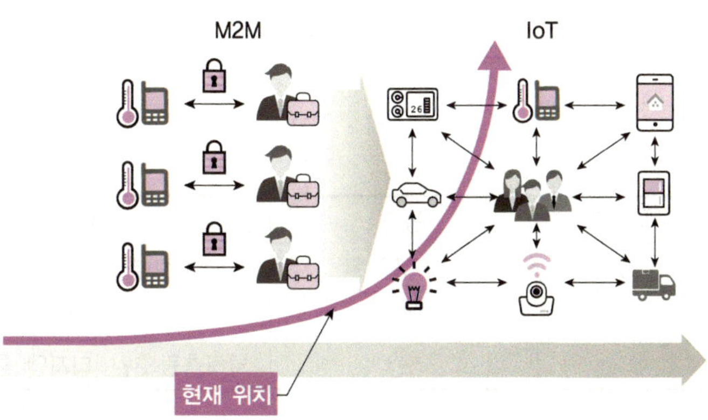

3 향후 단계별 사업추진 계획

연도	사업 추진 단계	일정
단기, 1년차, ~2017년 (기반조성 단계)	제품 기획	2017년 3월~4월 중순
	기술 개발	2017년 5월~6월 중순
	디자인/설계	2017년 6월
	시제품 제작	2017년 7월 중순~10월 말
	홍보 마케팅	2017년 3월~12월
	양산 준비	2017년 7월~9월 말
	베타 서비스	2017년 8월~10월 말
	서비스 론칭	2017년 10월~
중기, 2년차, 2018~2019년 (확산 단계)	제품 양산	2018년 1월부터
	홍보 마케팅	2018년 1월부터
	서비스 고도화	2018년 2월~4월
	사무공간 확보	2018년 3월
	후속 지원 참여	2018년 2월
	창업 성장기술 개발 참여	2018년 3월
	신제품 기획	2018년 4월
	시제품 제작	2018년 5월
	제품 개발 플로어 진행	2018년 5월~12월
	민간 투자유치 활동	2018년 6월~
	중국 채널 오픈	2018년 10월~2019년 3월
	중국 수출 개시	2019년 3월~
	국내 미개척 온·오프 채널 확보	2019년 3월~
장기, 3년차, 2020~2021년 (안정화 단계)	현장 기획 R&D 참여	2020년 초
	제품 기획	2020년 초
	시제품 제작	2020년 중
	제품 개발 플로어 진행	2020년 5월~12월

[사업 추진 목표]

지표명	현재	목표	성과물
매출액	0원	7,000만 원	매출처별 세금계산서 합계표
종업원 고용	0명	2명	원천징수이행사항 신고서
지식재산권	0건	5건	특허출원 3건, 디자인 출원서 2건

[사업화 추진일정]

단계	사업 추진 내용	3월	4월	5월	6월	7월	8월	9월	10월	11월	12월
제품 기획	아이디어 구체화, 특허 선행 기술 조사 외	→									
	시장 조사, 고객요구 청취, 제품사양 결정 외	→	→								
	경쟁 모델 검토, 제품 개발 및 사업화 세부계획 확정 외		→								
기술 개발	기술 개발 및 보완 외			→							
	애로기술 해결을 위한 기술전문가 매칭 외				→						
	자체 및 외주 개발 범위 확정, 용역업체 선정 외				→						
디자인/설계	최종 제품 디자인 결정 (2D/3D 랜더링) 외				→						
	제품 설계 및 도면 작업 외				→						
	디자인 리뷰 및 확정 외					→					
시제품 제작	1차 시제품(mockup) 제작업체 확정 및 제작 외					→					
	소비자 반응도 조사 외						→				
	1차 시제품 보완, 2차 시제품(시금형) 제작업체 확정 및 제작 외							→			
홍보 마케팅	시험 및 성능인증, 특허 등 지식재산권 확보 외	→	→						→	→	
	브로셔 및 홈페이지 제작, 제품 발명 전시회 참가 외		→	→							→
	고객 발굴 및 판로 확보 외					→	→	→	→	→	→
양산 준비	양산금형 제작업체 확정 및 제작, 외주 생산업체 확정								→		
	창업자금 융자지원(창업자금 외) 신청							→	→		
	동종업체 벤치마킹 현장 방문 외					→		→			

교육자료 12-2 투자 절차 및 투자 관련 정보

[투자 유치 과정]

VC 투자 프로세스

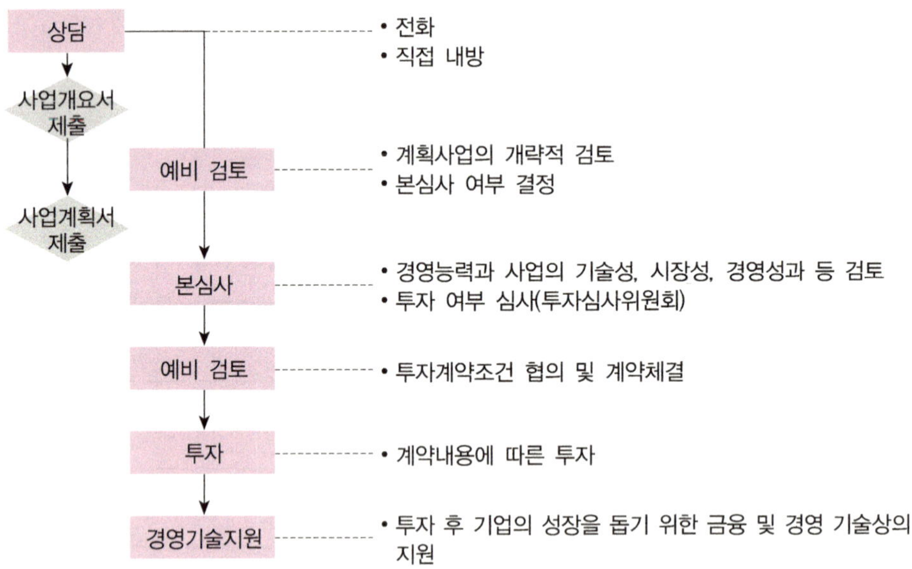

[투자 유치 관련 정보]

▪ 투자유치전략

- 매출실현을 통한 손익창출 우선
- 투자자 성격에 맞는 투자사 선택적 접촉
- 투자자의 수를 많이 두지 않음, 사후관리가 어려움
- 투자자의 투자조건 확인하여 동사의 전략과 맞는지 확인
- 경영권 방어가 가능한 수준 확인
- 투자자 Exit 전략과 동사 IPO 전략을 확인
- 투자목적, 자금사용 용도를 명확히 함
- 상환 계획 및 다음 단계 투자유치 계획을 고려해야 함

- 중요한 문제들과 불리한 내용도 밝히고 어떻게 해결해 나가는지를 보여줘야 함
- 기업 가치 제고 위한 노력(신뢰, 매출액, 영업이익, 성장률)

■ **협상을 위한 툴**

- 기업의 가치평가
- 지분의 종류
- 투자자 보호조항
- 고용계약
- 경영원

[VC 투자 유치 진행 시 유의 사항]

- EXIT에 대한 정확한 제시를 한다. 순수 투자가는 Capital Gain 이외의 다른 수익이 없음을 항상 염두에 두고 IPO뿐만 아니라 M&A에 대한 긍정적 마인드가 선행되어야 한다.
- 투자자를 단순 자금원으로만 인식할 때 서로의 공감대가 형성되기 어려우므로 동반자로서 인식이 필요하다.
- 회사의 가치 제고에 도움이 될 수 있는 Smart Money의 탐색에 우선 매진해야 한다.
- Seed, 1차 라운딩, 2차 라운딩, 공모 순의 투자 계획상의 지분율 변화에 주의가 필요하고, 전문 컨설팅이 필요하다.
- 가격은 공모가 기준 80% 선에서 기관투자가의 IRR 40% 이상에서 결정되나 회사마다의 기준이 다양하므로 유의해야 한다.
- 기관투자자는 지분의 10% 이상 참여에 대해 회의적이므로 감안이 필요하다.
- 가격 협상 시 공개되어 있는 업체와의 상대 가치 제시할 때 초기 시장 진출이라는 프리미엄 산정이 필요하다.
- 영업상 비밀 등에 대해 과도하게 제한할 때 신의성실의 문제가 발생하므로 주의 요망된다. ➜ 심사의 지속성을 떨어뜨린다.
- 회사 및 경영진의 투명성이 절실히 요구된다. ➜ 투자가들은 나름대로의 네트워크를 동원해 회사 임직원들의 투명성 및 도덕성을 검증하므로 안이한 자세는 지양해야 한다.

[VC의 투자 경향]

VC의 투자 심사기준(예)

대구분	소구분	배점	항목	배점
재무 평가	재무비율	30	당좌비율	6
			부채비율	6
			매출액순이익률	6
			자기자본순이익률	6
			매출증가율	6
	단기 유동성	20	기존 영업에 의한 최저 운영자금 확보 가능성	10
			자금조달여력	5
			대주주의 금융신용상태 및 보유재산	5
	재무 계획	20	손익분기점 달성 가능성	10
			재무리스크(외환, 차입금 상환요구, 대손)	10
	관리 능력	10	회계관리시스템, 내부통제시스템	4
			세무리스크	10
	투자회수 계획	20	코스닥 시장등록 가능성	10
			상대가치	4
			낙관적인 사업예측 시 투자회수 배율	6
성립 요건	기술의 상품성	40	상품의 적시성	12
			상품의 시장성	12
			상품의 완성도	10
			상품의 확장성	6
	기술의 경쟁력	40	기술의 상대적 우위성	8
			기술의 난이도	6
			기술의 독창성	6
			기술진의 수준	10
			기술의 신뢰도	10
	기술의 발전성	20	기술의 핵심성	5
			기술의 파급효과	5
			기술의 확장성	5
			기술의 제약성	5
사업성 평가	경영 능력 및 신뢰도	30	기업가정신, 사업전념도, 경영마인드 학력 및 경력 등	10
			업계평판, 은행신용도	10
			조직의 구성, 종업원 사기	10

사업 아이디어의 시장성	20	사업 아이디어의 특출성	6
		제품화 가능성	6
		성장유망 사업	8
		시장규모의 충분성(내수, 수출)	6
		시장수요 예측의 타당성	6
		제품의 품질 및 경쟁력(세계시장 지배 가능성 등)	8
판매 전망	30	향후 2년간 매출액 달성 가능성	20
		마케팅 전력의 타당성(판매방법, 가격조건, 광고전략, 영업조직 등)	5
		주요 제품 및 거래처별 수주 현황	

국내 벤처캐피탈의 업력별 투자비중 (단위: 개사, 억 원, %)

구분		2014	2015	2016	2017	2018
초기 (3년 이내)	업체 수	438	511	568	570	625
	비중	46.8	47.2	46.0	43.7	43.3
	투자금액	5,045	6,472	7,909	7,796	9,810
	비중	30.8	31.1	36.8	32.7	28.6
중기 (3~7년)	업체 수	231	283	334	363	454
	비중	24.7	26.1	27.0	27.8	31.4
	투자금액	4,069	5,828	6,156	6,641	11,935
	비중	24.8	27.9	28.7	28.0	34.8
후기 (7년 초과)	업체 수	266	289	336	373	365
	비중	28.5	26.7	27.0	28.5	25.3
	투자금액	7,279	8,558	7,438	9,366	12,504
	비중	44.4	41.0	34.5	39.3	36.5

출처: 중소벤처기업부, 2018년 벤처투자동향

벤처캐피탈이 창업 기업의 성장촉진과 죽음의 계곡을 극복하기 위한 투자에 집중하여 중기(3~7년 이내) 기업에 투자를 대폭 확대하였다.

[벤처기업의 기업 공개]

기업 공개까지 걸린 시간

- 72개 벤처기업이 상장까지 걸린 시간: 평균 9.0년
- 국내 펀드 결성기간이 보통 7년이므로 IPO를 유일한 Exit수단으로 보는 경우 VC는 창업 후 5년차 이상 기업에만 투자 가능. 초기 투자가 구조적으로 어려움

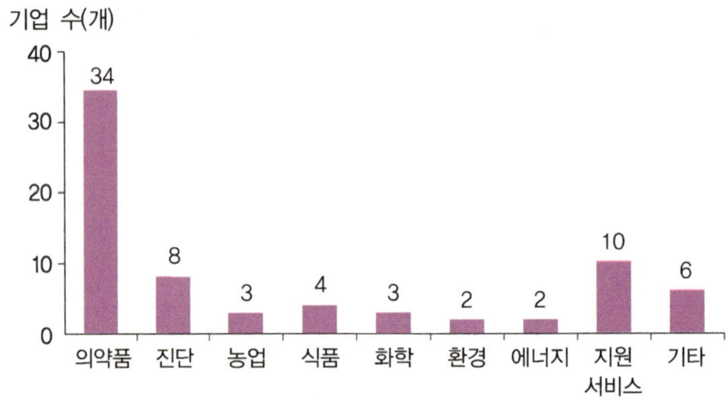

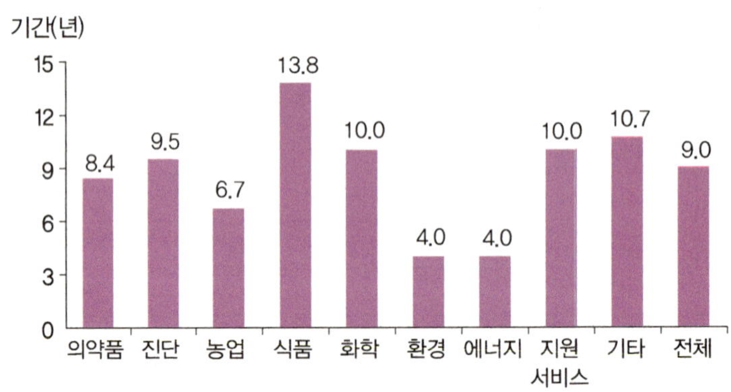

기간	주요 기업
13년	바이오니아
12년	인트론바이오테크놀로지
11년	인포니아, 디엔에이링크, 엑세스바이오
10년	씨젠, 제넥신, 제닉
9년	바이로메드, 오스코텍, 진매트릭스, 메디톡스, 코오롱생명과학
8년	이수앱지스
7년	쎌바이오텍, 씨티씨바이오, 아미노로직스, 바이오톡스텍, 레고켐바이오사이언스, 네오팜
6년	바이오랜드, 메디프로디비티, 크리스탈지노믹스, 진바이오텍
5년	메디포스트

[투자 유치용 Executive Summary]

- Company & Business

  Company Name: (주)xxxxxxx
  Address: 서울시 성동구
  Establishment: 2012년06월
  Major Business: xxxxxxxxxx

- Project Name

  Project Name: xxxxxxxxx
  Projectionn Area: 바이오
  Projection Period: 3년
  Project Amount: 30억 원

- Project Barrier and Threat

  회사 및 제품 브랜드
  제품 개발 완료와 더불어 매출 추진 중임

- Market(Project) Solution/Advantage &Opportunity

  xxxxxxxxxxx
  xxxxxxxxxxx
  xxxxxxxxxxxx
  xxxxxxxxxxxx

- Target Market

- Management

  CEO, xxx/xxx 의학박사, xxx 연구원 경력 보유

- Use of Proceeds

  공장설립 및 자동화 설비 설치자금

- Financial Highlights

구분	1차년	2차년	3차년
매출 계획	3,083,000	8,490,000	16,140,000
판매관리비	721,510	1,448,782	2,383,966
영업이익	1,238,438	4,120,691	8,700,691

교육자료 12-3 창업 기업 성과관리 사례

- 제품명: ○○○ 브랜드
- 일시: 2018년 ○월 ○일
- 작성자: ○○○

구분	중점 개선 과제	목표	세부 실행 내용	일정	담당
재무 관점	매출액 달성	00억	• 영업 및 판매관리	○월 ○일	
	영업이익 달성	0억	• 원가절감 – 재료비 – 판관비	○월 ○일	
	개발비 절감	000원	• 외주 생산비 0% 절감		
고객 관점	신규 고객 창출	10곳	• 매월 신규 고객 0곳 발굴		
	충성 고객 유지	0%	• 매월 고객 유지률 0%		
프로세스 관점	판매 채널 확보	대리점 매장	• 신규 판매 채널 확보 – 온라인 – 오프라인 • 인접 시장 채널 확보		
	제품 개발 기간 단축	0시간	• 기능성 기술 확보 • 외주 용역업체 업무 협약		
	외주 용역업체 개발	0개	• 월 0개 업체 발굴		
역량 관점	기술 인력 확보 영업 인력 확보	0명 0명	• 공개 채용 • 추천 인맥 활용		
	직원능력 강화교육	00시간	• 직무 관련 교육 월 0시간		
	조직 만족도 향상	0%	• 직원 면담 월 0회 0시간 • 이직률 0% 감소		

| 저자약력 |

■ 김인권

[경력]
Infinity Tour & Study Services - Director
iCloud Services - ICT Consultant
Naver Intact Management - Director

[학력]
Edith Cowan University - Bachelor of Management Information System
Murdoch University - Master of Science in IT Management
Hoseo Graduate School of Venture - Ph.D. in Information Management

[강의]
Leadership and Management(Columba College)
Accounting Tools for Business Decision Making (서정대학교)
E-business(서정대학교)
Investment, Startup Business(Venture)

[현직]
서정대학교 겸임교수

■ 손인배

[경력]
아남에스엔티 기획팀장
상화마이크로텍 기획이사
미국 리딩테크놀로지 한국지사장
중소기업진흥공단 청년창업센터 전문위원
호서대학교 벤처대학원 겸임교수

[학력]
연세대학교 사회학과 졸업
경영학 박사(정보경영, 기술사업화 전공)

[강의]
창업과 성공사례/세무회계(경상대학교, 경북대학교)
융복합기술사업화(문경시, 강진시, 삼척시 농업기술원)
4차산업혁명시대의 정보경영세미나(호서대학교 벤처대학원)
4차산업혁명시대의 빅데이터 활용(세미나, 방송통신대 경영대학원, 순천향대학교)

[현직]
중소기업진흥공단 위촉전문위원
생산성본부 위촉전문위원
리딩라인 대표

[저서]
경험으로 스타트업(Start Up)하라(공저)]
4차 산업혁명의 핵심전략(공저)

[자격증]
미국 공인회계사
경영지도사

[강의, 훈련, 컨설팅 문의]
e-mail: leadingib@naver.com

■ 정연도

[경력]
현대정공㈜ 기술연구소 선임연구원
중소기업진흥공단 부산경남연수원장, 기업진단처장, 서부권경영지원처장, 청년창업사관학교(교수)

[학력]
성균관대학교 기계공학과 졸업
연세대학교 대학원 기계공학과(석사)
대전대학교 대학원 무역통상학과(경영학 박사)

[강의]
중소기업 창업 지원정책 및 성공사례(중소기업진흥공단)
중소기업에 인식개선 특강(공주대학교)
B2B, B2C사업자들의 성공적인 창업을 위한 단계별 성공전략과 중소기업 지원시책과 창업기업의 활용방안(세미나, 한남대학교)
나만의 직업을 준비하는 성공전략(특강, 동서울대학교 외)

[현직]
중소기업진흥공단 서울인천권경영지원처(선임부장)

[기타]
충남대학교 산업협력선도대학 육성사업단 LINC위원회 위원
대전광역시 일자리창출 협의회 위원
세종특별자치시 중소기업육성기금 운용심의위원
(사)이노비즈협회 대전세종충남지회 자문위원
충청북도 여성기업지원위원회 위원

[자격증]
기술지도사
기술거래사
창업지도사

[강의, 훈련, 컨설팅 문의]
e-mail: 9104010@gmail.com

12단계 창업 프로그램의 **혁신 창업**

2020년 4월 25일 1판 1쇄 인쇄
2020년 4월 30일 1판 1쇄 발행

저 자 | 김인권 · 손인배 · 정연도
발 행 인 | 이수영
발 행 처 | 도서출판 청람
서울시 마포구 독막로 288(대흥동, 세양상가 109호)
전 화 | 02) 3272 – 2601~2
팩 스 | 02) 3272 – 2603
홈페이지 | http://www.crbooks.co.kr
이 메 일 | crbooks@daum.net
등 록 | 2000년 8월 26일 제6 – 0509호

ISBN 978-89-5972-758-2 93320 [정가 22,000원]